互联网思维2.0
物联网、云计算、大数据

Internet Thinking2.0
Internet of Things, Cloud Computing, Big Data

余来文 林晓伟 封智勇 范春风 编著

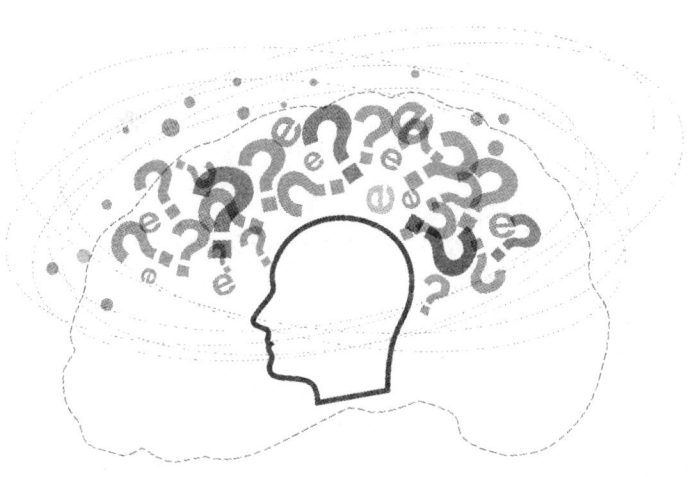

经济管理出版社

图书在版编目（CIP）数据

互联网思维 2.0：物联网、云计算、大数据/余来文等编著. —北京：经济管理出版社，2016.10（2021.5重印）
ISBN 978-7-5096-4590-1

Ⅰ.①互… Ⅱ.①余… Ⅲ.①网络经济—研究 Ⅳ.①F49

中国版本图书馆 CIP 数据核字（2016）第 212529 号

组稿编辑：申桂萍
责任编辑：侯春霞
责任印制：黄章平
责任校对：雨　千

出版发行：经济管理出版社
（北京市海淀区北蜂窝 8 号中雅大厦 11 层　100038）
网　　址：www.E-mp.com.cn
电　　话：(010) 51915602
印　　刷：唐山昊达印刷有限公司
经　　销：新华书店
开　　本：720mm×1000mm/16
印　　张：18.75
字　　数：306 千字
版　　次：2017 年 1 月第 1 版　2021 年 5 月第 9 次印刷
书　　号：ISBN 978-7-5096-4590-1
定　　价：58.00 元

·版权所有　翻印必究·

凡购本社图书，如有印装错误，由本社读者服务部负责调换。
联系地址：北京阜外月坛北小街 2 号
电话：(010) 68022974　　邮编：100836

顺势而为

2015 年，李克强总理在政府工作报告中首次提出，要制定"互联网+"行动计划，推动移动互联网、云计算、大数据、物联网等与现代制造业结合，促进电子商务、工业互联网和互联网金融健康发展，引导互联网企业拓展国际市场。

"互联网+"一时间被众多企业推崇，着实火了一把，企业的任何业务、产品如果不和"互联网+"挂钩似乎就落伍了。但是几家欢喜几家忧，有的企业借助互联网成功突围，转型成功，还借助互联网创新营销模式，赚得盆满钵满；有的却只能死掉，隐于尘埃之中。一时间对于"互联网+"的评价褒贬不一，原因是什么？难道"互联网+"像个孩子一样有脾气？其实不然，理解"互联网+"，关键在于对互联网思维的掌握和理解运用。

最早接触"互联网思维"这个新词汇，是观看了 2013 年 11 月 3 日央视《新闻联播》头条中播出的"互联网思维带来了什么"。那个时候出于好奇才去关注相关信息。后来，小米雷军提出了互联网七字诀"专注、极致、口碑、快"；马化腾在腾讯"WE 大会"上发表了"马七条"，即连接一切、"互联网+"创新涌现、开放协作、消费者参与决策、数据成为资源、顺应潮流的勇气、连接一切的风险。恍然间发现，我们一直在做的研究与互联网思维有点不谋而合。近四年来，我们主要做的就是研究云计算、物联网和大数据的商业模式，进而延伸拓展共享经济。可以说，我们这四年来就是分析云计算、物联网和大数据是如何帮助企业实现商业价值和形成共享经济生态圈的。这与"互联网思维"有异曲同工之妙，实属幸事。

从最早很多人定义的"互联网思维"到现在明确落地可执行的"互联网+"

计划,我们认为这是思想产生到思想指导实践的一个自然发展的结果。综观"互联网思维"到"互联网+"的发展,我们清晰地看到了从单一互联网产业到互联网和万事万物融合、诞生新业态的演化路径。我们认为,在不断演化的"互联网思维"指导下,融合诸如物联网、大数据、云计算、移动互联网等新技术,最终走向万物融合、共享共赢的共享经济,实在是令人期待的事。

互联网思维1.0时代,可以说是互联网思维的"野蛮人"时代,而民间关于互联网的一系列衍生名词演绎出的一个段子说明了这点:化缘的改叫众筹了,算命的改叫分析师了,八卦小报改叫自媒体了,统计改叫大数据分析了,忽悠改叫互联网思维了,做耳机的改为可穿戴设备了,IDC的都自称云计算了,办公室出租改叫孵化器了,圈地盖楼改叫科技园区了,放高利贷改叫资本运作了,借钱给朋友改叫天使投资了。话糙理不糙,互联网思维1.0只能算是启蒙。其最大的特点就是双向互动,但是这种双向互动过于简单粗暴。企业利用互联网技术消除信息不对称,尽可能地了解消费者的需求,但是这个了解过程可以说很生硬,或者说基本没用。此外,消除信息的不对称,却没有很好地对信息进行提炼。再说到企业,将自己的产品、服务通过互联网打包,通过一系列的网络平台将这种消息传播出去,直白地说只是换一种形式做推广,所有的变现还是依赖于线下,而互联网只是一个补充。

然后到了互联网思维2.0时代,可以说是"剩者为王"的时代,企业的互联网思维不再是连接,而是"连接+联系",企业更加关注客户的个性化需求和想法,以客户为核心,企业与企业之间越来越紧密,少了些套路,多了些真诚,互相跨界,携手合作,共同开拓,从而引出了互联网思维2.0:跨界、融合、生态、共享。

在互联网思维1.0时代向互联网思维2.0时代转型的过程中,最大的特点就是同质化,还有就是烧钱,烧钱,再烧钱!"有钱就是任性,融资就是一切"是大多数企业的互联网理念,产品同质化严重、渠道单一、资金链紧张、商业模式陈旧等会让大部分企业死掉。大浪淘沙,剩下的都是金子,如美团、大众点评、滴滴、快的等。这些企业在这个领域都是"风云人物",但是如果再粗暴竞争,容易出现伤敌一千自损八百的现象。互相伤害没意思,势均力敌又无路可退。怎么办?握手言和,合作才是硬道理!这就是为何近日互联网领域时常上演行业老大老二合并的大戏,从滴滴和快的,到58同城和赶集,再到美团和大众点评,以及携程和去哪儿，每一次合并都是为了实现长期可持续发展的合作。此外，大量技术得到提升，所应用的领域更广，稳定性更高，并逐步形成了以"大智移云"体系为主的互联网技术，即大数据、物联网、移动互联网、云计算，四者之间的兼容性得到很好的提高，搭配使用效果更佳。从商业思维到技术层面的统一，为双方的合作沟通奠定了坚实的基础。

从商业思维上看，"互联网+"与以往仅服务于通信层面的互联网运用不同的是，企业扩张可遵循四个阶梯：首先是跳出了互联网单一的通信连接思维，更广泛地运用互联网思维（如生态、平台、免费、跨界思维）去主动改造、改革创新传统商业模式，成就"互联网思维+"；其次是冲破地域和空间限制，开辟商家商业营销及交易的新渠道，实现B2B（企业对企业）、B2C（企业对个人）等线上线下集成交易，成就了广阔的"互联网渠道+"；再次是构筑"互联网+综合服务"大平台，利用电商、物流、社交、广告营销等平台为买卖双方提供最大化服务，由共同的价值链组成"互联网平台（生态）+"；最后是实现从商业到物、到人、再到事的整个社会"大一统"互联状态，成就"万物互联+"。

从技术层面看上，互联网思维2.0要求的是新一代智能终端、新一代网络技术和新型服务创新的集聚融合，是立足互联网技术，实现跨界、集成创新的重要入口。随着宽带网络加速光纤化、第四代移动通信技术的快速发展，它将通信物理系统的低耗能与计算技术的高效率紧密融合起来，快速推进新一代信息网络向综合、智能、融合等方向发展，大范围集成了移动互联、大数据、社交网络、多媒体、人工智能、新型人机交互、物联网等新型技术综合应用，从而大跨度地实现传统产业与新兴产业的协同创新、线上线下一体化的资源优化配置以及再造商业模式的经济共享。

未来互联网时代，企业之间的跨界、融合、生态、共享是必然的结果。对此，企业要顺势而为，抱团取暖，通力协作，建立长效的合作机制，在跨界融合的基础上共建生态圈，服务共享经济，实现商业模式的创新及企业的转型升级。

得益于我们的持续研究，在经济管理出版社的要求下，我们在原有的《互联网思维：云计算、物联网、大数据》基础上重新进行了修改，力争对"互联网思维"的发展做出较好的呈现，并用通俗易懂的方式介绍物联网、云计算、大数据和移动互联网，在普及知识的同时转变思考方式，共同迎接共享经济的未来。如果能够以此帮助到我们的读者，就是我们最大的快乐了。

第一章　互联网思维：颠覆 or 融合 / 001
　　第一节　互联网引发的思维革命 / 005
　　第二节　众说互联网思维 / 018
　　第三节　物云大（TCB）与互联网江湖 / 028
　　第四节　互联网思维："物云大"的内功心法 / 035

第二章　物联网（Internet of Things）：万物相联，生机勃勃 / 042
　　第一节　物联网的"智慧生活" / 046
　　第二节　物联网知多少 / 060
　　第三节　物联网的商业模式 / 071
　　第四节　拥抱物联网，拥抱未来 / 086

第三章　云计算（Cloud Computing）：轻盈似云，无所不在 / 098
　　第一节　享受"云"端的快乐生活 / 101
　　第二节　此云非彼云 / 109
　　第三节　云计算的商业模式 / 121
　　第四节　云计算的未来：移动云计算 / 131

第四章　大数据（Big Data）：生有涯，而数据无涯 / 140
　　第一节　你时刻创造着大数据 / 143

第二节 什么是大数据 / 151
第三节 大数据：预测未来，领先一步 / 164
第四节 大数据商业模式 / 170
第五节 大数据的未来发展：新生产力要素 / 178

第五章 移动互联网（Mobile Internet）：真正的"以人为本" / 192

第一节 移动互联网的时代之舞 / 196
第二节 大话移动互联网 / 202
第三节 移动互联网的商业模式 / 213
第四节 移动互联网商业模式的创新趋势 / 218
第五节 移动互联网的未来发展 / 221

第六章 共享经济，分享未来 / 233

第一节 跨界：不跨界无融合 / 237
第二节 融合：不融合无共享 / 247
第三节 共享：不共享无生态 / 258
第四节 生态：不生态无发展 / 270

参考文献 / 284

| 第一章 |

互联网思维：颠覆 or 融合

真正的互联网思维是对传统企业价值链的重新审视，体现在战略、业务和组织三个层面，贯穿"产供销研"价值链的各个环节，并且将传统商业的"价值链"改造成了互联网时代的"价值环"。也可以这样认为，在物联网、云计算、大数据等科技不断发展的背景下，应对市场、用户、产品、企业价值链乃至整个商业生态进行重新审视。互联网时代的思考方式，不局限于互联网产品、互联网企业。这里指的互联网，不单指桌面互联网或者移动互联网，而是泛互联网，因为未来的网络形态一定是跨越各种终端设备的，如台式机、笔记本、平板、手机、手表、眼镜等。

互联网时代的商业模式创新决定思维模式创新。

【开章案例】

全聚德：发布"互联网+"战略

一、公司概况

全聚德是中华著名老字号，创建于1864年（清朝同治三年），历经几代的创业拼搏获得了长足发展。1993年5月，中国北京全聚德集团成立。1999年1月"全聚德"被国家工商总局认定为"驰名商标"，是我国第一例服务类中国驰名商标。"全聚德"既古老又年轻，既传统又现代，正向着"中国第一餐饮，世界一流美食，国际知名品牌"的宏伟愿景而奋勇前进。2005

年1月，北京全聚德烤鸭股份有限公司更名为中国全聚德（集团）股份有限公司。

全聚德股份公司成立以来，秉承周恩来总理对全聚德"全而无缺，聚而不散，仁德至上"的精辟诠释，发扬"想事干事干成事，创业创新创一流"的企业精神，扎扎实实地开展了体制、机制、营销、管理、科技、企业文化、精神文明建设七大创新活动，确立了充分发挥全聚德的品牌优势，走规模化、现代化和连锁化经营道路的发展战略。十几年来，已经形成拥有70余家全聚德品牌成员企业，上万名员工，年销售烤鸭500余万只，接待宾客500多万人次，品牌价值近110亿元的餐饮集团。2015年，全聚德集团实现餐饮销售收入13.64亿元，同比增长0.24%，接待宾客726.8万人次，同比增长3.15%，上座率同比增长4.95%。

二、全聚德：发布"互联网+"战略

2016年4月12日，中华著名老字号"全聚德"在北京发布"互联网+"战略：利用好全聚德的百年老字号品牌、完整的供应链体系、百年工匠烤鸭技艺以及丰富的线下门店等独特的资源，从经营产品、经营门店，到启动用户经营计划，利用互联网工具和互联网思维全面拥抱互联网、拥抱年轻人。

与传统餐饮企业面对互联网大多只做适应性变革不同，全聚德为了达成"互联网+"战略目标，已于2015年10月15日与重庆狂草科技有限公司（以下简称狂草科技）在北京成立了合资公司北京鸭哥科技有限公司（以下简称鸭哥科技），"北京鸭哥科技有限公司就是全聚德集团实现互联网化的专业运营服务公司"，全聚德集团总经理邢颖表示。全聚德的互联网战略主要体现在如下四个方面：

首先，在公司组织层面的变革。为了拥抱互联网，2015年10月15日全聚德与狂草科技在北京成立了合资公司北京鸭哥科技有限公司。全聚德方面认为，长久以来的传统运作方式让他们自己培养的团队无法满足市场的需要，而狂草科技创办的外卖品牌加班狗在想法阶段就获得千万元天使融资，并在一年多的时间内将日营业额4000元的门店发展到多家连锁，做到日营业额10多万元，在微信、微博等渠道拥有近20万粉丝。因此，全聚德用合作方式迅速解决了团队和人才问题。

其次,用外卖和电商产品满足用户。为了打破门店的局限性,全聚德推出了全聚德外卖和全聚德电商,目前外卖实现其门店周围三公里的覆盖,增加了售卖半径和时限。全聚德电商则可以覆盖到全国用户。据了解2013年全聚德就开始在天猫、京东等电商平台开设旗舰店。

再次,创新外卖产品研发。烤鸭因产品特性本不太适合做外卖,但是为了更好地迎合消费者,经过一年多研发,小鸭哥全聚德手作鸭卷被研发出来。这款产品采用包制鸭卷,通过使用特制的加热包及现场加热的方式,让外卖烤鸭卷入口时的温度、口感尽量与堂食相仿。据了解这款产品已经在重庆测试半年多,目前正式在北京上线(全聚德外卖的渠道主要包含全聚德小鸭哥的微信公共账号以及外卖平台)。

最后,从经营门店到经营用户。据了解,全聚德每年服务超过700万顾客,但是如何将顾客变成用户,如何对用户数据进行挖掘和管理并反向定制用户所需要的产品、进而黏住用户是全聚德面临的一大课题。如图1-1所示。

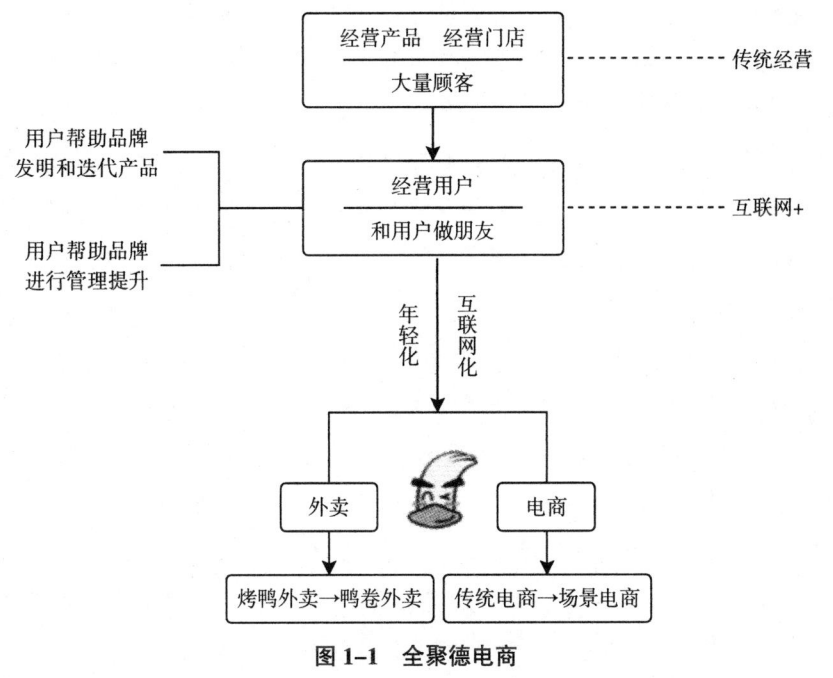

图1-1　全聚德电商

三、全聚德：从经营门店和经营产品到经营用户

历经 150 多年的发展，全聚德成为当之无愧的中国餐饮第一品牌。2015年，全聚德集团实现餐饮销售收入 13.64 亿元，同比增长 0.24%，接待宾客 726.8 万人次，同比增长 3.15%，上座率同比增长 4.95%。2015 年国内共有 102 家门店，2016 年计划新开直营店 6 家、特许加盟店 3~4 家、海外加盟店 3 家。在传统餐饮行业都陷入困境的时候，全聚德逆势上涨，但是市场压力依然存在。不过，在全聚德看来，这 700 多万人次的进店顾客还不能算是用户，公司需要利用互联网，让顾客变成用户；同时，根据对用户数据的挖掘和管理，推出用户渴望的产品和服务，实现用户价值的转化。从这个角度来理解，此次全聚德"互联网+"的核心思想就是从过去单纯地经营产品、门店，到开始经营用户。

传统商业的链接是商品的链接、是钱的链接，而移动互联网时代是人的链接，人的链接才能创造更大的价值。据了解，过去几年全聚德在顾客的用户化运营方面做了多种尝试，并取得了不小成绩，但还有巨大的空间，全聚德独特的优势是本身每年就有几百万的顾客，这是无论传统餐饮企业还是互联网企业都不具备的资源，只要把他们用好、用够，就是巨大的财富。根据全聚德集团"互联网+"战略，基于其顾客用户化经营的实践，全聚德打破传统门店经营受制于时间和空间的局限，推出了全聚德外卖和全聚德电商两个新的业务板块。这两块新业务不是其凭空想出来的，而是在经营用户的过程中发现的。

烤鸭打包是一个长期存在的需求，全聚德的门店一直在提供这样的服务。但是，随着人们的时间越来越宝贵，很多人没有时间到店里吃饭了，他们希望全聚德能上门服务，所以全聚德外卖应运而生。但是全聚德的外卖究竟该怎么做呢？如果单纯地把堂食的产品送出去，那就太简单了，事实是外卖消费的场景和堂食消费的场景是两个不同的概念，用户对两个消费场景的需求也是不同的。因此，全聚德对外卖从产品、服务、管理进行了整体封装。据全聚德内部的数据显示，目前好评率达到了 98%。

至于全聚德电商的玩法，全聚德给出了一个新的名词"场景电商"。不能完全照搬传统的电商玩法，全聚德应该深耕自己的优势资源。一是全聚德

> 有完整的食品工业体系;二是拥有数百万的进店客流。既有产品,又有用户,把它们链接起来就是大市场了。
>
> 资料来源:作者根据多方资料整理而成。

第一节　互联网引发的思维革命

猛然间发现,"互联网思维"一词已经遭遇各种吐槽。因为每个人的思考出发点和理解深度不同,所以认知有分歧不足为奇。但是,互联网思维作为一种思考方式,能够得到这么多评论,也真是蔚为大观了。

一、互联网大赌局唤起的思维激荡

说起互联网思维,我们不由地会想起2012年和2013年先后两次在中国经济年度人物颁奖现场的两场"赌局"。一场是2012年万达集团董事长王健林与阿里巴巴集团董事会主席马云就"2020年电商是否取代实体零售占领市场50%"的一亿元的对赌。王健林称:"电商再厉害,但像洗澡、捏脚、掏耳朵这些业务,电商是取代不了的。我跟马云先生赌一把:2020年,也就是10年后,如果电商在中国零售市场占50%,我给他一个亿,如果没到他还我一个亿。"在电商是否取代传统店铺经营命题上,马云认为电商必胜。王健林则折中表态,"双方都能活"。对此,马云说:"电商不想取代谁,摧毁谁,而是要建立透明、开放、公平、公正的商业环境。真正创造一万亿的不是马云,而是你今天可能不会回头看的店小二,在街上不会点头的快递人员,他们正在改变今天的中国经济。所以我不是取代你,而是帮助他们取代你。"而王健林认为,所有新的商业模式必然对传统造成冲击,但是两千多年的历史证明,传统产业生命是最强的,否则也不会存在两千多年。"所以我一定要坚守传统产业,但是在传统产业基础上尽可能去创新,也包括向马云学习。"可以说,正是这场亿元的豪赌,让我们第一次看到了互联网思维给我们带来的巨大惊喜,也从中发现了其无限的魅力。

另一场对赌的是2013年小米科技创始人、董事长兼首席执行官雷军和格力

集团董事长董明珠。在2013年12月12日中国经济年度人物颁奖现场,新的赌局又出现了,赌资则从1亿元升到10亿元,而此次赌局的见证人正是上场赌局的对赌人万达的王健林和阿里巴巴的马云。小米的雷军认为:"小米模式能不能战胜格力模式,我觉得看未来五年。请全国人民作证,五年之内,如果我们的营业额击败格力的话,董明珠董总输我一块钱就行了。"而心直口快的董明珠迅速点火,并进一步将战火烧大,"我告诉你,一块钱不要在这儿说,第一,我告诉你不可能,第二,要赌不是1个亿,我跟你赌10个亿。为什么?因为我们有23年的基础,我们有科技创新研发的能力,而且我们保留了过去传统的模式,把马总请进来,世界就属于格力,你只有一半,不行的。马总你说呢?"雷军拉上了边上观战的马云与王健林,跟董明珠的赌局接上了,"刚才董总跟我挑战10亿元人民币,你们觉得打不打赌?好,我们请马云担保。请支付宝担保。"这场赌局直接将战火烧到了传统家电制造业,一方面给我们更多的传统企业敲响了警钟,是坚持还是改变发展路径,是选择拒绝还是拥抱互联网,这是一个必须要抉择的问题;另一方面无形之中为互联网思维起到了绝佳的宣传效果,添油加醋也好、煽风点火也罢,一时间互联网思维仿佛成了传统企业转型升级的良药秘方。这就不得不引起我们对互联网思维的高度关注。

2013年,小米公司估值高达100亿元,用了仅三年时间就开始赶超互联网三大龙头企业——BAT公司(B—百度,A—阿里巴巴,T—腾讯)。无独有偶,2013年余额宝的横空出世,仅上线五个月就实现规模突破1000亿元的佳绩。这都堪称互联网思维的绝佳典范。不仅如此,互联网思维毫无悬念地成为了2013年互联网搜索最有热度的首要词汇。在中国经济结构调整、企业转型升级的当下,互联网思维让我们眼前一亮,给我们带来了新的曙光,用互联网思维去颠覆和改造中国传统企业,有助于让这些企业枯树逢春,升级成功。

【互联网思维专栏1】

就医160:打造"医疗互联网+"开放生态

一、公司概况

就医160是大型互联网医疗服务平台,为大众提供网上预约挂号、导医导诊、诊中支付、健康咨询以及健康管理等互联网医疗健康服务,致力于打造中国人的网上医院。就医160平台拥有一支人数近400人的线下团队和400多人的线上团队,平台的产品和服务覆盖了医院、医生和患者三端,能够提供诊前、诊中、诊后全流程服务。就医160构建了以重团队、重产品和重服务为核心的重度垂直互联网医疗服务经营模式。2015年5月,就医160平台获得1.3亿元B轮融资,获评2015年度最具投资价值的互联网公司之一。2015年12月15日,就医160成功登陆全国中小企业股份转让系统("新三板"),股票代码为834750,股票名称宁远科技,这标志着国内真正意义上的互联网医疗第一股正式诞生。

截至2016年3月底,就医160平台从深圳、东莞、长沙、广州等城市逐步发展到北京、上海、香港、郑州、合肥、成都、武汉、南京等200多个城市,可挂号省份达到31个;服务医院2700多家,其中三甲医院超过1000家;可服务医生数47万多人;注册用户数8200多万,累计服务人次超过2.4亿。移动端挂号比例超过60%;与百度、腾讯、阿里巴巴、新浪等大型互联网公司达成合作伙伴关系。同时,蓝蜻蜓院感软件服务医院数量超过5000家。就医160平台将依托其"入口"流量优势,广泛引入医疗健康产业链条的各类合作伙伴,包括民营医院、体检机构、药商、医疗器材商、金融保险机构、医疗可穿戴设备商、健康管理机构等共建互联网医疗生态系统,并将通过引入各类专科领域合作伙伴(如糖尿病、心血管、肿瘤、妇幼、肝病、肾病、影像、康复、心理咨询等),拓展平台服务的深度,提升服务的黏性,深度整合医疗健康产业链条服务资源,提升合作各方的抗风险能力,共同打造一个开放共赢的医疗健康生态体系。

二、就医160:打造"医疗互联网+"开放生态

2016年1月,互联网医疗第一股——就医160举行2016年开放战略发布会。2016年就医160将着力打造"医疗互联网+"开放生态。一方面,就医160打破传统医疗信息壁垒,打造连接医院、医生和患者三端的平台,并不断深化平台资源,实现90%以上的三级医院接入,实现医院端"互联网+医疗"解决方案在全国50个重点城市的规模推广;另一方面,就医160聚焦平台能力提升,向产业链合作伙伴开放平台资源,实现合作共赢,并优化160平台对患者服务的能力,为患者提供更好更全的就医体验,迎接亿级用

户的到来。目前，就医160与合作伙伴一起探索中国互联网医疗新模式，构建"医疗互联网+"开放生态，在为用户提供高质量整体性服务的同时，实现生态圈参与者的互利共赢。

就医160宣布，截至2016年1月，平台医院数量超过6000家，医生超44万人，注册用户达7000万，服务人次超过2亿。就挂号业务而言，通过与微信、百度、阿里的强强合作以及自身流量获取的强大能力，就医160已经成长为国内最大的互联网医疗服务平台。就医160用户规模目前呈400%年复合增长率，月新增用户超500万。自2012年天使融资至2015年B轮融资以来，公司已增值21.2倍。登陆"新三板"之后，就医160已经收到数家顶级基金的定增意向。就医160目前已拥有为医院、患者和医生打造的完整产品链。针对医院，就医160提供基于SaaS的门诊排班、专病管理、患者随访等医院患者管理服务，帮助医院实现高效的信息化管理；针对患者，就医160提供在线导诊、挂号、缴费、查询报告、随访等互联网就医全流程服务，将医院优质就医服务持续提供给用户，以此形成竞争壁垒；针对医生，就医160通过患者预约管理、在线咨询、诊后咨询、医患互评、病情主诉、转诊、加号等手段强化医生和患者之间的互动，使患者和医生的沟通更高效，从而增强用户黏性。

2016年，就医160——国内最大的互联网医疗平台与名医主刀——中国最大的移动医疗手术平台强强联合，整合优质外科医生资源，使为手术患者提供全流程的服务成为可能——从就诊指引到预约挂号、手机取号、诊中支付、预约名医专家，再到诊后点评，这些功能均能在平台上得到满足。双方合作不仅能帮助医改政策落地，更能直接造福于更多的患者。不仅如此，2015年，就医160分别与BAT、新浪、360、搜狗等大流量平台在搜索、挂号、咨询、加号、医疗健康档案、私人医生等方面展开了深度合作。此外，就医160还与深圳博爱集团、慈铭体检、康美药业、民安保险、复星等多家异业品牌在品牌宣传、体验服务、预约挂号、保险产品、高端健康管理等领域开展了广泛而深入的合作。就医160还将与美国、日本、韩国的权威医疗机构合作，推出跨境医疗服务，以满足不同的医疗需求，特色项目包括赴美国进行重症咨询、治疗，赴日本体验高端体检、癌症筛查，赴韩国做整形手术,并提供美国、日本的多种健康医疗项目,通过就医 160 网站将可预约多家通过资质认证的海外医疗机构。

就医 160 CEO 罗宁政表示,就医 160 已初步完成连接的工作,积累了大量的流量。2016 年,就医 160 将搭建更大型的开放平台,强化就医服务,广泛引入医疗健康产业链条各类优秀合作伙伴,共享流量红利。通过与民营医院、体检机构、药商、医疗器械商、金融保险机构、医疗可穿戴设备商、健康管理机构等共建互联网医疗生态系统,并引入各类专科领域合作伙伴,拓展平台服务的深度和黏性,深度整合医疗健康产业链条服务资源,提升合作各方的抗风险能力,共同打造一个开放共赢的互联网医疗健康生态系统。未来,就医 160 希望在开放平台的基础之上,打造一个包含海外医疗、保险机构、医药厂商、慢病管理、健康管理、医疗体验、硬件厂商等元素的新型"医疗互联网+"生态系统。目前,康美药业、中国平安等大型机构已与就医 160 达成战略合作伙伴关系,希望与就医 160 一道搭建"医疗互联网+"的庞大生态系统。

三、就医 160 基于平台开发战略的盈利模式

就目前来看,互联网医疗企业的盈利方式大体可以分为两类:一类是利用广告或者导流的方式实现流量的变现,其服务对象多半是医疗企业、药企、保险公司等行业上下游企业。这种方式在 PC 端时代变现能力很强,但是在移动端上,由于广告展示方式尚不成熟,潜在的转换率过低,所以广告主的投放热情大大减少。第二类是综合性的变现方式,即通过提供挂号、导诊、支付等医疗全流程服务,在部分服务环节收取佣金或者与合作方进行收入分成。较之第一种方式,这种综合性的方式更具行业内生性,只要互联网医疗企业提供的全流程服务能够给链条上的各环节创造更高的价值。

据就医 160 CEO 罗宁政介绍,就医 160 目前采用的主要是第二类盈利模式。针对 B 端,通过与药企、高端医疗机构、保险公司合作,实现收入分成、佣金结算,例如,通过就医 160 预约到香港打 HPV 疫苗,费用是 2200 港元/次,如直接去香港则需 2700 港元/次,同时就医 160 还可获得佣金。C 端则针对患者推出增值服务包,例如,整合健康管理公司、可穿戴设备厂商,联合推动高血压、糖尿病等慢病管理,给患者提供院外的增值服务,如

提供血压计、血糖仪，帮助患者管理慢性病，按月收费，与厂商分成。有业界专家分析，就医160盈利模式是从其平台开放战略衍生而来的，核心盈利点不是简单直接的流量分发，而是联合平台合作伙伴，为用户提供增值服务，创造更多价值。目前，就医160在深圳已经实现盈利，该模式未来将很快复制到其他城市，这在普遍烧钱的互联网医疗行业内非常少见。

资料来源：作者根据多方资料整理而成。

二、大互联时代到来

2014年4月20日正好是中国互联网诞生20周年的日子。20年前的这一天，中国第一条向社会公众开放的互联网线路开通运行。20年来，网络发展极为迅猛，我国互联网已经完全普及。互联网不仅渗透到人们的日常生活当中，而且开始改变我们的思维和意识。人们通过互联网搜索如百度来获取知识，通过互联网社交网络如腾讯QQ、微信和新浪微博进行交流，还通过电子商务如淘宝、天猫和京东网购给生活带来便利，等等，这些都告诉我们互联网时代就在眼前。

当今时代正处于第三次工业革命的"后工业化时代"，意味着工业时代正在过渡为互联网时代。从1997年开始，中国互联网开始进入商业时代。发展至今，历经Web1.0、Web2.0、Web3.0三个发展阶段，如图1-2所示。

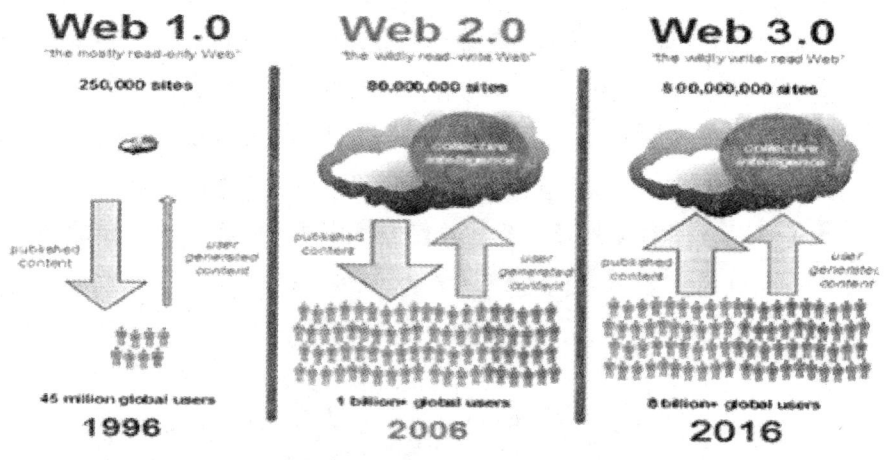

图1-2　Web1.0、Web2.0、Web3.0发展阶段

第一阶段，Web1.0（1996~2003年）：门户时代。这个阶段，互联网初步形成了以新浪、搜狐和网易为代表的三大门户网站。在Web1.0阶段，网站进行信息发布，还是多对一的传播。从门户这个中心点出发，基本实现的是一个单向互动。

第二阶段，Web2.0（2003~2011年）：搜索/社交时代。这个阶段，出现了百度搜索、腾讯QQ、博客中国、新浪微博、人人网等搜索和社交网站。相比较门户时代，用户可以生产信息内容，进而实现人与人之间的双向互动。

第三阶段，Web3.0（2012年至今）：大互联时代。该阶段是基于物联网、大数据和云计算的智能生活时代。Web3.0时代的典型特点是多与多的交互，包括人与人、人机互动以及终端间交互。大互联是相比较传统互联而言的。传统互联网主要是指桌面互联和刚刚兴起的移动互联。而作为新一代互联网，大互联是建立在物联网基础上的，是一种"任何人、任何物、任何时间、任何地点、永远在线、随时互动"的存在形式。

可以说，通过Web1.0、Web2.0、Web3.0的演变，互联网与我们越来越"互""联""网"了。不远的将来，互联网会成为生活中的"水和电"，与我们融为一体。

【互联网思维专栏2】

泰康在线：互联网保险专家

一、公司概况

2015年11月18日，作为行业内首家由国内大型保险企业发起成立的互联网保险公司，泰康人寿的全资子公司——泰康在线财产保险股份有限公司（以下简称泰康在线）正式在武汉挂牌成立，注册资本金10亿元。此前，作为泰康人寿的官方网站，泰康在线始终是泰康人寿互联网业务的主要平台。2000年，泰康在线网站（www.taikang.com）上线，是国内第一家由寿险公司投资建设、实现在线投保的网站，也是国内首家通过保险类CA认证的网站。泰康在线利用当时最先进的网络技术，在国内率先实现了保单设计、投保、核保、缴费、后续服务的全过程网络化，是国内首家真正意义上的"在线保险"。

15年来,泰康在线致力于互联网保险业务的创新与开拓,整合线上、线下保险服务,提供普惠保险产品,打造"活力养老、高端医疗、卓越理财、终极关怀"四位一体的互联网生态圈。传统寿险基因的积淀,以及后天补充到位的互联网基因,共同成就了泰康在线在互联网保险领域得天独厚的优势。为了给用户提供更全面的风险解决方案,泰康在线除了不断完善已有的养老、健康、意外等多种保险产品,还将加速研发一系列贴合互联网生态的财险产品,全力打造"产寿结合"的产业链。目前,泰康在线已形成互联网产寿险结合的保险产品体系,产品线涵盖互联网财产险、旅行险、健康险、意外险、年金和投资连结险等。

二、泰康在线发展战略:互联网+大健康

在2015年保险情公众宣传日,泰康人寿董事长陈东升公开表示,"互联网+大健康"是泰康全力要做好的事情。事实上,泰康在全国性养老社区、医疗资源、医院等大健康产业链上均有战略布局,而泰康在线则从另一个角度践行"互联网+大健康"战略。

目前,泰康保险旗下有寿险、资管、养老、基金牌照,泰康人寿一直缺乏财险业务板块,此次以互联网保险公司的形式进军财险市场,是自身形成完整保险产业链的需求。泰康在线官网资料显示,泰康在线推出的财产险中主要包括"Ai(癌)情预报险"和"福临门家财保障险",最近新推出财险一切险、机器损坏险、公众责任险。此外,还有理财保险、健康保险、意外保险三大类产品。

泰康在线作为一家互联网保险公司,也希望服务于互联网这个生态。一直以来,泰康保持与阿里、腾讯、携程等互联网公司的合作,旨在开展保险场景构建上的合作。对于泰康而言,在"互联网+"战略中,是要把互联网作为泰康在线的工具,还是要打造一家完全具有互联网基因的公司,这是问题的关键。泰康在线定位是一家互联网保险公司,按照互联网企业的管理思路来探索项目制,而且从推出的新产品可以看出其具有互联网基因,而不是把产品搬到线上。

事实上,泰康触网布局较早,泰康在线也延续了其过去互联网保险平台的基因。早在2000~2005年,泰康人寿就完成了保险电子商务核心业务平台的搭建，梳理出了整套保险网络营销体系，开辟了一整套新的业务模式。2006~2008年，泰康人寿在平台基础上聚焦创新产品，开发了包括虚拟保险卡单、保险电子贺卡、网络名片、网上续期交费等一系列产品；2008年6月，泰康人寿创新事业部成立，此前在朋友圈活跃度很高的"求关爱"等保险产品便由该部门研发。过去的15年，泰康在线作为一个互联网保险平台，产品的互联网化在不同阶段的侧重不同，2002~2007年，旅行险、交通意外险和综合意外险等短意险占绝对主导；2007~2009年，短意险为主，兼具投资理财险和长期寿险；2010~2015年11月，形成短期意外险、长期寿险和理财投资产品三大产品体系。

因此，泰康在线要体现互联网特色，具体包括两个方面：第一类是服务于互联网医疗健康生态上的所有企业，产品的提供要符合它们的场景，特别是在移动医疗生态环境下，需要的风险保障在激增，泰康在线需要去服务这个生态；第二类是保险作为支付方式，用于连接移动医疗的服务，以及未来泰康在垂直领域的布局。

泰康在线在互联网大健康想做的事，第一个是通过产品创新，真正做普惠，让移动医疗的技术和好的服务深度结合，打破过去传统保险公司购买移动医疗服务用于提供增值服务的形式；而今天我们的合作方式是通过产品创新，深度合作，如用户"Ai（癌）情预报险"，用户可以进行早期的癌症检测筛查，我们则运用保险的特点，扩大覆盖面。对于互联网保险的发力点，随着移动医疗的兴起，基于大数据以及单个人的健康状况，互联网保险公司可推出一些标准化产品。

基于监管审慎的态度，类似由于雾霾、疫苗等热点事件推出的互联网保险产品，可持续性可能不强；但互联网保险市场很大，不用做到颠覆式创新，而在具体险种上推出一些小的创新、微型的创新，提升用户的体验，同样可以占据市场份额。

对于泰康在线而言，其传统保险业20年的产品经验、数据的积累，已经有足够的数据量，但如何分析运用这些数据，结合用户的需求，开发出更好的产品，是泰康在线面临的最关键问题。

三、泰康在线的互联网保险：场景化驱动产品深度创新

最近几年互联网保险概念越来越火，但大部分业务模式只是将互联网作为一种新的保险销售渠道，互联网与保险的结合仍然停留在表面。泰康在线副总裁兼首席运营官丁峻峰认为，互联网对保险来说确实是一种更好的销售渠道，如成本更低、信息更透明、目标客户更集中等，而且就泰康在线自己来说，也是国内第一家实现保单设计、投保、核保、缴费、后续服务全过程网络化的保险公司，但泰康在线想做的远远不止于将互联网当作保险销售渠道。

随着移动互联网的普及，人们的日常生活日益呈现碎片化特征，传统的保险销售面临渠道成本高企、产品与需求不匹配等诸多难题。丁峻峰指出，互联网营销中最受推崇的场景化思维必须引入到保险的设计、销售等各个环节中，针对每个碎片化的用户群体或碎片化的用户需求，设计相应的保险产品，然后运用最简单直接的互联网渠道直达多元化、碎片化的用户场景。

丁峻峰介绍，在整个互联网保险领域，泰康在线与各大互联网巨头已经有过多次成功的深度合作。例如，与淘宝合作推出专门针对卖家的"乐业保"。在医疗健康方面，泰康在线也进行了诸多尝试，如基于微信场景开发的"微互助"社交型保险产品。"微互助"是由一款一年期的癌症疾病保险包装而成，用户关注"泰康在线"微信公众账号后，支付1元加入"微互助"计划，即可获得一份保额为1000元的癌症保障，将支付成功后生成的"求关爱"页面分享至微信朋友圈，在投保期限30天内，好友为其每增加支付1元，其保单保额就会增加1000元（40~49岁的用户保额增加300元），直至达到15万元上限。丁峻峰认为，"微互助"通过微信朋友圈本身就拥有的信任关系，建立起"传播—参与—扩散"的传播链条，是对移动互联时代社交化属性的良好应用，体现了泰康在线对互联网医疗保险的思考和探索。泰康在线对互联网健康保险的探索正在加速进行，并且新意迭出。

另外，丁峻峰还指出，泰康在线成立之初就推出过一款极具互联网创新精神和人文情怀的产品——"Ai（癌）情预报"，不同于传统防癌保险在被保险人患癌后再理赔的方式，它通过保险产品责任的创新，改变人们对待癌症的方式和态度。"Ai（癌）情预报"设计了三步筛查方案，帮助人们更早发现癌症从而获得更好的治疗效果。2016年5月底，泰康在线又推出一款名为"泰康9.9戒烟保"的创新保险产品。这款保险产品主要针对中国3亿烟民，其核心诉求是围绕熟人社交圈子，通过支付保费、科学评估、咨询专家、专业方案、戒烟打卡、每周督导六个步骤，以亲友监督的方式进行戒烟，保费仅为9.9元。泰康在线已在6月中旬陆续推出"90天专业医师全疗程戒烟管理计划"以及"戒烟药品保障计划"，三个产品组成一套完整的"科学戒烟解决方案"。"泰康9.9戒烟保"的推出，最重要的是体现了泰康在线在面对医疗健康行业合作伙伴时的创新精神和开放心态。丁峻峰坦言，"Ai癌情预报"、"戒烟保"等产品的市场前景如何还需时间观察，但业内对其所蕴含的创新精神相当赞许。

丁峻峰还表示，这些还只是泰康在线与医疗健康行业合作创新保险产品的开始，众多互联网医疗（含垂直人群、细分病种等）、创新型公立医疗机构、中端私立医疗机构、体检康复等健康服务机构、精准医疗、智能可穿戴设备等大健康领域有医患资源或产品优势的企业，都是泰康在线乐于积极合作的对象。

资料来源：作者根据多方资料整理而成。

三、所有的企业都是互联网企业

随着以计算机和网络应用为代表的新兴信息技术的发展，互联网与传统行业开始发生更为密切的关系。互联网不再独立于传统行业，而是像水电一样融入社会的各个角落。乔布斯开创的移动互联网正在改变世界，改变企业，也在改变生存的模式。移动互联网正在加剧对传统行业的渗透、改变，甚至颠覆和重塑。未来所有的企业必将是互联网企业。换句话说，未来将没有互联网企业。互联网已经渗透到社会的方方面面、各个角落。

互联网的本质，就是互动、连接、网络这三个动作，对应了用户中心、数据驱动和生态协同三大经济特征；互联网思维的核心，就是用户、数据、生态三大核心思维。结构决定性质，结构效率大于运营效率。互联网时代的用户、数据、生态等都不是新的思维方式，但是组合在一起，能量就变了，就这么个道理。互联网思维并非有无的问题，而是真假的问题，深者悟深，浅者悟浅。绝大多数人

打着互联网思维的幌子做事件营销,而没有看到互联网对传统商业模式的重塑。

伴随着互联网的兴起,中国出现了互联网三巨头(BAT)的三足鼎立态势,其中B是指百度(Baidu),A代表的是阿里巴巴(Alibaba),T自然就是腾讯(Tecent)。这三家互联网行业翘楚是伴随互联网的发展在各自的领域迅速做大做强的。百度的李彦宏垄断中文搜索市场多年,阿里巴巴的马云先后推出阿里巴巴、淘宝、天猫等称雄中国电子商务市场,而腾讯凭借即时通信软件QQ和微信更是独霸社交网络数十载。可以说,互联网在中国的发展已经是大行其道。

从企业互联发展到个人互联,互联网真正做到了一切互联。互联网可以帮助企业消除在空间、时间上的界限,不管对方在何时何地,都可以实现企业之间的零距离沟通。此外,互联网还适用于个人用户,让人与人之间的无界限沟通不再是问题。当下,互联网几乎无处不在,无论是有线的还是无线的,无论是桌面的还是移动端的,互联网就在你我身边。甚至互联网还在延伸自己的发展空间,开始对很多传统行业如银行、制造业产生影响。

关于互联网企业,百度百科是这样定义的:是以网络为基础的经营,一般包括IT行业、电子商务、软件开发。在中国互联网刚兴起的时候,中国也出现过一批最早的互联网企业,如BAT(百度、阿里巴巴、腾讯)、新浪、搜狐、网易等。后来这些互联网企业不断扩张版图,开始涉足传统行业,如阿里巴巴马云新投资成立的菜鸟公司。与此同时很多传统企业也开始触网,做起电子商务,如苏宁电器发力电商,成立苏宁易购,实现云商模式。正如马云所云,没有传统的企业,只有传统的思想。可以想象,未来将没有"互联网企业"和"传统企业"的区别,所有的企业都是互联网企业。

【互联网思维专栏3】

饮料大王娃哈哈跨界试水"机器人"

继多次跨界之后,娃哈哈试水近来最热门的行业之一:机器人。

在娃哈哈海宁工厂,两台正在作业状态的码垛机器人出现在人们眼前。只见红色的机械手臂直接将一箱箱娃哈哈"营养快线"从流水线上取下,整齐码成垛,定位精度达到正负0.05毫米。远处,叉车开来,将码好垛的80箱饮料一并叉起,摆放至仓库内。码垛机器人平均2分钟就能码完80箱饮料，一小时基本上能码完 2000 箱，而一个码垛工人，一个小时的工作量是 450 箱。

"我们折算过，像码垛这样的重体力劳动，用机器人取代后，一条生产线能省下 2~4 个人工。"娃哈哈研究院智能装备系统集成事业部主任祝闰称，码垛机器人是由娃哈哈设计的第一台投入生产的机器人工作站，拥有五项专利。码垛机器人可以根据不同饮料进行码放，对产品进行识别判断，自动调取码垛方式。

饮料、机器人，听起来完全风马牛不相及的两个产业，为什么会"撞在一起"？其实，娃哈哈涉足机器人领域早有端倪。2011 年，娃哈哈承担了工信部"十二五"重大科技专项课题，进行了"高速搬运机器人及其物流生产线关键技术与示范应用"的研究，切入到机器人行业；2014 年，在航天军民融合技术对接交流会上，娃哈哈就智能机器人和物流装备项目与中国航天科工三院达成合作意向，欲合作成立公司，跨界涉足特种专用机器人产业。

娃哈哈招兵买马也颇具大手笔，在某次民企科技人才对接会上，娃哈哈生物工程、饮料和机电已成为其未来发展的三条主线，其中机电的发展主要依托于娃哈哈研究院。"机电这块基本上都是硕博士为主，相较饮料和生物工程，这块听起来比较陌生，但我们目前正在大力招人。"研究院某位负责招聘的人员说。

宗庆后透露，娃哈哈机器人的名字不会叫娃哈哈。对于娃哈哈跨界研发机器人，他曾经表示，今后主要想发展上下游产业，包括发展生物工程、菌种等方面。在横向方面，想涉足高新技术环保、节能电机、机器人产业。"我们进军高新技术产业，研发节能环保电机和机器人，原来也有两个机械厂，设备也是世界一流的，以前为自己服务，自己做模具，现在想在这个方面有所发展。"

从某种意义上来说，娃哈哈的机器人产业的确捕捉到了先机，这是一个万亿元市场，根据国际机器人技术联合会数据显示，2013 年中国采购了 36560 台工业机器人，占全球销售总量的 1/5，首次超过日本，成为全球最大的工业机器人市场。

娃哈哈准备在全国工厂投入 80 套码垛机器人，按照 1 套机器人换 2 个

人工算,娃哈哈一年可省下人工成本1000万元。今后,娃哈哈提出400条生产线要全部实现智能化。机器人产品线也在不断丰富:除了码垛机器人工作站,还有搬运机器人工作站、物料投放机器人工作站等。目前,娃哈哈正在研究采用箱型物品自动装车的问题,期望开发出系列化的智能物流装备,填补国内这一领域的空白。

按照宗庆后的构想,娃哈哈出品的机器人,不仅自己使用,还要不断输出,形成一个高端机电制造产业。

在杭州临安,有一家铅蓄电池企业,娃哈哈为其量身研制了电池极板上下料工作站,不仅实现了上下料工作的自动化,而且降低了人工成本,减少了工人与铅粉的接触,有效减少了血铅超标等职业病的发病率;娃哈哈承担过一个科研项目,在云南的一个炸药企业中最危险的人工分拣、包装环节,实现了用机器人替代和自动装箱;在浙江的一家汽车电池生产企业,也有娃哈哈产机器人的身影,使其实现了汽车电池的自动装配。

"现在传统企业转型智能化生产,娃哈哈机器人正好撞到了这个风口,各行各业的需求量都很大。"娃哈哈机电研发人员表示,但机器人最核心的零部件,如伺服电机、伺服驱动器、精密减速器等均被国外垄断,"我们希望走出一条国产化道路"。

娃哈哈在机器人上不断发力。近期,娃哈哈准备收购1~2家欧洲、日本的机器人关键部件的厂商,整合机器人制造全产业链,包括上游的零部件生产和下游的应用系统集成,并建设一个包括伺服电机及驱动器、精密减速机、运动控制器及视觉和传感系统等核心部件在内的机器人产业园。

未来的娃哈哈,会不会成为一家高新装备技术企业?让我们拭目以待。

资料来源:作者根据多方资料整理而成。

第二节 众说互联网思维

不是因为有了互联网,才有了互联网思维。不是因为你在互联网公司你就有互联网思维。不是因为你是传统企业就没有这种思维。简单地说,互联网思维就是一种思考方式，是一种基于商业模式的创新思考方式。只是因为互联网科技的发展，以及其对传统商业形态的不断冲击，导致了这种思维得以集中式的爆发。

一、互联网思维的起源

说起"互联网思维"一词的起源，我们可能会提及百度的李彦宏。他在2011年的演讲中最早提到这个概念，意思是要基于互联网的特征来思考，他的描述非常碎片化，所以当时并没有引起重视。2011年李彦宏在题为"中国互联网创业的三个新机会"的演讲中就谈道："当时与优卡网 CEO 聊天时不经意中问到，为什么那些时尚杂志不自己做一个网站，而是将很多时尚杂志内容集成到一个网站上？"李彦宏认为，这主要还是那些时尚杂志没有互联网思维，这不是一个个案，而且在任何传统领域都存在的一个现象或者一个规律。自此，"互联网思维"一词得以诞生。

2012年，小米的雷军与李彦宏不谋而合，推出了一个类似的创新词语——"互联网思想"。在2012年的公开演讲中，雷军毫无例外地使用"互联网思想"这个词。不仅如此，雷军还专门发表了题为《用"互联网思想"武装自己》的文章。但起初小米的影响力尚有限，除了众多米粉十分推崇之外，并没有引起其他人的关注与跟进。

2013年，随着小米的网络热卖和雷军的曝光度提升，如罗振宇等自媒体人士开始频繁提及"互联网思维"，这个时候，又好像从"互联网思想"变回了"互联网思维"，一些记者也开始引用这个词，其实两者并无二致。与此同时，2013年11月3日，《新闻联播》发布了专题报道"互联网思维带来了什么"。11月8日，腾讯的马化腾就在一次发言中提到，互联网已经改变了音乐、游戏、媒体、零售和金融等行业，未来互联网精神将改变每一个行业，传统企业即使想不出怎么去结合互联网，但一定要具备互联网思维。这个时候互联网思维开始吸引人们的眼球，引来了众多关注。笔者认为，李彦宏口中的互联网思维，雷军心中的互联网思想，大众眼中的互联网思维，其实差别并不大。

自此之后，无论是新闻报道，还是行业领军人物口中，互联网思维都一直处于风口浪尖，热度迅速爆棚。近年来，对于互联网思维的解读也是五花八门，让人眼花缭乱。

二、互联网企业家眼中的互联网思维

一般来说，互联网思维之所以那么火，主要还是由于行业领先人物和知名企业家，特别是IT企业家们率先注意到互联网思维的价值所在。对互联网思维有较大贡献的企业家有雷军、马化腾、周鸿祎等。他们将互联网思维与自己的企业转型相结合，用成功的思维来引领企业的未来。

1. 雷军："专注、极致、口碑和快"互联网"七字诀"

雷军总结了做互联网企业的一些心得，将其概括为"七字诀"：专注、极致、口碑和快，如图1-3所示。

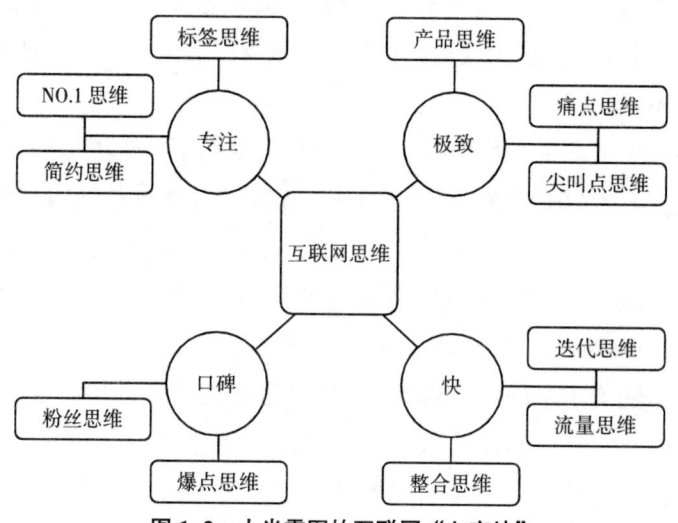

图1-3　小米雷军的互联网"七字诀"

第一，专注。少就是多，大道至简。其实苹果和乔布斯给我们的第一个启发就是专注。所以，当小米做手机时，高度认同"大道至简"，越简单的越难做。但少就是多，专注才有力量，专注才能把东西做到极致。

第二，极致。做到自己能力的极限。极致，就是做到你能做的最好，就是做到别人达不到的高度。这方面，苹果做得最成功。小米第一次做手机，上来就是双核1.5G处理器，用高通、夏普、三星、LG的元器件，还要找英华达、富士康代工，只有这样，才能做到别人达不到的高度。

第三，口碑。超越用户预期。其实不是，口碑的真谛是超越用户的期望值。例如，海底捞都开在很一般的地方，当我们走进去的时候，它的服务超越了我们所有的期望值，我们觉得好。所以，口碑的核心是超越预期。

第四，快。天下武功，唯快不破。今天，快速试错、快速调整很重要。有时候，快是一种力量。你快了以后能掩盖很多问题，企业在快速发展的时候往往风险是最小的，当速度慢下来，所有的问题都暴露出来了。所以小米 MIUI 坚持每周迭代，因为每周迭代就是对自己很大的冲击，你出新版本，要有什么功能，就推动你自己非常快地推陈出新。

这就是雷军这些年对互联网的思考所得，用再简单不过的"七字诀"这种互联网思维，将小米做成一个让人景仰的企业。雷军还表示，"专注、极致、口碑、快"这四个词其实是没有先后顺序的，你仔细想想，不专注，速度就快不了，改得不快呢，就没用户口碑，不做到极致呢，也没口碑，不专注呢肯定就不极致，所以它们是这么一个关系。小米的终极目标是要形成口碑，不做到极致就没口碑，改得不快也没口碑，不专注也没口碑，口碑是小米的核心。

2. 马化腾："灰度法则"、"七个路标"、"八条论纲"

2013 年 11 月 10 日，在腾讯"WE 大会"上，腾讯董事会主席兼 CEO 马化腾做了题为"通向互联网未来的七个路标"的演讲。此后，他陆续对互联网未来提出自己的看法。

第一，互联网时代创造生物型组织的"灰度法则"及七个维度。需求度：用户需求是产品核心；速度：小步快跑，快速迭代；灵活度：主动变化比应变能力更重要；冗余度：容忍失败，允许适度浪费；开放协作度：最大限度地扩展协作；进化度：让企业拥有自进化、自组织能力；创新度：充满可能性、多样性的必然产物。如图 1-4 所示。

第二，通向互联网未来的"七个路标"。路标 1：连接一切；路标 2："互联网+"创新涌现；路标 3：消费者参与决策；路标 4：数据成为资源；路标 5：开放的协作；路标 6：顺应潮流的勇气；路标 7：连接一切的危险。如图 1-5 所示。

第三，互联网问题的"八条论纲"。论纲 1：互联网即将走出"三峡时代"；论纲 2：客户端不再重要，价值链往上游转移；论纲 3："垄断"是一个令人烦恼的罪名；论纲 4：不仅是截杀渠道，而是占据源头；论纲 5："产品经济"逐渐演化到"体验经济"；论纲 6：拥有"稀缺性"，不要被"免费"吓倒；论纲 7：产品经济束缚人，互联网经济将解放人；论纲 8：伟大公司不见得是一个大公司。

图 1-4 腾讯创造企业生物组织的七个维度

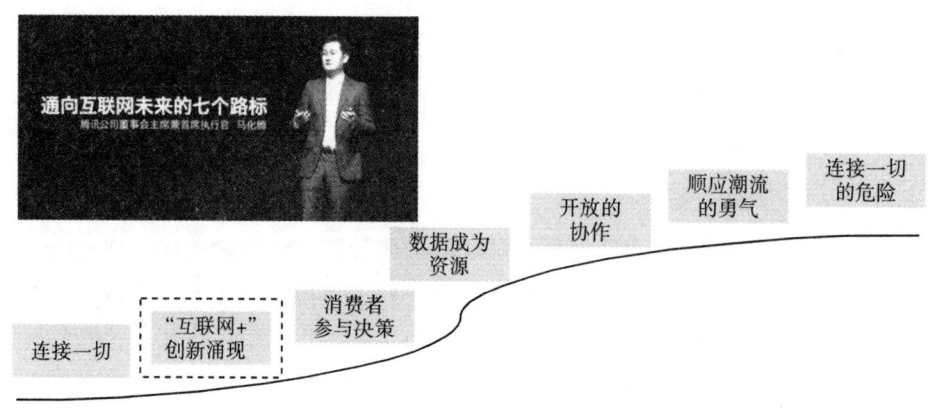

图 1-5 通向互联网未来的"七个路标"

腾讯始终坚持一切以用户价值为依据,在产品设计与用户体验上的原则是:让产品自己召唤人,同时产品的核心能力要做到极致。另外,马化腾提出高端用户的感受才是真正的口碑。

3. 周鸿祎:用户至上、体验为王、免费的商业模式、颠覆式创新

周鸿祎中国互联网安全之父,奇虎 360 公司董事长,互联网新格局的缔造者、颠覆式创新家、知名天使投资人。曾供职于方正集团,后历任 3721 公司创始人、雅虎中国总裁等职务。周鸿祎带领奇虎 360 公司于 2011 年 3 月 30 日在美国纽交所上市,成为互联网安全、移动互联网行业的领导者和先行者。在很多方

面，周鸿祎都是互联网领域的颠覆者。他重新定义了"微创新"，提出从细微之处着手，通过聚焦战略，以持续的创新，最终改变市场格局、为客户创造全新价值。他第一个提出了互联网免费安全的理念，也由此让奇虎360拥有了超过4亿的用户。

2014年1月18日，奇虎360董事长周鸿祎在中国信息化百人会2014年年会做了题为"信息时代的创新与企业家精神"的演讲。周鸿祎指出，自己对互联网思维与模式的理解是用户至上、体验为王、免费的商业模式、颠覆式创新。

第一，用户至上。客户不是最重要的，用户是最重要的，用户至上是基本的价值取向。如图1-6所示。

图1-6 周鸿祎的用户至上思维

第二，体验为王。互联网有了一个新的价值，即它有什么体验，怎么定义这个体验，体验一定是用户可以感知的超出预期的情感认同。如图1-7所示。

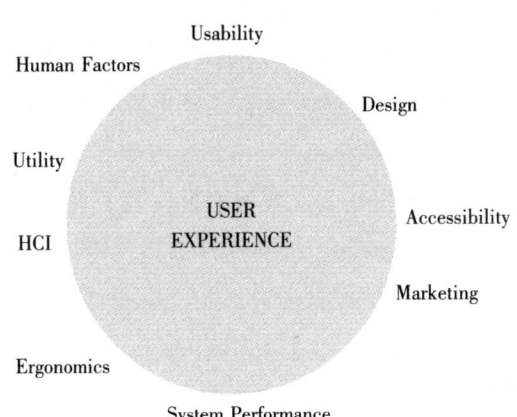

图1-7 周鸿祎的客户体验思维

第三，免费的商业模式。通过免费的手段来颠覆传统商业模式。

第四，颠覆式创新。互联网企业带来的颠覆主要有两种：一种是通过免费商业模式的颠覆，另一种是通过用户体验的颠覆。互联网经济是免费的经济，免费是最好的营销手段。既不用花费很多广告去推广，也更容易获得口碑。免费也是一种有效的竞争手段，因为一分钱不花就能有这么好的软件，竞争对手的用户基础在快速流失，收入在迅速缩减，团队将面临分崩离析。要有自我革命的勇气，与其维持现状等着被别人革命，还不如自己来革自己的命。如果自我革命，还可能革出一条出路来。如果等着被人家革命，那结果就会很惨。

三、传统行业企业家对话互联网思维

我们身处在一个大变革时代，无论是互联网企业，还是传统企业，都必须要寻求变革，适应发展。互联网已经深深地改变了人们生活的方方面面，传统企业要么主动变革，要么被其颠覆。笔者认为，传统企业互联网转型已迫在眉睫，不是要不要转型的问题，而是怎么转型的问题。

在这一大背景下，很多先知先觉的传统企业开始"触网"，做起电子商务，走上了转型之路，如苏宁的云商模式就是其中最好的例子。传统企业虽然意识到转型势在必行，但真正做转型又谈何容易。因此，我们要换个思路，用互联网思维去寻找传统企业转型的成功路径。2013年起，互联网思维已经席卷大江南北。小米用互联网思维颠覆了手机，黄太吉煎饼、雕爷牛腩和IT男肉夹馍等用互联网思维做餐饮，90后美女马佳佳运用互联网思维做成人用品等，可以说，越来越多的人都试图用互联网思维来颠覆传统行业。有些传统企业成功转型，但这样的企业还是有点少，还是有大批在苦苦寻觅转型良方的传统企业。敢问传统企业的转型之路在何方？互联网思维能否拯救这些传统企业，让它们度过眼前这一劫，实现自己企业发展的又一春。

华为公司轮值CEO胡厚崑认为，在互联网时代，传统企业遭遇最大的挑战就是基于互联网的颠覆性挑战。为了应对这种挑战，传统企业首先要做的是改变思想观念和商业理念。要敢于站在未来看现在，发现更多的机会，而不是用今天的思维想象未来，仅仅看到威胁。我们要明确的是，不是互联网企业淘汰传统企业，而是新商业必然会淘汰旧商业。未来，也将不会存在所谓的互联网企业和传统企业，而只有一种，那必然就是互联网企业。因为所有的企业都终将是互联网

企业。

互联网思维改变着时代，也不断地拷问传统产业。正当我们对传统企业转型处于迷茫的时候，让我们眼前一亮的是《人民日报》推出的《颠覆还是融合——互联网思维拷问传统产业》系列报道，通过对话企业家，探讨互联网思维。有些企业家认为融合转型最重要，有的则强调必须进行脱胎换骨的改造。互联网思维对传统产业最终会带来什么样的改变，是颠覆还是融合，我们需进一步观察，但有一点毋庸置疑，无论传统企业愿不愿意，互联网冲击已不可回避。下面就跟大家分享一下联想的柳传志和海尔的张瑞敏是如何看待互联网思维，并用互联网思维去颠覆和融合自己掌控的企业，从而拥抱互联网，与时俱进的。

1. 联想的柳传志：不是颠覆，是改善

柳传志被认为是中国最具影响力的商业领袖之一。20多年来，他致力于高科技产业化的探索和实践，不断引领企业开展自主创新，走出了一条具有中国特色的高科技产业化道路，使联想集团的技术实力和市场份额都跻身世界同行的前列。柳传志还积极推动中国高科技产业化事业的发展，通过和中国科学院一起创办"联想之星"项目，以及在投资业务中复制和输出联想的经验，促进科技成果转化和科技企业管理人才的培养，帮助更多中国的科技企业实现更大的发展。在他的领导下，联想高举民族计算机产业大旗，立足中国本土，不断研究摸索行业规律，在与国外强手的竞争中一举胜出，不仅确立了在中国市场的领先地位，而且带动了一大批民族IT企业的发展。联想集团通过并购IBM个人电脑业务走出国门，成为全球领先的电脑公司之一，证明了中国企业的能力，也为中国企业实现国际化积累了宝贵的经验。

2. 海尔的张瑞敏：互联网思维颠覆了什么

张瑞敏是全球享有盛誉的企业家，海尔集团创始人，现任海尔集团党委书记、董事局主席、首席执行官。在党内担任第十六届、十七届、十八届中央委员会候补委员。1984年，张瑞敏临危受命，接任当时已经资不抵债、濒临倒闭的青岛电冰箱总厂厂长。多年来，张瑞敏始终以创新的企业家精神和顺应时代潮流的超前战略决策引航海尔，实现持续发展。2013年，海尔集团全球营业额1803亿元。据消费市场权威调查机构欧睿国际（Euromonitor）统计，海尔已连续四年蝉联全球白色家电第一品牌；并进入美国波士顿管理咨询公司（BCG）评选的2012年度"全球最具创新力企业"前十名，在消费及零售类企业中排名第一。

在海尔持续创新、不断壮大的过程中，张瑞敏确立的以创新为核心价值观的企业文化发挥了重要作用。在管理实践中，张瑞敏将中国传统文化精髓与西方现代管理思想融会贯通，"兼收并蓄、创新发展、自成一家"，从"日事日毕、日清日高"的 OEC 管理模式，到每个人都面向市场的"市场链"管理，张瑞敏在管理领域的不断创新赢得了全球管理界的关注和高度评价。"海尔文化激活休克鱼"案例被写入美国哈佛商学院案例库，张瑞敏也因此成为首位登上哈佛讲坛的中国企业家。

张瑞敏认为，没有成功的企业，只有时代的企业，所谓成功只不过是踏准了时代的节拍。在互联网时代，张瑞敏的管理思维再次突破传统管理的桎梏，提出并在海尔实践互联网时代的商业模式——人单合一双赢模式，让员工在为用户创造价值的过程中实现自身价值；通过搭建机会公平、结果公平的机制平台，推进员工自主经营，让每个人成为自己的 CEO。西方管理界和实践领域对海尔和张瑞敏的创新给予了较高评价，认为海尔推进的创新模式是超前的。2012 年 12 月，张瑞敏应邀赴西班牙 IESE 商学院、瑞士 IMD 商学院演讲人单合一双赢模式，受到强烈反响。因其在管理领域的创新成就，张瑞敏获得"全球睿智领袖精英奖"、"IMD 管理思想领袖奖"，并荣获"亚洲品牌永远精神领袖奖"。

【互联网思维专栏 4】

运满满：货运平台重构物流生态

运满满是国内首家基于移动互联网技术开发的全免费手机 APP 应用产品，致力于为公路运输物流行业提供高效的管车配货工具，同时为车找货（配货）、货找车（托运）提供全面的信息及交易服务。运满满隶属上海细微信息咨询有限公司，公司总部位于上海市长宁区金钟路 999 号，由阿里巴巴多位高管及众多物流行业专家共同组建。运满满以创新的理念和极佳的用户体验赢得物流从业人员的青睐，并在 2014 年 5 月荣获物流行业精选管车配货工具中最佳 APP 应用，所服务的对象涵盖所有类型的货物和车辆，全面满足物流公司、信息部及中小企业的公路长途整车运输需求，同时提高车主配货效率，降低空返率；提升货主找车效率，改善整体物流行业的运行效率。运满满是国内节能减排、智能物流的样板项目，使公路运输"货运满满"、从业者"好运满满"。目前，运满满在江苏、浙江、上海、安徽、河南、山东、福建等地均设有分公司和办事处，并计划开放更多车源和货源信息，布局全国公路运输信息网络，以促进中国公路运输行业进入一个高效低空返的移动互联网时代。

一、重构"互联网+物流"O2O模式

2015年12月，运满满和云鸟配送宣布强强联合，以打通货运O2O从干线到同城的上下游环节，共同打造互联网物流承运网络。双方联合以后，将在双方分布于全国的网点展开合作，以推动全网干线向最后一公里的延伸。在业务拓展方面，双方还将对接保险等第三方服务，共同围绕货运物流产业链上的需求，开发汽车后市场、移动互联网金融服务，建立完整的货运生态系统，打造全生命周期物流服务，加快产业链生态化建设。

二、平台思维：避重就轻

运满满是一个轻公司，即应用平台思维，尽量用互联网的方法把一个重的产业做轻。起初，运满满和多数货运APP都以滴滴模式为基本模板设计自己的商业模式。滴滴模式之所以能够成功，一个重要原因是滴滴模式释放了许多新的需求，而不是在存量市场里分食蛋糕，这也使得滴滴可以与传统的出租车公司的司机和平相处，而不被敌视。但是，货运APP所处的产业环境不同，基本上是用新的方法做存量市场，这时候触动原有的利益格局不可避免，同时这些新模式的公司又必须找到自己的差异化所在，从而获得生存的空间。

运满满找到了独特的生存空间。它将运满满的运输类型定位为干线运输，运满满在一开始就避开了那些试图大小货通吃的货运APP同行，而是在全国500万登记在册的重卡司机群体里进行深耕。中国的卡车司机总量大约有3000万人，重卡司机占1/6，做干线重卡司机门槛较高，能够避开激烈的竞争。当运满满掌握了超过70%的中国重卡司机用户以后，利用沉淀的大数据进行分析，从中找到所谓的"种子用户"，也就是好司机，通过个体的代表寻找标准化的可能，把它提炼出来，再进行规范化，从而在这样一个非标准化的市场重塑市场规则。此外，运满满还在后台设置了交易关系图谱，这个图谱涉及几个维度：一是线路维度和位置图谱，二是关系图谱，三是价

格图谱。当数据积累到一定量级，整个车的流向就可以重新去做调整，提高车载效率。

积累大量数据，筛出好的司机，制定游戏规则，反哺给货主，这是运满满目前的主要商业模式。

资料来源：作者根据多方资料整理而成。

第三节 物云大（TCB）与互联网江湖

在这个信息技术蓬勃发展的时代，物联网方兴未艾，云计算风起云涌，移动互联网崭露头角，大数据初露锋芒，在这些新技术及应用百花齐放之时，以新一代移动通信、下一代互联网以及物联网为代表的新一轮信息技术革命，不断催生出新技术、新产品和新应用。

一、物云大（TCB）是什么

互联网时代，物联网、云计算、大数据这些高科技概念一个接着一个，好像赶场子串门似的，来得太快，让人眼花缭乱。最近还冷不丁地冒出了一个更有霸气、更有韵味的新词，叫"大智移云"。简而言之，就是大数据、智能化、移动互联网和云计算合起来的统称。如今的大数据和云计算已经作为社会发展动力中新一轮的创新平台。物联网则是产生大数据的重要来源之一，目前有各种各样的传感器搜集了很多数据，为了解释这些大数据，就需要用到云计算、数据挖掘等技术。可以说，"大智移云"是互联网时代这些新技术的大杂烩。

信息技术的进步，使得互联网进一步发展。移动互联网的出现，让互联网比之前更加强大。从本质上说，互联网的发展，离不开云计算、物联网、大数据这三大最新的信息技术。有人说，没有云计算、物联网、大数据的出现，互联网就不能实现真正的人与人、人与物的大互联。2012年是云计算的实践年，2013年是大数据的元年，2014是物联网的元年。PC时代以计算机为中心，而到了网络时代则以软件为中心，云计算时代以服务为中心，物联网时代以应用为中心，最后大数据时代则以用户价值为中心。可以说,物联网、云计算、大数据已经成为互联网发展的三大核心技术。我们往往习惯称之为"物云大"(物联网、云计算、大数据),即 Internet of Things、Cloud Computing、Big Data,简称 TCB。

随着物联网、云计算、大数据、移动互联网等接踵而至,IT 已改变甚至颠覆了我们生活的时代。由于这些 IT 技术,给我们带来的不仅是技术的变革,更多的还是思维上的变化。最近出现的互联网思维就是从中应运而生的。互联网思维,离不开互联网发展,而互联网发展必须利用物联网、云计算、大数据等技术。信息技术发展,改变了思维方式,进而带来了生活的便利。

【互联网思维专栏 5】

美美乐:口碑营销走轻资产之路

美乐乐家具网是中国最大的专业家具 B2C 电子商务平台,是中国家具电子商务领域最受消费者欢迎和最具有行业影响力的电子商务网站之一。美乐乐家具网在线销售欧式、美式、法式、韩式、新古典等多种风格的外贸家具。

一、美美乐的 O2O 商业模式

O2O 模式或是当前行之有效的一种商业模式,在家居界,电商美乐乐走得最远。它不但自行搭建了官网平台,还在全国拥有近 300 家线下体验馆,提供商品展示和售后服务。

美乐乐的最大优势体现在,自行搭建的"美乐乐家具网"作为线上营销渠道,并同时在线下开设体验馆负责商品展示与售后服务。美乐乐线下体验馆绝大部分为自营,而自有渠道扁平化是美乐乐产品高性价比的重要原因。

从美乐乐的创业史分析,其首先依附淘宝平台起家,虽然整体的流量、成交额都较为可观,但或多或少地面临着"僧多粥少"的局面。尽管其当时已在淘宝家具品类中占据了第一的位置,但美乐乐还是"毅然决然"开始了"出淘"之路。2008 年,美乐乐自己的独立线上渠道"美乐乐家具网"上线运营,2011 年开始了线下体验馆的建设步伐。在线下体验馆建设过程中,曾有巨型卖场邀美乐乐入驻,但被其婉拒,因为过高的租金会扰乱其商品的价格体系。无论是线上还是线下,美乐乐始终保持了其营销渠道的高度独立。

与传统家具企业的线下卖场功能不同，美乐乐线下体验馆所承担的"职责"大多为实体展示和售后服务，线上则承担导流客户的任务。从这里便可看出，美乐乐的O2O模式，相对于单纯的"线上"或"线下"家具企业，优势均十分明显。线下体验馆弥补了传统网商"最后一公里"不足的缺陷，而线上导流又是传统家具企业不具备的优势。

二、盈利模式

美乐乐本质上是一家家居供应链企业和电商营销渠道。根据这样的定位，可以推测其盈利模式包含以下两点：一从微笑曲线两端即产品研发与销售运营的角度去看，其盈利点在于通过低中高三档产品的差别定价和互补品关联品的价差补贴，深耕家装服务领域，拓展消费生态链获取较高利润。同时，美乐乐作为家居电商的平台提供者，在帮助品牌进行渠道拓展和品牌造势的同时，收取品牌进驻平台的管理维护费用，随着美乐乐自身美誉度和知名度的提高，会有更多品牌进驻，这部分收入也将有大幅度增加。二从微笑曲线中间附加值较低的制造板块获取少量利润。采购、制造和运输两大环节中美乐乐的核心优势在于通过后台数据精准预测进行预订，同时发挥规模效应，降低成本，这也是利润来源的一个重要渠道。

三、建立体验店，积累用户口碑，创造真正的竞争壁垒

美乐乐自定义为一个渠道或者一个平台，拥有韩菲尔、凯撒豪庭、卡富亚等几个家具自有品牌，现在自有品牌占到销售额的绝大部分。它也愿意与其他品牌合作，希望其他品牌到美乐乐的平台上销售。单纯的线上销售没办法提供完善的售后服务。如衣服、书籍这类商品，送到客人手里，交易过程就基本结束了，但家具还需要安装、维修，送达仅仅是完成了销售的一部分。到目前为止，美乐乐一共有200多家体验店，分布在全国各地。现在美乐乐有点像京东早期建仓储，这几年都是建店投入期，目的是为了把客户体验做到极致。

回归家具销售的本质，让客人能看、能摸、能闻，能进行真实体验。这就需要从线上走到线下，将"线上网购"和"线下体验"紧密结合起来。体验店在客户下单决策过程和售后服务中都起着重要的作用，这两个环节在家具销售过程中是最重要的。美乐乐有充足客流，这得益于线上到线下的模

式。客人是通过网上和口碑引导过来的，而不是像传统大卖场那样，靠地理位置带来客流。据估计，网上和老客户介绍过来的客人，超过客人总数的90%。

目前，中国家具销售的主流渠道依然是大卖场和家具城。美美乐影响或者改变了人们的消费习惯，让他们习惯于到网上寻找家具，在消费者心目中树立这样的形象：网上卖家不仅价格便宜，质量也很好，服务也很好。

资料来源：作者根据多方资料整理而成。

二、互联网趋势一：物联网（IoT）实现了

物联网将会成为现实。2012 年，一个新版的互联网出现，它允许数十亿部设备加入到互联网中创建所谓的物联网。2013 年，诸如思科和 Salesforce 等大型 IT 供应商开始发布它们的首个物联网产品。IDC 预计，2014 年，将会有更多的大型供应商，甚至是初创公司对外推出物联网产品。2020 年，物联网所产生的收入将高达 8.9 万亿美元。

那什么是物联网操作系统呢？物联网大致可分为感知层、网络层（进一步分为网络接入层和核心层）、设备管理层、应用层四个层次。其中最能体现物联网特征的，就是物联网的感知层。感知层由各种各样的传感器、协议转换网关、通信网关、智能终端、刷卡机（POS 机）、智能卡等终端设备组成。这些终端大部分都是具备计算能力的微型计算机。运行在这些终端上的最重要的系统软件——操作系统，就是所谓的物联网操作系统，如图 1-8 所示。

2014 年 7 月 22 日，庆科 MXCHIP 与阿里巴巴智能云联袂在上海创智天地广场举办了中国第一款物联网操作系统 MiCO 发布盛典暨 MiCO 联盟成立大会。2015 年 8 月 20 日，上海庆科在北京举办 MiCO 全球开发者大会，发布了全新的物联网操作系统 MiCO2.0，旨在推动物联网及智能硬件行业的进步，让智能硬件开发变得更简单。

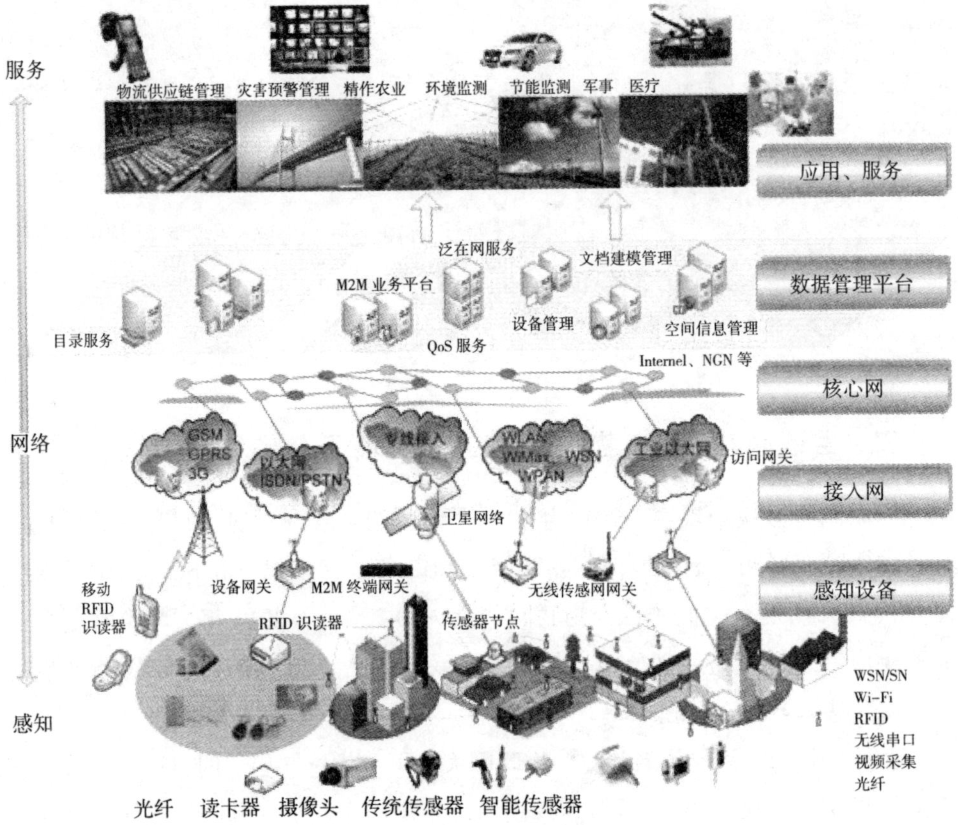

图 1-8 物联网的分层体系结构

三、互联网趋势二：云计算（Cloud Computing）来了

2014年来临之际，调研公司IDC就曾对2014年九大技术趋势进行过预测。其中就包括物联网、云计算和大数据这三种趋势。首先，企业将投入大量资金到云计算。2013年，各大厂商都开始关注云计算。2014年，各大企业在云计算方面的支出将是令人难以置信的。IDC预测，云计算的市场规模将超过3000亿美元，年复合增长率约为25%，这其中包括硬件云服务提供商为了迎合消费者的需求而必须购买的产品。云计算将会变得越来越专业化，更多的云服务将会针对特定的行业推出。2014年开始，亚马逊和谷歌将在云计算领域展开一场战争，IDC预计，亚马逊网络服务将会针对开发者和企业推出大量的新服务，而谷歌也会大力发展云计算服务。而在Pre-Cloud时代发展得不错的所有IT公司，诸如思科、惠普、IBM、EMC、微软和Vmware也将会与亚马逊和谷歌在云计算领域展开角

逐。图 1-9 为 IBM 云计算服务模式。

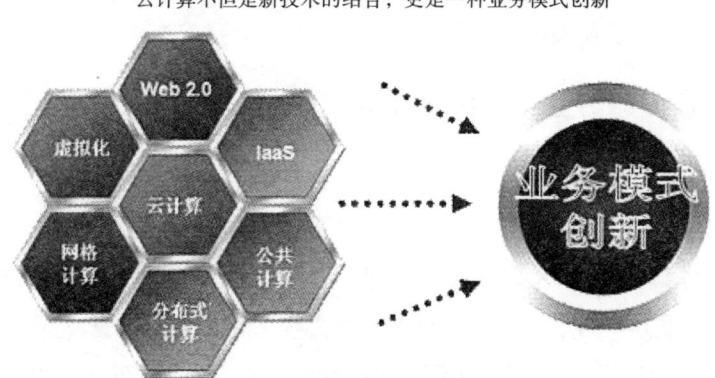

图 1-9　IBM 云计算服务模式

　　云计算是一种基于互联网的超级计算模式，即把存储于个人电脑、移动电话和其他设备上的大量信息和处理器资源集中在一起，协同工作。它是一种新兴的共享基础架构的方法，可以将巨大的系统池连接在一起以提供各种 IT 服务。很多因素推动了对这类环境的需求，其中包括连接设备、实时数据流、SOA 的采用以及搜索、开放协作、社会网络和移动商务等这样的 Web 2.0 应用的急剧增长。另外，数字元器件性能的提升也使 IT 环境的规模大幅度提高，从而进一步增强了对由统一的云进行管理的需求。

　　云计算是一种全新的商业模式，其核心部分依然是数据中心，它使用的硬件设备主要是成千上万的工业标准服务器，它们由英特尔或 AMD 生产的处理器以及其他硬件厂商的产品组成。企业和个人用户通过高速互联网得到计算能力，从而避免了大量的硬件投资。简而言之，云计算将使未来的互联网变成超级计算的乐土。"云计算的基本原理是，通过使计算分布在大量的分布式计算机上，而非本地计算机或远程服务器中，企业数据中心的运行将更与互联网相似。这使得企业能够将资源切换到需要的应用上，根据需求访问计算机和存储系统。"IBM 高性能随需解决方案团队副总裁 Willy Chiu 说。

　　这可是一种革命性的举措，打个比方，这就好比是从古老的单台发电机模式转向了电厂集中供电的模式。它意味着计算能力也可以作为一种商品进行流通，就像煤气、水电一样，取用方便，费用低廉。最大的不同在于，它是通过互联网进行传输的。这场技术竞赛吸引了众多参赛者，如 Sun、IBM、微软、Google、

亚马逊等信息业巨头都已经循迹而来。"云计算正在兴起",微软超级计算机研究员 Dan Reed 也说,"推动云计算兴起的动力是高速互联网连接的发展、更加廉价且功能强劲的芯片以及硬盘、数据中心的发展。"

四、互联网趋势三:大数据(Big Data)越来越大了

大数据是企业访问存储在它们自己的数据中心和互联网其他地方中的大量数据,它们使用计算机解析这些数据来预测业务条件和服务客户。如今大数据已经成为最热门的 IT 词汇。大数据应用程序将会以"云服务"的形式提供给企业,企业将会以"服务"的形式购买大数据,而无须亲自建立大数据。

物联网、云计算、大数据已经进入我们的生活。我们都在享受物联网、云计算、大数据给我们生活带来的便利。在"云"的互联网时代,云计算以迅雷不及掩耳之势影响和改变着我们的生活,从企业家到创业者,从商业到生活,你爱或不爱,云就在身边。物联网时代,人与物之间、物与物之间能够随时随地地交流。大大小小的物体都将成为互联网用户,万物成了我们的同类,它们彼此可以自行交流,而不需要人类的干预。大数据时代,《大数据时代——生活、工作与思维的大变革》一书的作者,被誉为"大数据时代的预言家"的维克托·迈尔·舍恩博格认为:"就像望远镜让我们能够感受宇宙,显微镜让我们能够观测微生物一样,大数据正在改变我们的生活以及理解世界的方式,成为新发明和新服务的源泉,而更多的改变正蓄势待发……"

最近可能关注大数据太多了,走到哪里似乎都能看到大数据的身影。很多专家级别的演讲者会用四个 V(Volume、Velocity、Variety、Veracity)来表达自己对大数据的专业理解,但是非专业人士还不太懂,一转身还是会忘记。最好的办法就是拿出实例来,告诉他们什么是大数据?让他们更主动地来拥抱大数据,如图 1-10 所示。

可以说,在这个"无处不在的网络、无处不在的应用、无所不能的服务"的时代,移动互联网快速扩展、全面渗透到各个领域。互联网技术产业化与所有产业的互联网化,成为未来商业潮的两大主旋律。互联网思维正成为现代社会真正的基础设施之一,就像电力和道路一样。互联网不仅是用来提高效率的工具,更是构建未来生产方式和生活方式的基础设施。因此,可以想象,互联网思维必将成为一切商业思维的起点。

第一章 互联网思维：颠覆 or 融合

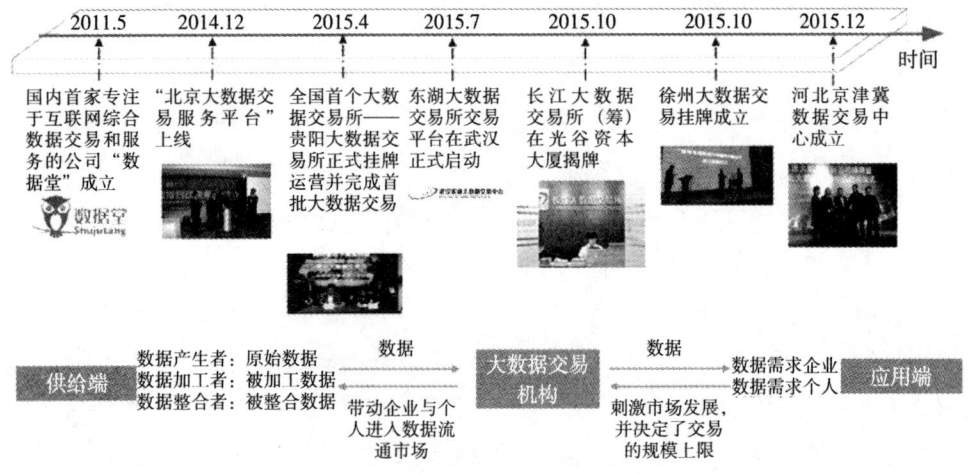

图 1-10 主动拥抱大数据

第四节 互联网思维："物云大"的内功心法

天下武功皆出少林，何也？集武功之大成，得内功之心法，哪是什么"九阴真经"、"葵花宝典"等歪门邪道的东西所能比拟的。"物云大"是什么？互联网思维是什么？以"中国功夫"作比喻就很清楚，"物云大"是互联网"江湖"的上乘武功，如"易筋经"、"无相神功"、"九阳神功"等，而互联网思维是支撑这些威震互联网"江湖"的上乘武功的内功心法。

一、物云大：互联网的上乘武功

之所以"物云大"属上乘武功，且威震互联网"江湖"，那还真得从其克敌制胜的三大法宝——云计算、物联网和大数据说起。

第一，物联网——九阳神功。九阳神功融会贯通武学至理，通过打通全身所有几百个穴道修炼而成，练成后天下武学皆可用。这一点很像物联网利用局部网络或互联网等通信技术把传感器、控制器、机器、人员和物等通过新的方式联在一起，形成人与物、物与物相联，实现信息化、远程管理控制和智能化的网络。"筋脉贯通=物物相连"。

第二，云计算——易筋经。"易"是变通、改换、脱换之意，"筋"指筋骨、

筋膜，"经"则带有指南、法典之意。易筋经就是改变筋骨，通过修炼丹田真气打通全身经络的内功方法。这个不就跟云计算的计算功能一样吗？云计算通过精简结构，快速收集数据，使数据能很容易地在器件上流通，并能立即对设备做出敏捷反应。而且，这种计算方式可使设备更有效地运作，甚至可以自我修复。

第三，大数据——无相神功。无相神功是佛门双宝之一，其主要特点是不着形相，无迹可寻，只要身具此功，再知道其他武功的招式，倚仗其无比威力，可以模仿别人的绝学甚至胜于原版。对"大数据"而言，照片也好，数字也好，一切皆数据，数据是唯一的"实相"，所有的东西都用数据收集、存储、处理，大数据是人类信息档案库。而且大数据处理也是全数据处理的方式，大数据技术的战略意义不在于掌握庞大的数据信息，而在于对这些含有意义的数据进行专业化处理。大数据威力无比，微软史密斯这样说，"给我提供一些数据，我就能做一些改变。如果给我提供所有数据，我就能拯救世界"。三分技术，七分数据，得数据者得天下。

二、互联网思维：明心见性，万法归宗

云计算调结构、搞计算，突出一个"快"字；大数据存数据、重分析（预测），突出一个"准"字；物联网虚实结合、一网打尽，突出一个"狠"字。"物云大"是互联网最核心的技术，它们都是互联网"江湖"的盖世神功，谁拥有三者中的任何一项绝技，都可独步天下、号令江湖。大家注意到没有，这三项"盖世神功"都源自互联网技术，都能使互联网"江湖"越来越大，水越来越深……

第一，明心见性。互联网思维是什么？是人的思维模式，是活的，是一种方法或指导原则。"物云大"是什么？是人创造的技术实物，是需要人来操作的。

因此，它们的关系很简单，"物云大"催生互联网思维的形成和发展，互联网思维指导和约束"物云大"的发展。可以看下面三个等式：

互联网思维＝互联网文化×思维模式；

互联网文化＝精神＋价值＋技术；

因此，互联网思维＝精神思维模式＋价值思维模式＋技术思维模式。

精神思维模式、价值思维模式、技术思维模式三者间关系如图1-11所示。

第一章 互联网思维：颠覆 or 融合

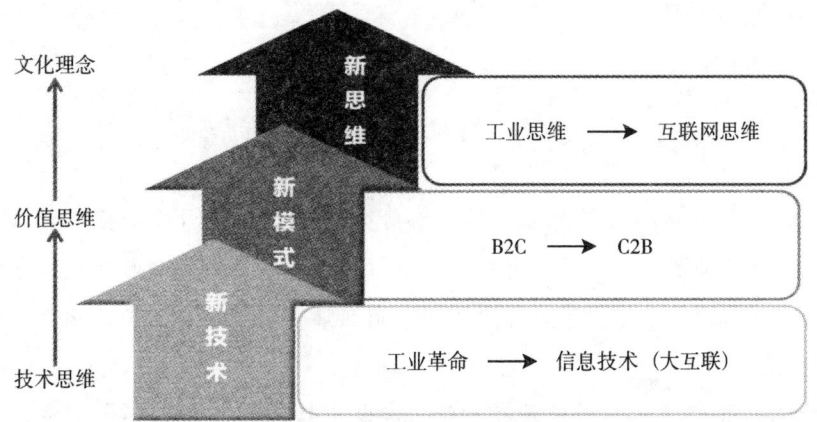

图1-11 精神思维模式、价值思维模式、技术思维模式三者间关系

精神思维模式主要是道德或是哲学方面的思考方式，就像少林神功还得进行佛法修行，不仅要武功了得，还得考虑怎么样让"开放、平等、协作、分享"的互联网精神发扬光大；价值思维模式主要是商业模式上的思考方式，是盈利模式的思考方式；技术思维模式是如何用合适的方法、规则、时机来指导、处理技术创新和技术工作的思想。

第二，万法归宗。世间是运动的，并且在运动中形成四流"信息流、资金流、物流和商流"，结成五个关系链"信息链、资金链、供应链、技术链和产业链"，别小看这"四流"、"五链"，它们像武侠江湖里正派的"三教九流"和邪教的"神秘组织"，扰动着只有短短四十几年历史的互联网"江湖"，留下了多少爱恨情仇、笑傲江湖的故事……

"物云大"是盖世神功也好，是绝世奇葩也罢，但还得有人练。练功的人总是要在互联网的"江湖"上混的，那么要不要讲江湖道义？要不要过日子？要不要练好本事防止被人砍？因此，这就涉及精神思维模式、价值思维模式和技术思维模式等，这些人得有互联网思维指导和统领，不然，怎么能抵挡住各种诱惑和冲击？怎么能做到君子爱财取之有道呢？怎么能练就绝世神功呢？因此，万法归宗：互联网思维是修炼"物云大"神功的内功心法。

【章末案例】
蒙牛玩转"互联网+牛奶"的密码

在京东"6·18品质狂欢节"来临前夕,京东集团CEO刘强东与顶级企业家们就"消费升级与品质电商、传统行业与互联网的融合与共赢"等话题进行高端对话,蒙牛董事长孙伊萍作为中国唯一快消品牌的企业家代表也在邀请之列。

这是2015年李克强总理在政府工作报告中首提"互联网+"之后,蒙牛集团打造全新的电商销售模式的践行结果——在进驻京东超市短短一年的时间里,销量同比提升700%,跃升为京东平台国产牛奶第一品牌。取得如此的成绩,蒙牛集团总裁孙伊萍分享了六字箴言:"品质、创新、共赢"。

以"国际化"和"数字化"为两大驱动,向"最具中国活力的国际化公司"转型的蒙牛,自然十分重视企业数字化和互联网化引擎对企业转型的推动。通过与京东、天猫等各大平台合作以及其他"互联网+"等手段,中国乳业的领军企业蒙牛已经在升级传统乳制品制造的路上走在了行业前列。

不仅如此,蒙牛在物联网、大数据等领域也有积极的尝试。通过和IBM、SAP等公司合作,蒙牛建立了完善的食品质量安全追溯物联网应用。此外,也和一些创新公司展开合作,推出了"牛奶+智能硬件+软件"的组合产品,通过智能硬件和APP,让用户更好地了解身体情况,补充牛奶等营养。

一、"互联网+蒙牛"的空间

蒙牛集团总裁孙伊萍亲自参与设计的蒙牛下一款互联网定制纯牛奶很快就要推出了。这款电商定制纯牛奶很有可能在京东"6·18品质狂欢节"期间预售。这不是蒙牛和京东第一次在产品设计上的合作。通过京东的大数据平台分析,蒙牛专门针对年轻人的喜好创新打造的一款独特的甜牛奶"甜小嗨",在京东一上线就卖出几万件。

一直以来,京东与蒙牛保持着紧密合作,这为双方进一步的深入合作奠定了基础。蒙牛曾联合京东举行"为国产奶正名"的主题活动,不仅为消费者带来超值特惠,更令蒙牛的国际化品质深入人心。京东商城CEO沈皓瑜、京东商城消费品事业部总裁冯轶表示，蒙牛是中国领先的乳制品供应商，其"以消费者为中心"的理念与京东"客户为先"的原则不谋而合。在未来的合作中，京东将充分发挥在电商运营经验、大数据资源以及渠道等方面的优势，为蒙牛"国际化"、"数字化"生态圈的建设提供多方助力。

如今，利用蒙牛现代化的牧场和京东极速达的物流配送，双方将打造全新的"新鲜定制"模式。孙伊萍就此表示："我们就是要做一个与时俱进的、引领时尚消费的快消品公司，蒙牛与京东的合作就是一个很好的开端，未来还有更多的想象空间。"

不只在京东平台，蒙牛在整个电商领域都表现不俗。2015年"双十一"期间，蒙牛在天猫和京东销量双破千万；在天猫平台，单天成交额超千万元，同比增长334%。之所以能够取得销量翻三倍的佳绩，主要在于蒙牛采取了与以往不同的策略，就是在数字化营销领域的布局——用内容打动消费者。

蒙牛会分析线上消费人群的消费习惯和对聚合内容的关注度，再对这些用户的全网行为进行挖掘，将他们喜欢的明星、网站、APP等信息综合分析之后，为这些用户推出带有内容属性的定制产品。例如，"给吴亦凡过生日"的奶特产品，就是利用粉丝经济，打造了一款专属于粉丝的定制化产品。

以上仅仅是蒙牛"互联网+"尝试的冰山一角，该公司互联网跨界创新已经受到了广泛关注。2015年12月17日，蒙牛董事长孙伊萍作为乌镇世界互联网大会唯一被推选的乳制品企业代表发表了"快消品的互联网跨界创新"主题演讲。在这个非常专业的互联网大会上，蒙牛这个传统乳品企业的国际化和数据化双轮驱动创新战略以及"互联网+"的探索，受到了各界的极大关注。

在孙伊萍看来，"互联网+牛奶"有无限的市场空间。她分享了蒙牛在产品、渠道、营销等多个领域的数字化实验。例如，消费者熟知的蒙牛精选牧场纯牛奶与百度合作的云端牧场、新养道与京东合作的一键购业务、M-PLUS与时云科技合作为健身族群定制精准的健身方案、嗨Milk在微信搭建的微商平台，还有"双十一"期间引入进口品牌"鲜语牧场MouMilk"入驻天猫……蒙牛在近两年内组建的"互联网生态圈"伙伴不下十个，这无疑是对蒙牛数字化未来最好的助力。

之所以能如此快速地建立自己的互联网生态圈,主要归功于蒙牛集团对团队的数字营销能力建设的高要求:第一,产品定制化的能力;第二,精准用户挖掘的能力,以及精准投放的能力;第三,运营能力,包括仓库管理配货、产品上架、活动策划等所有涉及成本的工作。按照蒙牛数字化营销中心总经理郭锐的说法,"精准营销一定要同时解决两件事:第一件是消费者究竟喜欢什么样的内容,第二件是品牌如何把内容结合产品精准地投给消费者"。

由于具备强大的数字营销能力,针对不同的电商平台,蒙牛也采取了不同的策略。在天猫、京东两大电商平台,蒙牛主要的策略都是定制化促销,有时候甚至会基于两个平台用户的需求做产品设计。而在蒙牛自营的电商平台"幸福动车"上,可以更精准地分析多样化人群,从而基于这些人做营销。通过专属牧场可视化、最快48小时从牧场直达餐桌等数字化沟通体验,蒙牛成功地将更多消费者转化成忠实粉丝。

二、引领消费升级

2016年"两会",国家首提供给侧改革,对企业而言,供给侧改革则具体为企业发展理念、产品品质、制造水平等的全面升级。蒙牛互联网跨界创新的成功,背后是对生产工艺和产品品质的精益追求。

目前,国内乳业市场进入颇为矛盾的境况,一方面是受到全球乳制品过剩的冲击,国内奶农"倒奶"的新闻屡见不鲜;另一方面是市场上乳制品价格居高不下,尤其是进口乳制品出现"越贵越供不应求"的现象。归根结底,造成这种局面的主要原因是低端乳制品已经不能满足国人的需求,国内乳业必须全面转型升级方有出路。

蒙牛看准这一趋势,并一路成为引领消费升级的先行者。蒙牛高端品牌特仑苏、蒙牛纯牛奶都实现了品质升级,嗨Milk作为蒙牛首款高品质互联网牛奶,乳蛋白含量高达3.6g/100ml,挑战了行业新高。

作为领先的中国乳品品牌,蒙牛一直践行"创新引领"的"国际化+数字化"双轮战略,驱动品质和品牌的升级。其实,蒙牛自2012年就开始国际化布局,对标国际化品质,以"引进来、走出去"的节奏,从不同战略层次，先后与丹麦 Arla Foods、法国达能、美国 White Wave、新西兰政府独立食品安全检测机构 Asure Quality、美国名校 UC Davis 等全球优势企业及机构达成战略合作，快速推进"食品安全更趋国际化、战略资源配置更趋全球化、原料到产品更趋一体化"的发展进程，全面刷新中国乳制品品质。

2016年5月8日，中共中央政治局常委、十二届全国人大常委会委员长张德江继4月19日视察蒙牛武汉工厂后，走进蒙牛呼和浩特总部进行调研。短短20天内对蒙牛的两次考察，让张德江对中国乳业充满了信心。他高度肯定了蒙牛集团在贯彻实施《食品安全法》中所做的工作，并用"印象深刻，很满意"两个词高度评价蒙牛的国际化战略，并鼓励蒙牛继续发挥品牌优势，加强消费者沟通，增进消费者对国内乳企的了解，增强对国产乳制品的消费信心。

如今，蒙牛一方面继续夯实与法国达能、丹麦 Arla Foods 等的国际化合作，加强海外奶源、研发资源布局，使蒙牛品质和营养创新追赶国际标准；另一方面进一步完善数字化的质量管理系统和追溯体系，实现品质的可控可见，打造信息化、智能化的乳品工厂。

蒙牛采取"开放"的态度办企业，不只是为了企业自身的发展，同时也是为中国乳业的供给侧改革开路。由于曾经的食品安全问题，中国消费者对国产乳制品信心不足，蒙牛希望让更多的消费者亲眼见证蒙牛的国际化品质，并通过搭建"美食、运动、娱乐"三大平台与消费者沟通，做一个有温度的品牌，致力于"以消费者为中心，成为创新引领的百年营养健康食品公司"，一点一滴赢得中国消费者的信心。

资料来源：作者根据多方资料整理而成。

|第二章|

物联网（Internet of Things）：
万物相联，生机勃勃

物联网概念是在互联网概念的基础上，将其用户端延伸和扩展到任何物品与物品之间，进行信息交换和通信的一种网络概念，即通过射频识别（RFID）、红外感应器、全球定位系统、激光扫描器等信息传感设备，按约定的协议，把任何物品与互联网相连接，进行信息交换和通信，以实现智能化识别、定位、跟踪、监控和管理的一种网络概念。其实质是一个基于互联网、传统电信网等信息承载体，让所有能够被独立寻址的普通物理对象实现互联互通的网络。物联网一般为无线网，由于每个人周围的设备可以达到500~1000个，所以物联网可能要包含500兆~1000兆个物体，在物联网上，每个人都可以应用电子标签将真实的物体上网链接，在物联网上都可以查找出它们的具体位置。

互联网连接技术的创新——物联网，打通了虚拟和实体的"任督二脉"，催生供应链商业模式的创新。

【开章案例】

达华智能：物联网智能生活金融支付大平台

一、公司概况

中山达华智能股份有限公司（以下简称达华智能）于1993年成立，注册资本为人民币354282145元。属广东省高新技术企业，是国内智能卡行业的领军企业之一，是专业生产电子标签、非接触式智能卡、读写设备的制造商，并成为智能卡应用系统的整体解决方案供应商和服务供应商。达华智能于 2010 年 12 月 3 日在深交所挂牌上市，股票代码为 002512，上市募集资金 7.8 亿元。

目前，公司已成为国内领先的物联网整体解决方案供应商、RFID 产品供应商，也是国内 RFID 标签卡领域产品覆盖面最广的企业。2015 年上半年度共实现营业总收入 4373178 万元，比 2014 年同期增长 65.58%；实现营业收入 4120621 万元，比 2014 年同期增长 61.98%。随着公司规模不断扩大，现已扩展到了生产制造、资产管理、信息安全、仓储物流、港口海关、电力能源、石化冶金、市政交通、智慧农业、智慧旅游等众多领域，以及下属子公司的方案、软件、系统集成等业务领域。达华智能打造的是"以物联网为载体的智能生活生态体系"，实现"物流+信息流+现金流"三流合一的商业平台愿景。

二、达华智能的智能生活生态体系

2015 年是达华智能战略升级最为关键的一年，经过多年的内生外延式发展，达华智能形成了物联网产业（基础）、OTT（入口）、创新型互联网金融（主线）为三大核心的业务体系，在此基础上搭建了"智能生活生态体系"。对此，达华智能董事长蔡小如表示，公司目前已经形成三大产业，物联网、OTT（互联网向用户提供各种应用服务）、互联网金融，其中互联网金融及 OTT 是公司未来业绩体现的重点领域，物联网将保持健康稳定的增长。

达华智能是以物联网基础为核心、以 OTTTV 家庭端为切入点、以金融支付为手段的业务大数据运营服务的科技金融公司。在物联网方面，主要是基于 RFID 形成物联网产业链、系统软件集成等。在 OTTTV 板块方面，主要是做智能盒子、主板以及相应的一些运营服务，在 OTTTV 总共有七个牌照方，公司与两个牌照方进行合作。在大金融方面，主要以金融支付做一些创新型互联网业务，这主要基于上海卡友第三方支付牌照做上层、高端的金融业务服务。同时在大金融板块做一些投融资业务，主要基于产业的契合做一些并购运作，有 20 亿元的产业并购基金，同时对高新技术、新兴产业做一些孵化和培育。第三大业务是金融服务，基于科技应用平台，做智能生活的生态链，涵盖平台应用、渠道三大层次、以物联网为载体的智能生活生态体系，最终实现物流、现金流、信息流三流合一的商业平台愿景。在达华智能的三大板块里，重点是基于金融支付做智慧生活平台和相应的供应链金融。

在物联网领域，公司已成为国内物联网产业的龙头企业，在物联网感知层保持多年的领先优势。公司承接运营的"中山市肉类蔬菜流通追溯体系项目"是最典型的案例，通过与此前的下游用户合作，不断将物联网相关用户和数据信息导入达华智能生活大平台，在国内尚属首例，并可以复制到其他城市。此外，公司正在快速发展的OTT业务和智能机顶盒也将成为物联网数据运营大平台的重要一环。公司在物联网行业积累了丰富的B端资源，为金融业务开展打下了良好基础。此外，公司发起设立了总规模达20亿元的物联网产业并购基金，通过并购基金对物联网行业相关标的进行收购、管理、培育，后续由公司优先收购，促进公司战略升级的快速推进。

在OTTTV方面，2015年，公司与OTT两大牌照方南方新媒体、国广东方达成了深度合作协议，并收购国内领先的互联网电视公司金锐显，完善"客厅之屏"互联网电视终端。

在互联网金融方面，公司2015年收购卡友支付近75%的股权。卡友支付是公司发展互联网金融的中心，为超过20多家银联分公司及100多家商业银行提供支付服务，拥有A股稀缺的全国性线下支付收单牌照、第三方支付牌照及保理资管牌照。公司也在申请全国性多领域支付牌照，目前申请牌照信息已在央行网站公示。除支付领域外，公司在保理、供应链金融、融资租赁、小额贷等领域业已布局。2015年9月，卡友支付与腾讯财付通签署合作协议。卡友支付发挥其线下的实体资源，配合财付通以亿计量的线上用户，全面打通线下线上的支付服务。

三、达华智能：物联网智能生活金融支付大平台

目前，达华智能已经搭建了以物联网为基础的达华智能生活大平台。①以物联网为支撑；②以支付金融为核心平台；③以OTT为关键入口；④以吃喝玩乐智能生活为主要方向；⑤协同广东各地智慧城市；⑥打造完整的智能生活金融与支付大平台。

第二章　物联网（Internet of Things）：万物相联，生机勃勃

第一，以物联网为基础。目前，达华智能是中国出货量最大的 RFID 电子标签和 IC 智能卡生产商，实现了"物流+信息流+现金流"三流合一，依托大数据分析形成信用数据推动供应链金融发展，创造了新型平台商业模式。

第二，以支付为入口。卡友牌照具有稀缺性，是 A 股上市公司中唯一的线下银行卡收单牌照，同时拥有第三方支付和保理资管牌照。卡友作为原银联子公司，具有强大的平台能力，已改变了现有高度依赖手续费的商业模式，以支付作为商户用户切入口，掌握流水数据，大数据分析获取信用信息，以应收账款保理、小额贷款和票据贴现等金融服务获益，预计三年时间将推广百万商户。

第三，以 OTT 为关键入口。OTT 与两大牌照方深度合作，三年预计布放千万终端，短中长期商业模式已成熟。达华智能与南方新媒体和国广东方两张 OTT 牌照方开展深度合作，不仅是制造还在于集团层面、股权层面，从融资、方案设计、制造、销售渠道到增值服务运营的全方位合作。商业模式成熟清晰，短期达华获得了 OTT 推广中的正常制造和销售利润，单台盈利至少 15~30 元，且分享内容收益分成，预计三年实现千万量级出货，进入千万家庭，掌握 OTT 智慧客厅关键入口，获得用户信息。项目主体与腾讯、优酷土豆等互联网企业深度合作，免费内容依托广告收益，收费内容分成。长期将 OTT 用户导入卡友支付金融平台，成为智能生活大平台的重要部分。

第四，智能生活大平台，资本运作为支撑。相比从某一行业线条切入的 O2O 公司，达华智能围绕吃喝玩乐、OTT 搭建智能生活大平台，最终将导入达华智能各业务线的用户资源以及海量智慧城市用户。稀缺的支付金融牌照，持续的资本运作、人员团队整合和员工激励机制是达华智能战略快速推进的有力保障。

资料来源：作者根据多方资料整理而成。

第一节 物联网的"智慧生活"

毫无疑问,如果物联网时代来临,人们的日常生活将发生翻天覆地的变化。一时间,智能物联网、智能建筑、智慧商区、智能城市、智慧地球等一系列以"智慧"为主题的新兴智能技术,如同雨后春笋般不断涌现,为人类规划出一个美好的前景。有专家预测10年内物联网可能大规模普及,发展成为上万亿规模的高科技市场。届时,在个人健康、交通控制、环境保护、公共安全、平安家居、智能消防、工业监测、老人护理等所有领域,物联网都将发挥作用。有专家表示,只需3~5年时间,物联网就会全面进入人们的生活,改变人们的生活方式。

一、"吃":物联网与《舌尖上的中国》

伴随着互联网的崛起和《舌尖上的中国》的热播,一场由二维码引爆的美食总动员在全国各地轰轰烈烈开展起来。

上海翼码携旗下街奴联合支付宝、淘宝本地生活等合作伙伴,在上海五大商圈发起吃货总动员。美食达人只需消费49元,即可选择多款精美双人套餐,可选择在上海五大美食商圈进行消费。食客们可以通过使用爱拍二维码扫描店堂海报里的二维码,进入消费页面订购后即可获得电子美食二维码券,凭此享用优惠美食。真正的全程O2O应用,让食客们享受优惠的同时,大呼方便时尚。

街奴是上海翼码推出的一款优惠券APP客户端,用户可以手机登录官网进行下载。全球吃货们通过街奴不仅可以获得各类商家优惠券,更可以获得味千、酷圣石等二维码优惠券,无须打印,手机验证消费,便捷时尚。同时用户可以通过街奴管理自己的电子凭证信息,对已获取的电子凭证信息一目了然。如不慎删除,还可点击重发、补发进行自助操作。

在福建,上海翼码联合福建移动12580、海都网等合作伙伴,推出了12580美食季活动。用户只需拨打12580,只需1元就能享受优质商家超值美味招牌菜,兑换成功后,就会收到翼码发出的电子凭证,凭此到店享受美味、优惠,享受翼码O2O带来的便捷,如图2-1所示。随着各地一系列美食总动员活动的开展,上海翼码还推出了二维码食品安全防伪服务,让中国人不仅吃得美味,更吃得安全放心，让舌尖上的中国更美。

图 2–1　吃货总动员海报与 12580 美食季店家易拉宝

二、"穿"：铺天盖地而来的物联网与可穿戴

如今的可穿戴设备发展得热火朝天，可穿戴设备覆盖在我们的身上，我们可以通过语音控制、手势管理，或者我们只需动起来，就能激活它们。但是，至关重要的是它们能够以灵敏实用的方式传送数据。2013 年，市面上出现了多款可穿戴设备，却没有任何一款产品取得主导地位。我们期望未来还会有来自多个领域的公司进军这一潜力巨大但尚未得到准确定义的市场。那么可穿戴设备将会如何发展？

第一，可穿戴设备与物联网。虽然在科技创新这场激烈的比赛中，紧追平板电脑和智能手机之后的可穿戴设备开始显示它们的能力，但是要走的路还很长。在一些发达国家，智能手机的普及率很好地显示了它们在多大程度上改变了我们的行为标准。但是，随着智能手机市场逐步接近饱和点，新的连接设备，特别是智能手表、谷歌眼镜等可穿戴设备开始慢慢接管市场大舞台。人们对可穿戴设备的问世都感到好奇，当然科技界的领头羊自然也不会错过这个刚刚开始发力的新兴市场，如图 2–2 所示。

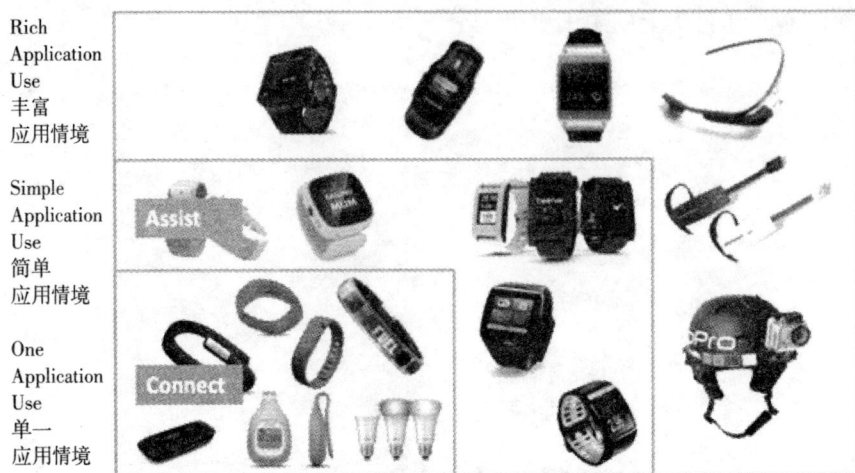

图 2-2 可穿戴设备与物联网

　　就目前而言，增强现实技术还是一种肤浅的新奇玩意儿：你拿出手机，加载一个应用，然后看到一些与现实世界结合的虚拟物品。但是，随着像谷歌眼镜这样的可穿戴技术的出现，使用增强现实功能会变得更加容易。想象一下：当你去参加会议和社交活动时，看到每个参会者头上都悬浮着一个 LinkedIn 按钮；或者你在寻找办公场地时，只要看到一栋大楼，就知道里面的哪些空间可供租用，费用是多少。增强现实可以让创业者的生活变得更加轻松，更加富有成效。

　　第二，穿戴医疗器械行业。近年来，医疗器械的需求不断上升，在医药行业具有越来越广泛的市场，但是由于医疗机构长期偏重于使用进口设备，再加上招标监管不严等原因，部分国产高端医疗器械遭受歧视，难以拓展国内市场。而在"新医改"的政策环境下，发改委、科技部等政府部门对高端医疗器械研发投入了大量专项资金。同时在"十三五"期间我国将以经济手段有效引导医疗机构使用国产医疗器械。当前卫生部开展的集中采购项目中，中标设备均以国产为主。有资深人士预测，在未来的市场竞争中，国内品牌与外资品牌在中国医疗器械市场的医疗设备占有率将进一步发生改变，如图 2-3 所示。

　　近年来，我国医疗器械行业变化很大。行业的整体水平和市场供应能力不断提高，一些成像诊断设备已从中国组装发展到中国制造甚至中国开发生产，国产血管支架目前占国内同类产品市场的 80% 左右，国产彩超机目前占 60% 左右。可穿戴智能医疗设备可以持续跟踪患者的后续情况，医生可以动态评价药物的疗效,及时跟踪患者的康复进展情况,发现潜在的风险因素。随着人们生活水平的不断提高,对健康的关注程度也会越来越高,医疗行业对此的关注度会越来越大,其应用范围也会越来越广,如图2-4所示。

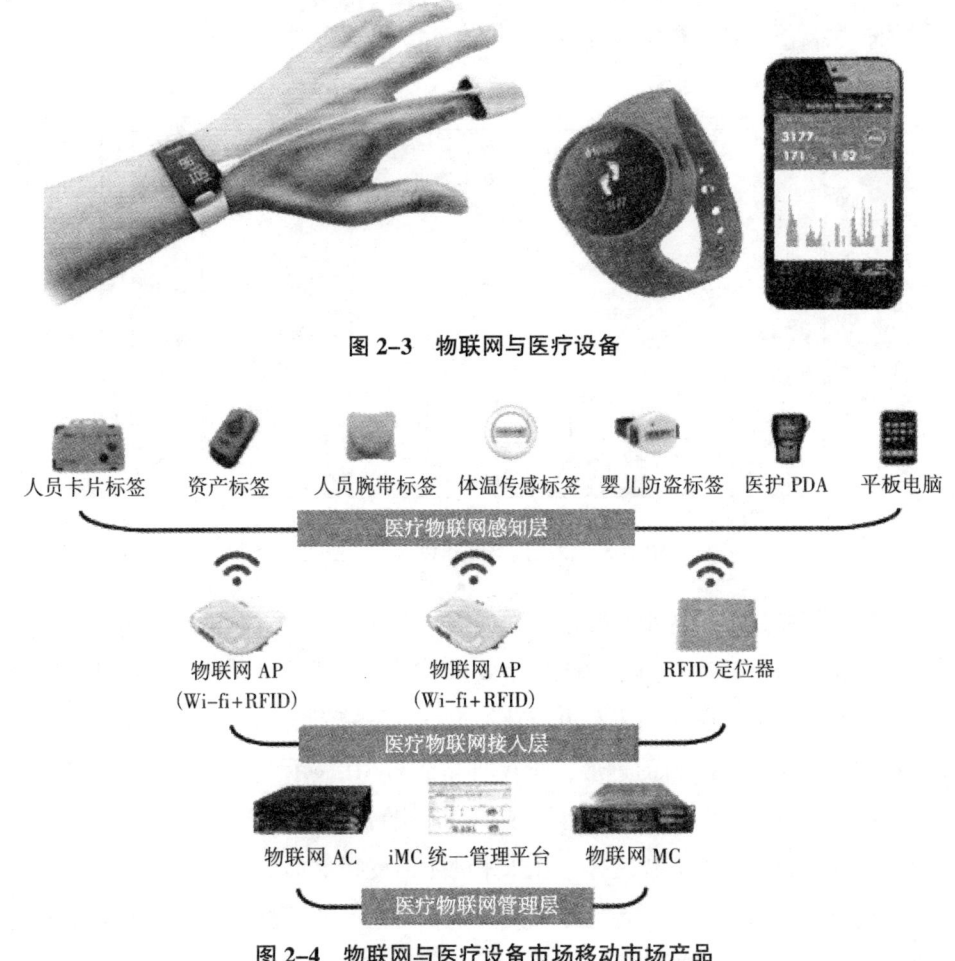

图2-3 物联网与医疗设备

图2-4 物联网与医疗设备市场移动市场产品

在目前的可穿戴设备销售业绩中,医疗设备占了绝大部分份额。从现在的趋势来看,这种情况还将继续下去。远程患者监视、现场专业医疗护理等都可以应用可穿戴设备。据有关数据显示,2012年中国移动医疗市场规模达到18.6亿元,较2011年增长了17.7%。预计2017年底,中国移动医疗市场规模将突破百亿元,达到125.3亿元。按照GSM对移动医疗行业的测算标准,医疗设备厂商和内容与应用提供商占比约39.83%,预计到2017年,中国可穿戴便携医疗设备市场销售规模将接近 50 亿元。如盛大旗下果壳电子不久前率先发布了智能手表、智能戒指等四款产品，百度以及一些手机厂商也纷纷推出可穿戴产品。穿戴式设备的身影在我们的日常生活中越来越占据重要的地位，它们的功能不仅仅局限于检测睡眠、记录运动等。目前，中国医疗器械企业不甘寂寞，纷纷投入重金研发可穿戴医疗设备。全球移动医疗健康市场规模如图 2-5 所示。

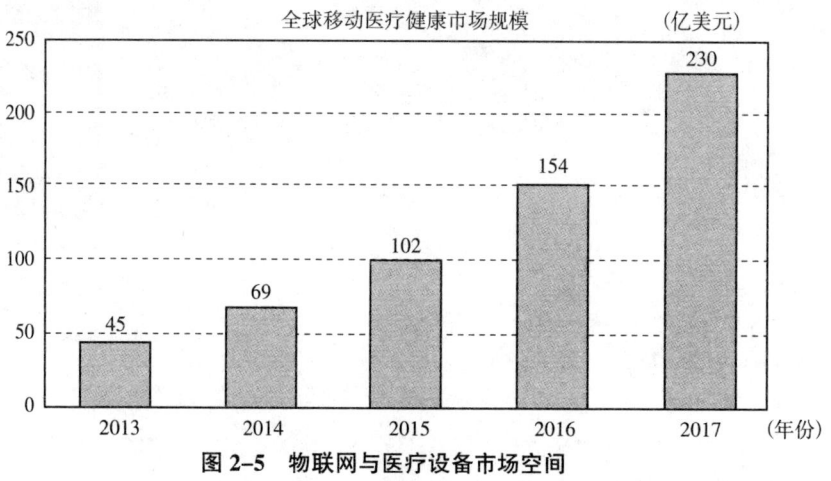

图 2-5　物联网与医疗设备市场空间

第三，智能显示器的视觉突破。在民用微型显示领域，头戴式显示类产品一直以来都相当引人关注，但是由于显示效果、佩戴舒适性以及使用实用性等问题的困扰，在很长的一段时间里都没有获得市场与消费者的认可。近年来，头戴式显示技术取得了令人瞩目的进展，不仅将高清与 3D 显示融入其中，还通过加入各种各样的传感器、触控器与智能系统，打造出可以取代智能手机、平板电脑等数码移动娱乐设备的概念化之作，让未来的生活变得更加随心所欲。

然而这项技术也存在一定的不确定因素，特别是眼镜的潜在危险引起了人们的重视，毕竟要在这么近的距离观看投射的影像与处理如此多的功能，会有不少问题要解决。但不可否认的是，谷歌眼镜的出现好像将电影中的未来世界带到了现实，让人们感受到科技正在改变生活，如图 2-6 所示。

从原理来讲，头戴式显示器与其他类型的显示一样，都是显示图像的设备，通常以眼罩与头盔的方式将显示屏贴近用户的眼睛，通过光路调整焦段，从而在短距离向眼睛投射影像。头戴式显示器分为可透光和不可透光两种，可透光式头戴显示器除了可以用于显示画面，还可以让用户看到显示屏之后的图像。从

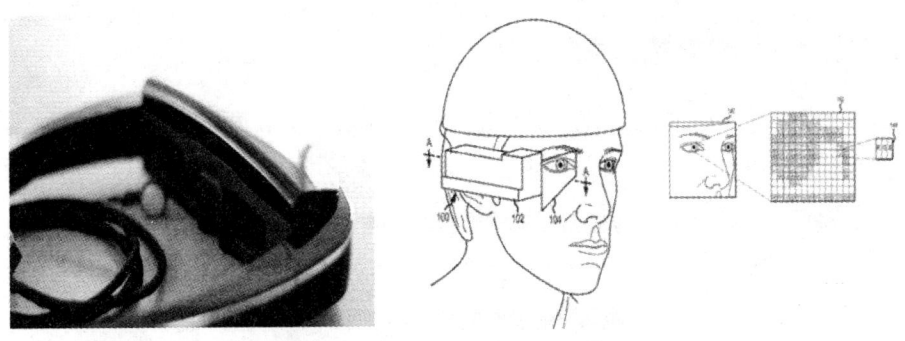

图 2-6　物联网与 3D 可视高清设备

2012 年发展至今，头戴式显示器开始逐步向家用市场迈进，性能越来越强大。而最初的头戴式显示主要应用在军事与专业领域，常常搭配陀螺仪和位置跟踪装置，以便于追踪用户的视角和位置来改变三维场景的视点。在民用领域，头戴式显示器则会加入智能系统与移动通信功能，可提供与智能移动设备相同的功能，同时对影音播放的兼容能力也较专业领域的更强，能够全面支持各种不同格式的音视频文件。

从现在的市场上我们可以了解到核心的显示部分各有不同，既有微型投影系统，也有 OLED、LCD 与 LCoS 显示系统。每一种显示系统各具特色，不少还具备了高清甚至全高清的 2D 或 3D 显示能力，实用性已经达到非常高的水平。然而，由于制造成本高昂，长时间观看会对眼睛造成影响以及佩戴舒适性等问题，其仍然没能受到影音爱好者的认可。尽管如此，头戴式显示器技术的突飞猛进仍然引起了绝大部分年轻一代影音玩家的关注，同时也有越来越多的厂商准备进入这个领域。随着新科技的日新月异、头戴智能显示器的完善与发展更加让我们看到可穿戴设备新的前景。

从手机触屏到各类可穿戴设备，科技产品及产业正引领着一个新的革命。传统的 PC 领域产品发展已经进入下半场，但 PC 成熟的产业链配合专业体感控制将会是移动化智能终端融合的新趋势。包括苹果、三星、谷歌在内的行业领军者有望在语音控制、无线操控、智能显示、近场支付等各类领域推出旗舰产品，为我们可穿戴产品的设计、用户体验等带来不一样的方向，也从侧面推进穿戴产品与物联网的普及，形成核心竞争力并引导整个产业潮流。

三、"住":"智慧"家居生活

随着物联网之风的愈演愈烈,智能家居企业借助物联网东风,突破了技术上的瓶颈,凭借真正意义上的智能化让智能家居成为引领潮流不可或缺的消费品。强大的互联网世界让你大开眼界,基于互联网的衍生物无所不能,就连当下主流的特斯拉电动汽车也是出于互联网概念。并非所有互联网产品都能引起这么大的关注度,但基于互联网与物联网思维的智能家居,的确已经成为大家关注的焦点。智能家居物联网时代从何而来?您一定会诧异,家居产品智能化发展如何,让我们一起去关注。

第一,智能家居时代远程控制。说起智能家居远程控制时代,严格来说这并非智能,只不过是支持远程控制功能,尚未形成物联网概念。以家庭监控摄像机为代表的智能家居产品就此诞生。摄像机依靠手机 APP 实现远程监控,数据远程传输,功能更加丰富的还支持语音对讲。简单的一对一操作,有多智能很难说清,如图 2-7 所示。

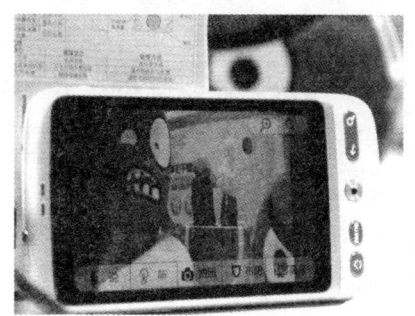
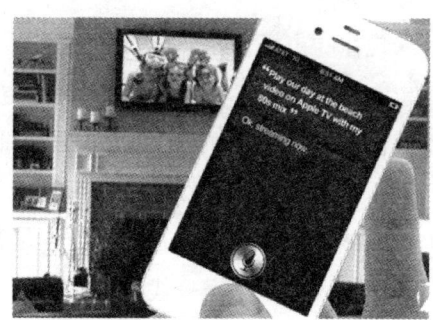

图 2-7 家庭摄像机手机远程监控、监听

目前,许多家庭摄像头仍以这样的方式存在着,单一的产品、单独的 APP、智能化远程控制,真要是套用智能家居概念,恐怕其更像是一款硬件,而非系统。责任并不在产品或厂商身上,而是空白的行业标准和平台,让国内智能家居陷入了一个"死潭"中。

第二,智能家居人机交互时代更友好。人机交互时代的远程控制似乎只是一小部分,当 iPhone 推出 Siri 之后,人们意识到原来这才是智能手机。同理,智能家居产品也需要这样的配置,通过语音控制,让你的家电更"听话"。语音控制智能家居并不难,这就好比跟 Siri 说话一样,设定几个特定的模式,只要口齿清晰能让其识别出所说的内容,那么就没有什么难题。例如,如果你觉得室内太冷,打开 APP 对着手机说"关掉空调",四个字、两个关键词足以判定出您的指令。

智能语音交互系统只能做到这些吗?智能家居追求的终极目标是智能,那么单一的指令很难突出"智能"二字。如果你对着手机说"室内空气太干燥",相应的智能加湿器"听"到指令后自动开启,则相比"打开加湿器"来得更加人性化。人机交互语音对讲看似复杂,其实实现起来很简单。如图 2-8 所示。

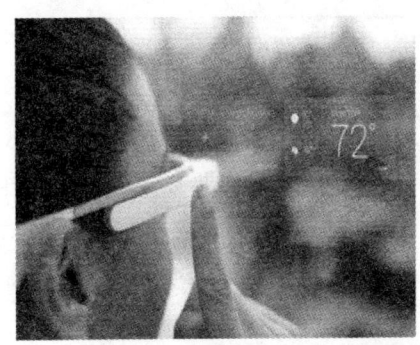 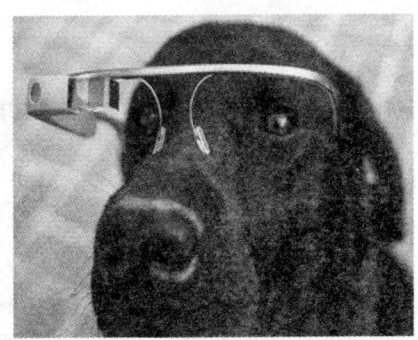

图 2-8 家庭摄像机手机远程监控、监听:谷歌开启人机对话模式

第三,智能家居物联网时代产物。智能家居的终极目标是在物联网基础上实现"物物对话"。那么这种工作方式该如何进行呢?跳过手机指令,通过传感器完成指令。在之前评测的 Life Smart 智能家居系统中,有一个智能插座与一个温度传感器组合。当环境感应器探测到温度、湿度达到一定极限数值时,系统会自动判断,此时电源插座处于危险状态,根据当下的潮湿环境切断电源供电,防止险情发生。这是物物相联应有的表现。

硬件与硬件之间的"对话"还有很多,结合智能家电还可以表现在温度与空调上,你无须对着手机说"开启空调",当温度高达某一个设定值后会自动开启,这就是物联网的魅力,也是互联网的"功力"。那么智能手机去哪里了呢?远程控制时代以智能手机为依托,所有的硬件设备都需要通过手机指令来完成,同样人机交互时代也需要手机"传达"指令,而进入物联网时代,手机就变得像个遥控器,设定几个模式,就进入全自动化时代,如图 2-9 所示。

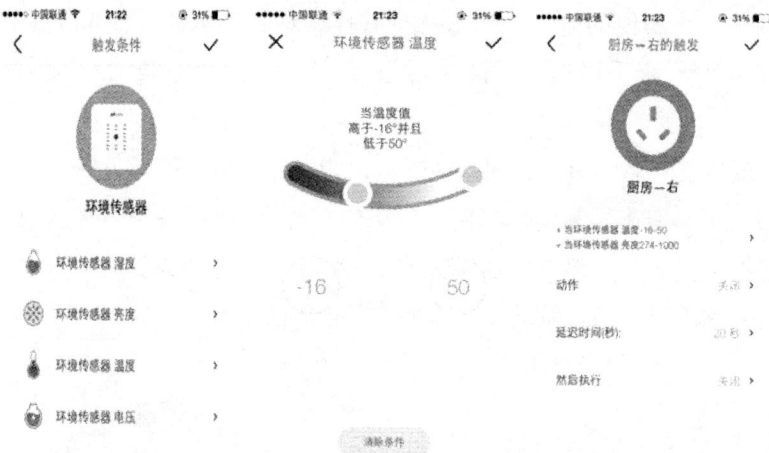

图 2-9　环境传感器控制智能电源开关——物联网概念初长成

目前，智能家居产品介于远程控制和人机时代之间，要真正做到物物相联，只是时间的问题。

四、"行"：不是火星撞地球，也不是转角遇到爱

出行和物联网的结合，是智能交通突破瓶颈、转型升级的机遇，是物联网理念和技术寻找载体、实现自身价值的必然，是技术和产业的"两相情愿"。

1. Mobii 系统，物联网时代的出行"神器"

在物联网时代，汽车也变成了联网设备，徜徉在数据的海洋之中。不要小看这些数据，它们将为驾驶员、车主提供焕然一新的驾乘体验。为了充分利用智能互联为汽车行业带来的机遇，英特尔与福特公司共同研发了移动内部成像，即 Mobii 系统。Mobii 利用车内摄像头、相关智能系统以及智能手机或平板电脑实现互联互通，协助车主完成各项任务，帮助提高行车的便利性和安全性。当然，隐私的保护与车辆的安保也是这一合作的优先考量因素。

试想，你一坐到方向盘前，汽车就能认出你是谁，该是多么神奇的体验。Mobii 实现了个性化车载信息娱乐系统设置，可以自动调出你的行程表、提醒你赴约、播放你喜爱的歌曲，甚至替你打开天窗。当爱车精心为你打造这一切时，你只需手握方向盘、眼睛盯正前方就好。

英特尔与福特开发 Mobii 的初衷是，探索驾驶员与设备互动的最佳方式，以及如何利用技术手段提高这种互动的直观性和可预测性。在不久前的联合发布会

中，其介绍了 Mobii 是如何通过整合车内摄像头与现有传感器数据、驾驶员行为模式以及感知计算技术，重塑车内驾乘体验的，如图 2-10 所示。

图 2-10　Mobii 车载系统

第一，身份验证。Mobii 采用一个前置摄像头和面部识别技术，可以确定方向盘后的驾驶员与预先授权的驾驶员是否为同一个人。如果不是，汽车就不会启动，从而防止爱车被盗。当有异常情况出现时，车主会第一时间收到带有驾驶员照片的报警短信。更重要的是，无论你在哪里，都可以立即指示 Mobii 更新驾驶员授权，让你的朋友启动爱车。

第二，行程安排。车辆启动以后，Mobii 就会为你显示一天的行程，并指示车辆奔向第一个目的地。常常丢三落四？没关系，Mobii 的摄像头可以帮助定位落在车上的物品。只需通过智能手机或平板电脑上的照片，就能开始搜查。

第三，安全保障。Mobii 还能识别手势，并且知道人类手势的用意。你只需冲着天窗伸伸手，Mobii 便会根据你的后续语音指令打开或关上天窗。氛围控制系统也是一样的道理。而这一切无须你将注意力从路面转移。如果在开车过程中，你不小心碰到了导航控制板，Mobii 就会立刻送上提醒：这样做不安全，请直接说出目的地。不过，车内的乘客倒是可以自由使用导航控制系统。如今，无人驾驶、汽车互联、设备融合的趋势迎面而来。无人驾驶汽车是一种智能汽车，也可以称为轮式移动机器人，主要依靠装载在车上的各种传感器和车内的计算机系统组成的智能驾驶仪来实现无人驾驶。通过物联网系统，汽车与道路之间可以实现信息交互，是否堵车、前方是否有路障等都将一目了然，车主还可以通过智能交通云计算数据库,很快查询到哪些路可以走,附近有哪些休闲商场及停车位等。目前,国内也推出了有内置车载信息服务设备的汽车。例如,上汽集团有一款车型上预装了类似平板电脑的设备,主要提供资讯服务,包括让司机和乘客收听在线新闻和音乐、获取语音导航服务、打网络电话等。上海通用公司则主要是在安全上做文章,车主与呼叫中心联系后,服务商能远程控制车子的门锁、鸣号,这样,车主忘锁车门或在停车场找不到车时就能少些烦恼;万一爱车遭遇事故,车载系统会自动报警并报告方位,为急救赢得时间。

2. 无人驾驶

无人驾驶技术也是一种新的智能"车联网",给人们带来了一个全新的世界。未来的汽车能与道路对话,感知拥堵并设计最佳行车路线;与其他车辆对话,感知车距以避免碰擦;与网络对话,在咫尺空间接通全球信息节点。坐在车里,能随时了解到周围其他车和你所在车之间的位置关系,以及前方道路拥堵还是畅通等信息,车辆采集到的各类信息通过信息网络平台的整合,可及时提供信息交互与信息服务。正如互联网能让人们实现点对点的信息交流,"车联网"也能让车与车"对话"。未来具备了"车联网DNA"的汽车不仅高效、环保、智能,更重要的是它还可以提供前所未有的交通安全保障,甚至可以将汽车司机发生交通事故的概率降低为零。百辆"车"有条不紊地行驶在公路上,遇上禁止直行的路牌,不用驾驶员踩刹车,车子就能自动减速并停下来。

3. 物联网助力快乐旅游

物联网时代就要流行物联网速度,"爸爸去哪儿?"的流行让很多人那颗想要旅游的心又蠢蠢欲动。有些人甚至已经订好了目的地的酒店和机票。然而,你是否知道,未来你的旅游会因为物联网变得更方便?"要旅游,找途牛。"这个由著名演员林志颖和他的儿子Kimi做的广告你一定不陌生。随着物联网技术的发展,恐怕以后就要"要旅游,找物联网"了,如图2-11所示。

通过酒店的智能无线系统和智能订房系统,你可以随时随地预订酒店,无论你这时身在何方。带有RFID的景区门票系统,等于为景区安了一副"火眼金睛",无论你手持的假门票有多么仿真,都会被立即识破。通过物联网智能综合查询系统,你可以对你的旅游目的地的住宿环境、交通、门票花费及旅游方式等做一个全面的预算,以便心中有数,不花冤枉钱。通过物联网强大的信息储存和处理功能,可以使吃、住、行、游、购、娱等相关信息实现互联互通,为旅行者

第二章 物联网（Internet of Things）：万物相联，生机勃勃

图 2-11 爸爸去哪儿+途牛网+长隆酒店

提供全程式的管家级服务，如火车票和机票信息、购物信息、景区路线信息等。景区通过物联网，还可以对人流实行实时监控，为游客提供医疗服务；借助精准的定位技术，结合旅游者个人的喜好，通过文字、图片、声音、视频等多种形式，生动详细地为旅游者展示景区内的人文景观、自然风光。当然，除了旅游市场的潜力巨大以外，促使众多物联网企业预分旅游市场这块大蛋糕的根本原因是国家对智能旅游的支持。

五、"娱乐"："日不落的"极致享乐

娱乐满足了人的第三层需求：社交、尊重和自我实现需求。而物联网的出现，正是将这三大需求进行融合，让人们真正体会到"日不落的"极致享乐。

所谓物联网手机，是指借助手机终端和各种传感器技术，在约定协议下，把任意物品与移动互联网连接起来，进行信息交换和通信。通过手机处理各种相关的生活服务，如智能电视娱乐、家电控制等给生活带来了更多的便利，而小韩手机的出现给人们带来了更丰富、更立体的娱乐生活方式，如图 2-12 所示。

小韩手机的制造商盛况科技发现并看准了手机市场在物联网技术应用上的空缺，倾力打造出全国首款物联网手机——小韩。小韩手机＝音乐手机＋3G 手机＋智能电视娱乐手机。小韩手机集合三种类型手机所有强大功能，同时运用现代 GPS 应用技术和手机终端传输功能，可以轻松实现对车辆、宠物、人员的定位、追踪、监测及管理，使防盗防丢失从此有了更简便的方法。作为全国首款物联网

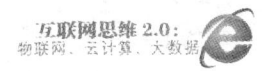

图 2-12　小韩手机

概念手机，小韩手机将开启并诠释现代最新的物联网生活方式。

　　小韩手机内置最新研发高清度音视频传输芯片，标配盛况科技自主研发的音视频传输器，实现手机内容电视终端传输，支持标清制式音视频传播模式。支持电视显示手机上的网页浏览、图片展示、视频聊天等任意内容，可以在电视上在线观看高清电影、玩手机游戏、听音乐，并且可以与 Wi-Fi 同时使用，不占用 Wi-Fi 带宽。通过无线传输器把手机内容同步显示在电视机上，轻松实现在电视上在线观看高清电影、玩手机游戏、听音乐、逛论坛、视频聊天等。凭借其丰富的功能、携带的便捷性以及高度的智能性，人们的娱乐生活可一键搞定。

　　2015 年是中国文娱产业，尤其是国产电影崛起的一年，中国文娱产业全面进入发展快车道，而乐视影业便是其中一员。一部《太子妃升职记》成了现象级网剧，创造了 26 亿的点击量，为乐视带来了超过 60 万的付费用户，用户对于热门影视剧的追捧使得坊间流传这样一种说法——用户是"看一部剧换一个老公"。

　　乐视影业应用物联网技术，打造 IP 模式，其核心特点有三个：一是 IP 的品牌化，基于"IP+用户"形成大 IP 的锻造能力；二是 IP 全球化，输出好莱坞的 IP 创意，带来文化品牌价值；三是系列化，形成 IP 的规模效应。根据这三大特点再结合乐视的生态，进而形成乐视影业更大的生态能量，可以调动多方生态资源，拥有持续生产爆品的能力，满足消费者多样化的娱乐需求。

　　乐视影业以每个端作为核心，通过乐视大荧幕、智能电视或者模拟电视、手机、图书等媒介端，与消费者手里面的端，或者消费者接触的 iPad、汽车等端口进行连接。将无数的端凝结融合，去流量化，提升产业效率，产生真正的物联网。消费者在每个端驻足，在端所在的场景中生活消费，在此过程中，乐视影业

第二章 物联网（Internet of Things）：万物相联，生机勃勃

将其产生的消费数据进行收集，再结合其他渠道收集的数据，对数据进行分析提炼，为未来影片的发行进行精准定位，为影片提供档期竞争环境和目标受众分析。同时，乐视影业"线上导流+线下导购"的O2O推广营销模式已经正式建立完成，消费者不仅可以获得更符合自己喜好的推荐影片，并且在观影过程中还可以对电影的衍生商品进行消费，如世界杯期间的球鞋、球衣等。通过"内容+体验+服务"的组合，构建"物联网+文化娱乐产业生态模式"，如图2-13所示，从而产生了文娱产业整个产业链真正的价值——服务价值，全面满足用户对内容、品质的需求，为用户打造更加丰富的娱乐大生态。

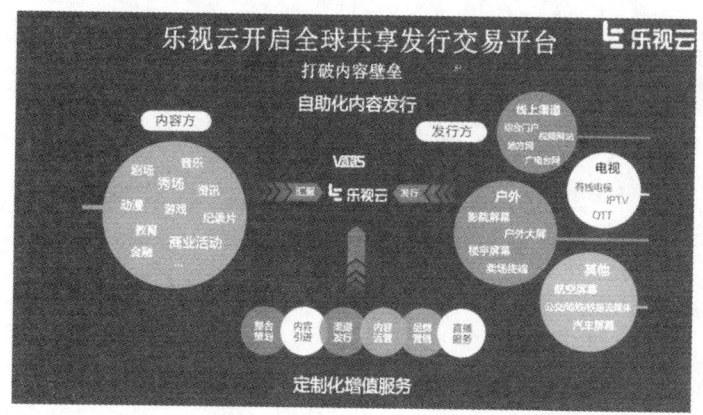

图2-13　乐视影业"物联网+文化娱乐产业生态模式"

综上所述，物联网已广泛应用于我们的"吃、穿、住、行、娱"每个领域，但又远远不止于此。物联网的出现使我们的生活更加舒适有序，如位置追踪变得更容易。通过手机、汽车，甚至在医院，我们都能对联网设备的位置进行地理标记，医生也可以方便快捷地进行远程医疗，实时访问患者信息等，节约双方宝贵的资源（时间、金钱等）；对于企业而言，物联网能对其各方面的业务进行追踪，将工具、工厂和车辆通过定位技术连接起来，使整个链条高效运行。在工作上，物联网成为我们工作的好帮手，如创造高效通勤方式、利用社交工具进行视频会议和指令传达，提高工作效率，预测下一代产品销量等，让我们的工作更加高效、准确。2013年，在江苏无锡举行的第四届中国国际物联网（传感网）博览会上，专门评出了"无锡国家传感网创新示范区首届物联网十大应用案例"，从江南大学的数字化校园能源监管到西泾变电站的无人值守；从大为车踪监控系统

构筑城市智能防控天网到移动车卫士的电动车出行防盗网；从中农河蟹智能化有氧养殖到感知太湖，智慧水利的智能检测；从肉蔬追溯系统到基础设施监测系统；从让专业保健医生24小时进万家的矽丰"健康服务云"到助力智能养老防护的"晓山系统"。可以说，物联网的应用越来越广泛，已由以前纯粹的概念变为更理性的商业价值。自此，物联网已融入我们的生活，进入你我的视野。

第二节　物联网知多少

说了这么多，那究竟什么是物联网呢？继2009年美国提出"智慧地球"后，中国又抛出"感知中国"，物联网几乎一夜之间就火了起来，成为当下最为热门的词汇之一。无论是在我们的日常生活之中，还是在高科技前沿领域，物联网已经与云计算、大数据和3G网络等概念成为最吸引眼球的时尚话题。但是至今对于物联网概念的界定一直是个谜，想解都解不开。

一、物联网概念溯源

香港科技大学教授倪明选认为，对于物联网的概念，没有一个非常清楚的共识。它的英文来源于哪一个？The Internet of Things？Cyber-Physical Systems？M2M？WSNs？都未必准确。RFID不是物联网，无线传感器网络（WSNs）也不是。我们说的物物相联，那么什么是物？物是物理界的？数字界的？实的？虚的？看得到的？摸得到的？这个定义也不清楚。看起来这个物无所不包，无所不含。这也难怪每个工作组都按照自己的观点去诠释物联网的概念。由此可见，物联网虽然按字面理解为物物相联，但因其包罗的物品这一对象本身界定太大，所以物联网概念就难以界定。

随着全球信息技术革命的深入和3G的推进，物联网概念越来越受到业界的广泛关注。物联网（Internet of Things，IoT）这个词，国内外普遍认为是MIT Auto-ID中心Kevin Ashton教授于1999年在研究RFID时最早提出来的。

1999年，麻省理工学院自动标识中心（MIT Auto-ID Center）最早提出物联网就是物物相联的互联网，即把所有物品通过RFID、传感器等信息传感设备与互联网连接起来，实现智能化识别和管理。

第二章 物联网（Internet of Things）：万物相联，生机勃勃

后来在 2005 年国际电信联盟（ITU）以及欧盟 2008 年发布的 The European Technology Platform on Smart Systems Integration，EPoSS IoT 2020 报告中，物联网的定义和范围已经发生了变化，覆盖范围有了较大的拓展，不再仅指基于 RFID 技术的物联网。

2005 年，在突尼斯举行的信息社会世界峰会（WSIS）上，国际电信联盟（ITU）发布了《ITU 互联网报告 2005：物联网》，提出了物联网的概念。报告指出，无所不在的物联网通信时代即将来临，信息与通信技术的目标已经从任何时间、任何地点连接任何人，发展到连接任何物品的阶段，而万物的连接就形成了物联网。

2008 年 5 月，欧洲智能系统集成技术平台（EPoSS）发布了《Internet of Things in 2020》报告，对物联网的定义为：物联网是由具有标识、虚拟个性的物体或对象所组成的网络，这些标识和个性等信息在智能空间使用智慧的接口与用户、社会和环境进行通信。

2009 年 9 月，欧盟物联网研究项目组（Cluster of European Research Projects on the Internet of Things，CERP-IoT）发布了《物联网战略研究路线图》，认为物联网是基于标准的和可互操作的通信协议且具有自配置能力的动态的全球网络基础架构。

物联网中的"物"都具有标识、物理属性和实质上的个性，使用智能接口，实现与信息网络的无缝整合。可以说，到目前为止，国际上关于物联网尚未形成一个放之四海而皆准的公认界定。为了更好地对物联网概念进行界定，我们对不同机构、不同学者、不同企业有关物联网的概念界定进行了整理，归纳如表 2-1 所示。

表 2-1 物联网概念一览

序号	年份	提出者	简要定义
1	1999	麻省理工学院自动标识中心（MIT Auto-ID Center）	物联网就是物物相联的互联网，即把所有物品通过 RFID、传感器等信息传感设备与互联网联接起来，实现智能化识别和管理
2	2005	国际电信联盟（ITU）	无所不在的"物联网"通信时代即将来临，信息与通信技术的目标已经从任何时间、任何地点联接任何人，发展到联接任何物品的阶段，而万物的联接就形成了物联网
3	2008	欧洲智能系统集成技术平台（EPoSS）	物联网是由具有标识、虚拟个性的物体或对象所组成的网络，这些标识和个性等信息在智能空间使用智慧的接口与用户、社会和环境进行通信

续表

序号	年份	提出者	简要定义
4	2009	欧盟物联网研究项目组（CERP-IoT）	基于标准的和可互操作的通信协议且具有自配置能力的动态的全球网络基础架构
5	2009	IBM	把感应器嵌入和装备到电网、铁路、桥梁、隧道、公路、建筑、供水、大坝、油气管道等各种系统并普遍连接而成
6	2007	百度	通过射频识别（RFID）、红外感应器、全球定位系统、激光扫描器等信息传感设备，按约定的协议，把任何物品与互联网联接起来，进行信息交换和通信，以实现智能化识别、定位、跟踪、监控和管理的一种网络
7	2010	国务院发展研究中心	物联网就是能够将物体的身份识别、自身特征、存在状态等全生命信息进行智能管理和反馈控制的网络
8	2010	国务院政府工作报告	物联网是指通过信息传感设备，按照约定的协议，把任何物品与互联网联接起来，进行信息交换和通信，以实现智能化识别、定位、跟踪、监控和管理的一种网络

资料来源：作者根据多方资料整理而成。

根据以上对物联网概念的汇总，我们不难发现物联网概念发生了根本性的变化，以往仅仅认为物联网就是物物相联的互联网。中国早在1999年就已提出了相关的概念，只是当时被称为传感网而已。最初的物联网被描述为物品通过射频识别等信息传感设备与互联网联接起来，实现智能化识别与管理，其核心在于物与物之间广泛而普遍的互联。

二、大话物联网

学术一点来说，物联网概念建立在互联网概念的基础上，物联网是由具有标识、虚拟个性的物体或对象所组成的网络，这些标识和个性等信息在智能空间使用智慧的接口与用户、社会和环境进行通信。是将其用户端延伸和扩展到任何物品与物品之间，进行信息交换和通信的一种网络概念。

物联网的概念与其说是一个外来概念，还不如说它已经是一个"中国制造"或"中国智造"的概念，"Internet of Things"这个词在中国被意译为"物联网"，它的意义和覆盖范围在中国可谓"与时俱进"，已经远远超越了1999年Ashton教授、2005年ITU报告以及2008年EPoSS IoT 2020报告所指的范围，物联网已被贴上中国式标签，中国在物联网理念和应用方面可以说已经走在了世界的前面。

后来，伴随着物联网的应用，其概念也在发生根本性的变化。如今的物联网

第二章 物联网（Internet of Things）：万物相联，生机勃勃

是指在物理世界的实体中部署具有一定感知能力、计算能力或执行能力的各种信息传感设备，通过网络设施实现信息传输、协同和处理，从而实现广域或大范围的人与物、物与物之间信息交换需求的互联。物联网包括各种末端网、通信网络和应用三个层次，其中末端网包括各种实现与物互联的技术，如传感器网络、RFID、二维码、短距离无线通信技术、移动通信模块等。传感器网络是物联网末端的关键技术之一。

【物联网专栏1】

依迅：首创渣土车智能管控系统

依迅公司成立于2003年，是一家专注于GNSS产品及LBS运营服务的高新技术企业。公司致力于卫星导航定位产品及运营服务系统的研发、生产与销售；业务涵盖GIS系统、LBS运营、北斗应用、国防军工四大板块，服务于20多个国民经济基础领域。2016年6月16日，依迅公司承接、设计的渣土车智能管控系统正式在武汉上线。通过"物联网+大数据"，武汉2932台渣土车的违规行为将无所遁形。渣土车开到哪儿，停在哪儿，渣土倒在哪儿，渣土车管控系统一目了然。2016年6月16日晚，武汉全国首创的渣土车管控系统经过六天调试，正式上线。

一、"热力图"能判断可疑工地

市城管委九楼110指挥中心的大屏幕上，有一幅区域"热力图"，每个区聚集的车辆台数、每台车的具体位置一目了然。与此同时，所有经过审批的出土工地和消纳场所，通过安装在门口的电子围栏，在大屏幕上以不同的图形显示。分布在各个区域的紫色云团，则是系统用大数据运算判断出的私自出土的"可疑"工地。云监管能精准到什么程度？大屏幕下方，滚动显示出每台渣土车的车牌号，当车牌号显示为绿色，代表规范运行，黄色代表轻微违规。技术人员点开屏幕上某台渣土车的车牌号，屏幕上不但显示出这台车当时的行驶路径和指定消纳地点，还能清楚地显示出车厢整体的情况。同时，系统会向司机发出语音提示。当车厢装载过高时，LED顶灯立刻从黄色变为红色。督察总队负责人介绍，遇到这种情况，门口值守的队员就会把违规车辆拦在工地内。

二、新型渣土车"武装到牙齿"

"改装后的渣土车堪称武装到牙齿,全身布满了传感器,高度、重量、密闭性……任何一个微小的举动都尽收眼底。"渣土车智能监控设备项目负责人、武汉依迅电子信息技术有限公司副总经理李葛海介绍,车顶的三色LED顶灯是第一个传感器,它能监测到车辆是否超高装载;车厢上的第二个传感器可以监测整车重量;车尾第三个传感器可以监测到车厢是否密闭。车辆驾驶室里的有声显示屏就是北斗物联网终端,司机从屏幕上可以看到是哪个环节出了问题。

一台渣土车从进入工地开始,就如同在后台"登陆";直到将渣土运至指定消纳场倾倒,监控系统就像一个最勤奋的监工,每10秒钟会通过传感器发送一组数据到后台云端服务器。重量变化、车速变化、每一个路口转弯、每一次打灯……每一趟运输行程,最终会成为一个完整的数据包。

不要小看这些数据,通过它们,执法队员不需要再满大街追踪违规渣土车,而是可以坐在办公室,通过数据变化来判断违规行为。举个例子,如果渣土车没有抵达指定地点,车身重量就突然减轻,那么可以肯定司机乱倒渣土了。必要时,这些数据可以作为交管部门的执法依据。

截至2016年6月16日,2932台武汉籍渣土车已经安装了智能监控"黑匣子",其余近700台也将陆续安装。督察总队负责人介绍,这套系统基本上锁死了渣土司机钻空子的可能性,今后车厢高1.2米,总重量不超过35吨,成为一道硬杠杠,也杜绝了"跑冒滴漏"带来的扬尘污染、路面损坏、超速等后果。据武汉市交管局官方数据统计,二季度渣土车交通事故数相比2015年同期下降了40%左右。到2016年底,该套整体监控系统将达到最佳状态。

资料来源:作者根据多方资料整理而成。

三、物联网群雄争霸:谷歌、阿里重磅来袭

当我们在谈"智能硬件"时,已经有人在谈更底层的东西了——物联网。谷歌带头创立的Thread联盟再次把世界的目光聚焦在物联网上,国内的巨头又是怎样对待"万物互联"的?阿里巴巴即将发布的号称"中国第一款物联网操作系

统"又是怎么一回事？

1. 国外三军阀：微软 AllSeen、谷歌 Thread、苹果 HomeKit

AllSeen 阵容强大。AllSeen 是一套基于开源项目 AllJoyn 的物联网协议，不同的设备通过不同的频道（如 Wi-Fi、以太网等）可以利用此协议达到互联互通。AllSeen 面向家庭生活、工业生产中的设备，未来也会向教育、汽车、企业等领域发展。AllSeen 联盟在 2013 年 12 月由高通牵头成立，至今已有数十家公司加盟，其中不乏行业巨头如微软、松下、TP-LINK、思科等，国内品牌海尔、乐视也出现在名单上，阵容不可谓不强大。

微软"维纳斯计划"。早在 21 世纪初微软就已提出智能家居方案，成为 AllSeen 盟军一员势必加速其攻占智能家居市场的步伐，而高通在智能硬件火热的这几年适时推出了基于自家 AllJoyn 的 AllSeen 联盟，显然已经不满足于只在传统手机芯片领域做老大。

Thread 谷歌重磅登场。谷歌旗下 Nest 联合 ARM、三星、菲思卡尔等重量级硬件玩家成立了 Thread 联盟，推出全新的物联网协议 Thread。Thread 采用 IPv6 编址，支持 802.15.4 协议，强调面向家庭，安全与低功耗是其主打的特色功能。谷歌收购 Nest，进军智能家居的势头可谓雷厉风行，如今又联合硬件（芯片）巨头强势推出 Thread 物联网协议，可以说物联网在谷歌这一庞然大物的搅动下已成激流。虽然刚刚成立的 Thread 联盟只有不到十位成员，但在谷歌开源项目强大的号召力下（Android 当是经典一例），初生的 Thread 要茁壮成长以抗衡 AllSeen，无须多时。

苹果 HomeKit 一骑当千。苹果 WWDC 大会上发布的 HomeKit 平台，主要为智能硬件开发者提供 iOS 上的数据、控制接口，实现利用苹果设备作为智能家居的控制中枢。苹果的封闭一向令人发指，HomeKit 也显露了苹果中央集权的欲望：一个系统应用 HomeKit 就可以管制你家里所有的智能设备，而开发者采用 HomeKit 作为硬件控制中心的同时也意味着放弃独立的第三方 APP 开发。Home-Kit 在某种程度上的确助力了智能家居的发展，但或许更多地展示了苹果一以贯之的霸道统治。

把 HomeKit 与 Thread、AllSeen 放在一起比较其实稍有不妥：HomeKit 是苹果自家的软件平台，物与物相联必须先通过苹果提供的枢纽，而 Thread 与 AllSeen 强调物与物的直接相联，涉及了最底层的物联网协议，直接面向硬件芯

片，在话语权更大的同时影响到的硬件范畴也更为广泛。由此看来，苹果想手持 HomeKit 在物联网这块全新战场上一骑当千，无异于痴人说梦。

2. 国内三剑客：百度、京东与即将登场的阿里

百度。刚刚开放的 Baidu Inside 智能硬件合作计划旨在通过数据接口等为硬件创业者提供百度自家的云服务，包括云储存、大数据分析等，同时也细分出了 Dulife 这一专注于可穿戴智能硬件的数据平台，可以说百度是国内互联网公司中动作最早也是最大的一家。

京东。最近推出的京东智能云和京东+计划，立足自身的云平台与运营渠道为智能硬件创业者提供服务，此前投资的 Broad Link 则是智能家居创业公司中的佼佼者，旗下开放的 Broad Link DNA 智能家居连接方案为普通家居硬件产品提供互连互通的智能化服务，京东在智能家居市场的布局已初步成型。

阿里巴巴。阿里智能云联合庆科公司（MXCHIP）发布的号称"中国第一款物联网操作系统"的 MICO 智能硬件操作系统尤为引人注目，届时将成立 MICO 联盟。MICO1.0 系统版本以赵州桥为象征，意在"为智能硬件提供最稳定、快捷、智慧的连接与交互"。目前，该系统已经升级为 MICO2.0，但与 AllSeen、Thread 相比，百度、京东目前做的与苹果的 HomeKit 相似，严格意义上不算是物联网上的事儿，因为通过它们平台相联的智能硬件都需要联入互联网。百度、京东这种基于互联网的物物连接算不上真正的物联网。

与 Thread 等物联网协议相比，MICO 这样的系统级物联网产品话语权更高，或许也将更难在厂家中推广。无论如何，在国外巨头纷纷制定物联网标准的同时，国内出现涉及底层物联网的尝试不是坏事，今日碰壁头破血流，也胜过他日尾随、任人摆布。

四、物联网的内涵

通过对物联网概念的界定，我们不难发现，物联网要想真正实现物物互联，就必须对物品的信息进行采集、传递和处理，而这些都是为了更好地感知物品，进而实现智能对话。

1. 物联网的特征功能

物联网应该具备三个特征，如表 2-2 所示。

表 2-2　物联网的特征

分类	全面感知	可靠传递	智能处理
具体内容	利用射频识别（RFID）、二维码、GPS、摄像头、传感器、传感器网络等感知、捕获、测量的技术手段，随时随地对物体进行信息采集和获取	通过各种通信网络和互联网的融合，将物体（Things）接入信息网络，随时随地进行可靠的信息交互和共享	利用云计算、模式识别等各种智能计算技术，对海量的跨地域、跨行业、跨部门的信息和数据进行分析处理，提升对物理世界、经济社会各种活动和变化的洞察力，实现智能化的决策和控制

资料来源：作者根据多方资料整理而成。

第一，全面感知。全面感知也就是利用 RFID、传感器、二维码以及未来可能的其他类型传感器，随时随地采集物体动态。其接入对象更为广泛，获取信息更加丰富。当前的信息化，接入对象虽也包括 PC、手机、传感器、仪器仪表、摄像头、各种智能卡等，但主要还是需要人工操作的 PC、手机、智能卡等，所接入的物理世界信息也较为有限。未来的物联网的接入对象包含了更丰富的物理世界，不但包括了现在的 PC、手机、智能卡，传感器、仪器仪表、摄像头和其他扫描仪也会得到更为普遍的应用，而行业当中获取和处理的信息不仅包括人类社会的信息，也包括更为丰富的物理世界的信息，如毒性、长度、压力、温度、湿度、体积、重量、密度等。

第二，可靠传输。感知到的信息是必须要安全可靠地传送出去的，通过网络将感知的各种信息进行实时传送，现在无处不在的无线网络已经覆盖了各个地方，在这种情况下，感知信息的传送变得非常现实。网络可获得性更高，互联互通更为广泛。当前的信息化建设当中，虽然网络基础设施已日益完善，但距离物联网的信息接入要求显然还有很长的一段距离，即使是已接入网络的信息系统很多也并未达到互通，信息孤岛现象较为严重。未来的物联网不仅需要完善的基础设施，更需要随时随地的网络覆盖和接入性，信息共享和互动以及远程操作都要达到较高的水平，同时信息的安全机制和权限管理需要更高层次的监管和技术保障。

第三，智能处理。物联网的智能处理是利用云计算等技术及时对海量信息进行处理，真正达到了人与人的沟通和物与物的沟通。信息处理能力更强大，人类与周围世界的相处更为智慧。当前的信息化由于数据、计算能力、存储、模型等的限制，大部分信息处理工具和系统还停留在提高效率的数字化阶段，一部分能起到改善人类生产、生活流程的作用，但是能够为人类决策提供有效支持的系统还很少。未来的物联网不仅能提高人类的工作效率，改善工作流程，并且能够通过云计算，借助科学模型，广泛采用数据挖掘等知识进行技术整合和深入分析收集到的海量数据，以更加新颖、系统且全面的观点和方法来看待和解决特定问题，使人类能更加智慧地与周围世界相处。

2. 物联网的理念

当前最新的物联网理念指的是将无处不在（Ubiquitous）的末端设备（Devices）和设施（Facilities），包括具备"内在智能"的传感器、移动终端、工业系统、楼控系统、家庭智能设施、视频监控系统等，和"外在使能"（Enabled）的，如贴上 RFID 标签的各种资产（Assets）、携带无线终端的个人或车辆等"智能化物件或动物"或"智能尘埃"（Mote），通过各种无线和/或有线的长距离和/或短距离通信网络实现互联互通（M2M）、应用大集成（Grand Integration），以及基于云计算的 SaaS 营运等模式，在内网（Intranet）、专网（Extranet）和/或互联网（Internet）环境下，采用适当的信息安全保障机制，提供安全可控乃至个性化的实时在线监测、定位追溯、报警联动、调度指挥、预案管理、进程控制、安全防范、进程维保、在线升级、统计报表、决策支持、领导桌面（集中展示的 Cockpit Dashboard）等管理和服务功能，实现对"万物"（Things）的"高效、节能、安全、环保"的"管、控、营"一体化 TaaS（Every Thing as a Service）服务。

【物联网专栏 2】

汉威电子：完善物联网产业布局

河南汉威电子股份有限公司（以下简称汉威电子）是一家值得信赖的创新型科技公司、国内最大的气体传感器及仪表制造商、创业板首批上市公司，致力于创造安全、环保、健康、智慧的工作、生活环境。汉威电子创立于 1998 年，以传感器起家，主要从事气体传感器、气体检测仪表及系统解决方案的研发、生产和销售。气体传感器是公司王牌业务，国内市场份额位居市场第一，占有国内市场份额近 60%。近年来，汉威电子力图以传感器为核心，以智能仪表为支柱，以行业物联网应用为方向，依托原有传感器及气体监测技术优势，通过外延式收购与产业链延伸，实现从单一电子硬件企业向国内领先的平台型物联网解决方案提供商转型。汉威电子打造出了"智能传感器、智能仪表装备和物联网行业应用"三大产业板块,并致力于成为一个以先进多门类传感器为核心,以智能仪表装备为支撑,以物联网行业应用为主线,集工业安全、民生安全、工业物联网、环境保护、智慧城市、健康类消费电子于一体的产品与服务提供商。

一、汉威电子:向平台型物联网解决方案提供商转型

到目前为止,汉威电子处于气体传感器领域龙头地位。汉威电子已形成气体、压力、流量、湿度、热释电等多门类传感器及相关仪器仪表规模产业,已形成家庭、商用、个人防护、工业在线监测、环境分析、采矿安全等多用途传感、检测仪器和监控网络及安全生产、应急管理系统,智能交通监控系统等多系列产品,其产品线丰富,产业链完整,尤其是气体传感器,国内市场占有率达60%,居国内第一,是国内领先、国际知名的气体探测产品专业制造商。如今,汉威电子董事长任红军指出,原来我们是一家硬件公司,主要做传感器、仪器仪表以及它的解决方案;近几年来在转型,转型目标是综合的基于物联网的行业整体解决方案提供商。

可以说,汉威电子是国内少有的能够提供物联网整体解决方案(从感知到传输到应用)的上市公司,并且在传感感知技术和整体解决方案上具备核心优势。近年来,公司通过"内生增长+外延并购"的模式布局物联网四大业务领域:智慧市政、环境监测、消费电子和工业安全,取得了长足的进步。

2014年公司通过多次投资与收购,搭建了完善的物联网平台。投资苏州能斯达,布局先进的柔性、微纳、MEMS等传感器领域;投资上海英森,切入工业消防监测市场;全资收购沈阳金建,增强在GIS与智慧城市领域的领先竞争优势;并购嘉园环保,进入环境污染治理板块,为客户提供从气体检测到废气治理的完整解决方案;投资鞍山易兴,将SCADA系统与既有智能仪表和云平台完美衔接;合资设立郑州汉威公用事业公司,进军智慧水务领域,努力打造新的智慧市政增长引擎;设立北京威果,探索居家健康与消费电子市场。

2015年再度发力:携手浙江风向标,进军智能家居及家居安全;入股河南开云信息打造移动健康;收购上海英森电气,完善智能工业安全产业链;

与专注于室内空气环境治理的德煦智能强强联手,探索室内空气质量解决方案。8月24日,汉威电子又发公告称,公司与郑州高新投资合资设立汉威智源,注册资本1亿元,汉威电子以现金出资持有汉威智源65%的股权,汉威智源将成为汉威电子的控股子公司。公司表示,此次投资有助于完善汉威电子物联网整体解决方案,增加汉威电子在智慧市政、工业安全、公用事业等行业的市场份额,提高经济效益。经过有序的外延扩张,公司的物联网产业生态平台构建成果显著,产业链实现了有效的拓展延伸,也使得公司业绩取得了快速增长。汉威电子依托于原有气体监测与传感器技术优势,通过外延式收购与产业链延伸,已经从单一电子硬件企业成功转型为国内领先的物联网解决方案提供商,物联网平台优势将逐渐发力,未来发展潜力巨大。

二、汉威电子:搭建物联网拼图

其实在传感器之外,汉威电子搭建的物联网拼图本身就是一个竞争力。汉威电子正在构建的是整体解决方案,从感知到底层的应用,如之前做的智慧燃气物联网。例如,郑州市的西气东输,要经过高压变中压,中压变低压才能送到客户家中。郑州市的燃气管最少有上千公里,需要地理信息在信息地图上展示,汉威电子通过传感器、信息传输设备构建了整个燃气物联网,而这很容易就可以复制到智慧水务领域。汉威电子拟收购高新供水,从最前端的水源开始检测,然后通过传感器上传;再往后是水厂,在水厂的所有加滤、过滤、漂白、渗透膜等所有信息都要提取到平台上,然后水在管网内如何运行、管网的压力和流量都可以检测到。所有的信息集中到顶端的信息平台,汇聚到自来水公司的智慧大屏上,运营人员包括收水费的、监测水压水厂自控的,在这个平台上可以一目了然。这就是远程自控从感知到传输到物联网应用的信息化系统。从前端感知的硬件,到整体解决方案,从设备到地理信息,汉威电子都可以提供,在每一个点上都有竞争力,集结之后竞争力就更强。

汉威电子围绕物联网产业,将感知传感器、智能终端、通信技术、云计算和地理信息等物联网技术紧密结合,打造汉威云,建立完整的物联网产业链,结合环保治理、节能技术,以客户价值为导向,为智慧城市、安全生产、环境保护、民生健康提供完善的解决方案。

资料来源:作者根据多方资料整理而成。

第三节 物联网的商业模式

在物联网企业市场竞争日趋激烈的今天,物联网企业必须随着企业内部和外部条件的不断变化而进行动态调整,通过设计合理的商业模式,整合资源,提高经济效益,获取持续的竞争能力。

一、互联共赢的物联网商业模式

随着物联网的广泛应用、物联网企业的层出不穷,物联网商业模式呼之欲出。那么物联网商业模式到底是什么呢?商业模式是在为客户和供应链条上的利益共同体提供商业价值的基础上,追求企业利润、创造价值的经营模式。对此,我们初步将物联网商业模式的概念界定为:物联网企业在物联网产业链中为整合各方面的资源并就企业"做什么,如何做,怎么赚钱"的一种系统思考和具体考量。物联网商业模式必须基于物联网产业链,以提高物联网产业链价值,更好地服务目标客户,进而追求企业更多的利润,创造企业更大的价值。对于物联网技术提供商而言,商业模式就是要与行业用户、系统集成商、软件提供商、设备提供商等一起,致力于提升整个物联网产业链的商业价值,才能确保自己的商业价值得以实现。所以说,物联网商业模式真正要做的是建立一个基于产业链视角的多方共赢的商业模式。通过物联网的广泛应用,参与物联网产业链的物联网企业可以从中收益,获得相应的回报,使物联网能够持续快速发展起来。

1. 物联网商业模式的核心:信息价值

要想实现物联网万亿级产值,首先要有一个成功而恰当的商业模式,而商业模式的本质就是企业的价值创造逻辑。来自欧洲的学者 Eva Bucherer 和 Dieter Uchelmann 认为,在物联网中,信息本身也是价值创造和价值主张的重要来源,这包括有些只能通过物联网技术获取的信息,同时包括现有信息和实体产品之间的联系,并提出信息是价值创造的主要来源,也是物联网领域价值主张的一个重要部分,特别是当可以获得的详细信息越来越多时,更是如此。此外,Moody 和 Walsh(2002)提出了七个信息法则,解释了信息与其他资产相比的特征,具体如表 2-3 所示。

表 2-3 Moody 和 Walsh 的信息法则

信息法则	具体内容
法则 1	信息可以无限共享,其价值不会因共享而有所损失
法则 2	信息的价值随着使用次数的增加而增加,如果无人使用,信息就没有任何价值
法则 3	信息具有易逝性,会随着时间贬值
法则 4	信息的价值随着准确性的增加而增加
法则 5	不同信息的整合能够提高信息的价值
法则 6	信息越多未必越好
法则 7	信息不会消耗

由于信息具有上述七个法则,信息的价值可谓不言自明。另外,信息还可以直接与物体(或产品)相关联。物体的使用状况、当前状态和位置都可以跟踪,提供的信息也可以通过物联网发布和访问,这就是信息新的价值主张。例如,向顾客提供更多的有关产品的数据(如碳足迹),或者基于实际使用情况的产品和服务的准确账单(如租车)。此外,实体产品的交换是沿着价值链传递的,且通常以消费者为结束点。而在物联网中,信息的交换则超过这个范围,包括各个不同的参与者。物联网中的信息提供者以及他们之间的信息流如图 2-14 所示。

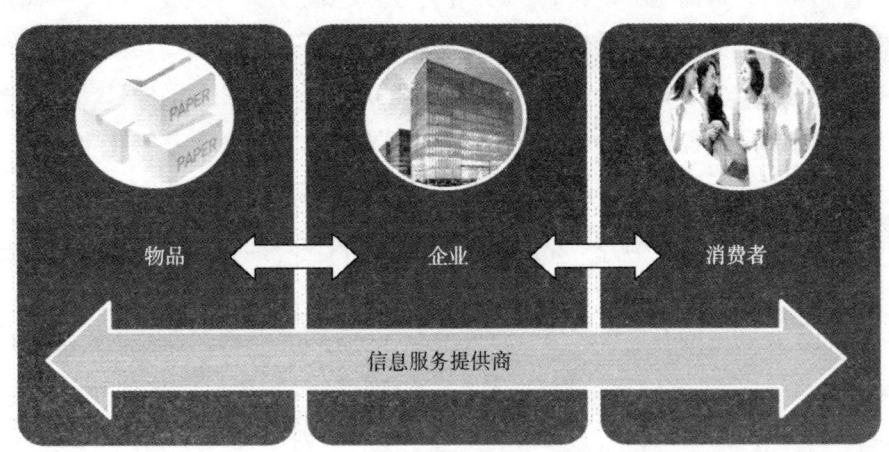

图 2-14 物联网的信息提供者和信息流

可以说,物品、企业、消费者之间以及他们各自与信息服务提供商之间的信息交换构成了一种错综复杂的三角关系。一方面,信息流实现直接传递,从物到物,从企业到消费者,从消费者再到物。另一方面,信息流也可以间接传递,如信息通过信息提供者从物传递给企业,或信息通过物从一个企业传递给另一个企业。物包括通过传感器、数据处理单元和驱动器来传递它们的识别码和状态的产品。其他信息则由企业和消费者提供。可以说，物物之间的对话已经开始，更多的信息能得以有效传递和交换，为相关企业创造更多的价值，也再次体现了物联网的商业价值。

2. 物联网商业模式的依托：物联网产业链

物联网产业已确定为国家战略性新兴产业，但物联网产业本身还是比较宽泛。一般认为，物联网产业可细分为标识、感知、处理和信息传送四个环节，每个环节的核心技术分别是RFID（二维码）、传感器、智能芯片和电信运营商的无线传输网络。自然相对应的产业包括标识产业、传感器产业、智能芯片产业、电信产业，这些整体构成了当今的物联网产业。因此，物联网产业链就是围绕物联网技术应用由多家企业以某种关联关系而形成的一种动态链网式组织。一般来说，物联网产业链较长，涉及环节较多，结构较复杂。从纵向来看，物联网产业链是自上而下自发形成的一条产业链条关系，依次分为三个层次，即感知层、传输层和应用层。具体又可细化为标识、感知、信息传输和信息处理四个环节，每个环节都有其关键技术作为支撑。正是这些产业环节及其关键技术，物联网相关企业自上而下构成了物联网产业链，如图2-15所示。

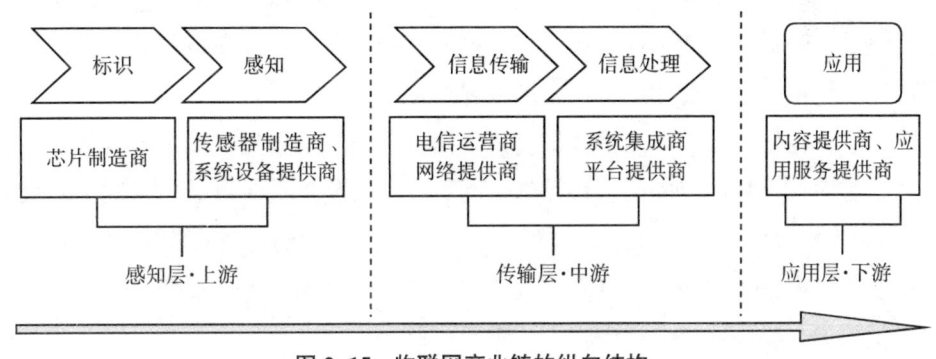

图2-15 物联网产业链的纵向结构

3. 物联网的主体

虽然我们知道物联网产业链是由应用层、网络层、传输层三大关键环节构成的，但物联网产业链涉足的环节还是比较多，而且关系比较紧密，为便于更好地认识物联网产业链，我们将物联网产业链划分为芯片和传感等终端设备制造商、网络设备提供商、网络运营商、系统集成商、应用与软件开发商、服务提供商和目标用户七个主体，如图2-16所示。

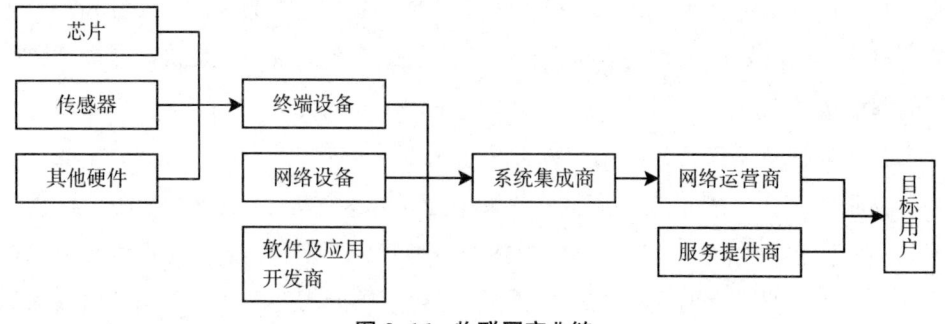

图2-16　物联网产业链

第一，芯片制造商和RFID制造商。芯片和RFID制造商处于物联网产业链上游的核心位置，在产业发展初期，市场上最为关注的是RFID，除此之外，还包括二维码、电子标签、阅读器及其他基础设施等。在整个物联网产业链中，我国在这一领域的研究能力及技术水平与国外发达国家的差距最大，特别是在某些高端的传感器、芯片市场。

第二，传感器制造商和系统设备提供商。传感器制造商和系统设备提供商实质上是芯片和RFID提供商的外延，某些大型企业既是芯片与RFID提供商，同时也是传感器及系统设备提供商。其设备产品主要用于数据采集，代表产品有电子标签、读写器、智能卡等。相对产业链的其他环节，我国在该领域的发展是较快的，但仍以中小企业为主，尚未形成规模化的领头羊。

第三，电信运营商与网络提供商。电信运营商与网络提供商承担着各种数据的传输与对接，目前以固网、移动通信网、广电网及互联网为主。"三网"融合和3G布局为信息资源的共享和高效利用提供了十分便利的条件。中国移动、中国联通、中国电信三家通信运营商以及广电、华为、中兴、大唐、烽火等国内网络设备提供商在物联网产业链中将扮演重要角色。

第四，平台提供商与系统集成商。平台提供商主要是指物联网信息管理平台的提供者，负责对传递来的数据在平台上进行分析与处理。系统集成商主要负责集成一整套解决方案，目前系统集成主要有两类，即设备系统集成和应用系统集成。部分大型的系统集成商已经开始向产业链的上下游延伸，它们也能给客户提供软件产品和行业解决方案，甚至是生产某些外部设备。

第五，内容提供商与应用服务提供商。有了传感芯片和外部设备后，物联网还只是一堆没有生命的机器，而软件与内容提供商的出现，使物联网变得有血有肉。软件和内容提供商包括中间件厂商，虽然已有相当数量的企业参与中间件的研制，但很多都是专门为某一特定行业提供产品及综合解决方案。应用服务提供商则主要面向用户提供设备鉴权、计费等服务，并实施相应的管理和控制。

【物联网专栏3】

华三通信：物联网为智慧医疗添翼

2016年新华三集团成立，紫光集团下属上市公司紫光股份（000938）控股51%，Hewlett Packard Enterprise占股49%。旗下华三通信致力于IT基础架构产品及方案的研究、开发、生产、销售及服务，拥有完备的路由器、以太网交换机、无线、网络安全、服务器、存储、IT管理系统、云管理平台等产品。华三通信在2015年4月隆重发布了业界第一款全业务物联网AP"蜘蛛侠"，支持RFID、ZigBee和蓝牙等物联网制式。蜘蛛侠通过一套设备提供两种业务网络，即接入网和物联网，用一套管理软件把两种网络管理起来，可以统一管理，统一配置，统一维护。

一、全业务物联网AP+AC进军医疗领域

全业务物联网AP用在北京宣武医院南区的改造中，效果明显。宣武医院明确要求建立一个医疗物联网融合的网络架构，既能够满足移动医疗、语音、视频等医疗业务灵活扩展需求，又能够实现由一个平台统一管理和运维，同时保障业务安全，以满足未来10年业务运营发展需求。经过多方比对，宣武医院选择了华三通信作为合作伙伴。华三通信利用物联网AP，配合AC工作，为宣武医院南院区提供Wi-Fi无线信号和RFID射频信号全覆盖，满足南院区多业务灵活扩展、统一部署、医疗流程闭环管理和业务安全保障需求，提高南院区临床效率、医疗质量和运营水平，实现标准化、精细化、精准化管理。

"业务需求决定技术发展，华三通信医疗物联网解决方案完全契合宣武医院南院区网络建设和管理需求。"宣武医院信息科主任梁志刚表示，以婴儿防盗为例，小孩走失、在医院被偷屡屡出现，而利用华三通信物联网AP，就能够对这类事件进行监控、报警并及时发现，这就是很好的业务需求。

二、物联网 RFID 技术显身手

随着信息系统的普及化与信息化水平的提高，医院和专业废物处理公司的信息处理能力已大幅提高，推广医疗废物的电子标签化管理、电子联单、电子监控和在线监测等信息管理技术，实现传统人工处理向现代智能管理的新跨越已具备良好的技术基础。

第一，RFID 医疗卡，轻轻一扫识身份。医院将信息印制在 RFID 医疗卡上，由患者随身携带。当该患者入院诊治时，医院只需用二维条码扫描器扫描医疗卡上的标签信息，就可以完成患者的入院登记和病历获取，从而为急救患者节省了许多宝贵的时间。由于 RFID 技术提供了一个可靠、高效、省钱的信息储存和检验方法，医院对急诊患者的抢救不会延误，更不会发生伤员错认而导致医疗事故。

第二，腕带 RFID 标签，定位追踪精度高。在医院，人员定位包括对医护人员和患者的定位与追踪，将腕式 RFID 标签佩戴于工作人员和患者手腕上，就可以对他们的位置进行持续的定位与追踪，同时也可以和门禁控制功能相结合，确保只有经过许可的人员才能进入医院关键区域，如限制未经许可人员进入药房、儿科和其他高危区域等。腕式标签还具有防拆卸功能，预防患者佩戴的标签被非法拆卸或破坏。患者出现紧急情况时，可通过标签上的紧急按钮进行呼叫。医疗物联网应用于医院追踪资产、设备和患者，可以及时了解和掌握关键工作人员、资产和医疗设备的实时位置信息，从而帮助医疗保健机构降低成本、改善工作流程和提高患者护理服务质量。

第三，佩戴 RFID 医护卡，就诊互通良监控。将 RFID 智能标签置于"医疗保健卡"的卡片上，标签可以记载就诊患者自身完整的就诊记录。每个医护人员将佩戴带有 RFID 的卡片，该卡片可以用来识别医护人员的身份，防止未经许可的医护、工作人员和患者进出医院，监视、追踪未经许可进入高危区域的人员。该卡片同时集成 RFID 阅读器的功能，通过内置天线可以与患者的就诊卡进行无线通信，任何医生或者其他医护人员都能够即时读取、存储关键的病历信息。这样，可促使患者无论在哪里都能够得到良好的照顾与精确的诊断。

第四，电子标签化管理，医疗废物严管控。以可视化医疗废物运输管理和实时定位为基础,以高速、高效的信息网络平台和 EDI 等为骨干技术的医疗废物 RFID 监控系统,将为环保部门实现医疗废物处理过程的全程监管提供基础的信息支持和保障。鉴于宣武医院老年和神经患者居多,华三通信未来还可以为宣武医院提供智能床位监测系统,实现对每位使用者的实时心率、呼吸率、离床等状态进行监控,随时关注老年人健康状态,防止老年人走失。

在医疗卫生行业市场,华三通信已连续六年位居第一位,在全国三甲医院市场份额达到60%以上。在无线医疗方面,全国90多家大型三甲医院选择华三通信为合作伙伴,累计部署 AP 数量近 20000 台;H3C UIS "一箱即云"解决方案成功应用于全国 200 多家医疗机构,成为医疗云数据中心的重要支撑平台。

基于华三通信医疗物联网解决方案,宣武医院在智慧医院建设道路上已迈出了一小步。梁志刚表示,物联网应用空间十分广阔,宣武医院希望华三通信能够继续创新,推出更多满足医院发展实际需求的应用,用新 IT 技术引领智慧医院向前迈出"一大步"。

资料来源:作者根据多方资料整理而成。

二、物联网企业商业模式"5+1"模型

如今物联网处于井喷式发展,与当年一夜之间大爆发的互联网何其相似,套用一句很经典的话,"前途是美好的,但道路是曲折的"。因此,要想实现物联网万亿级产值,首先要有一个成功而恰当的商业模式,而商业模式的本质就是企业的价值创造逻辑。物联网企业要想在潜力巨大的物联网市场中快速抢占一席之地,实现企业的价值创造,就必须先接地气,找到有效的应用场景。

虽然每个企业的商业模式都不尽相同,但为了对更多还在为物联网而晕头转向,或在这个圈子里迷失方向的企业指条明路,笔者对物联网企业的商业模式展开了深入研究,探索出了影响物联网企业成功与否的六大要素,即产业布局、盈利模式、资源整合、资本运作、组织革新和价值创造。而这六个要素之间构成了一个相互联系、相互作用和相互影响的整体。这就是物联网企业商业模式创新的

"5+1"模型,如图 2-17 所示。

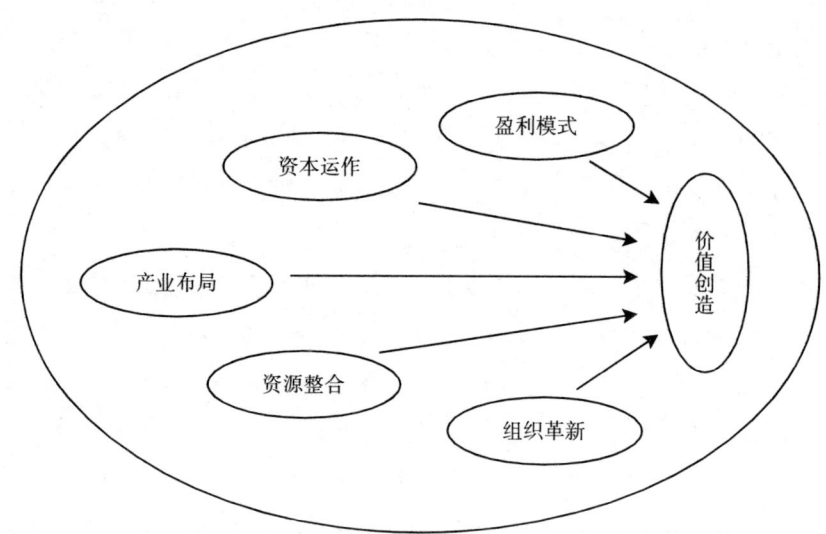

图 2-17　物联网企业商业模式创新"5+1"模型

第一,产业布局。企业实施商业模式或是运营决策的过程,其实就是企业的产业战略实施过程。对于物联网企业来说,首先要明确自己处于产业的哪个地位上,并依据自身的环境和资源制定符合自身企业发展的战略规划。例如,中国电信、中国移动、中国联通这三家中国通信行业巨头,明确地将自己定位为网络运营商。而在终端设备制造商里,远望谷、厦门信达布局 RFID、二维码,而达华智能、中瑞思创主攻智能芯片。因此,物联网企业若想在市场中得到认可并获得成功,避免自身劣势以及环境带来的压力,就应该重视战略的作用,认真地对企业进行物联网领域的布局。只有正确的行业选择和战略定位,才能使企业具有区别于对手的竞争力。

第二,盈利模式。良好的盈利模式不仅能够为企业带来收益,而且能够为企业编织一张稳定共赢的价值网。当物联网企业选择了可行的战略并明确了自身的地位,那么物联网企业将需要依靠一个有效的盈利模式来获取利润。因而物联网企业必须依据自己的特征来选择合适的盈利模式。此外,物联网产业链比较宽泛,虽然每个企业的盈利模式并不相同,但是物联网企业的盈利必须要协同合作,共生共融,获得最大的利益。

第三,资源整合。资源整合能力是企业战略的手段,也是企业组织能力的表现,整合就是要实现资源的优化配置,就是要在有限的资源中实现企业的最大价值。对于物联网企业来说,资源整合能力和战略定位是紧密相连的。物联网企业在制定战略的过程中必须考虑到自身的资源整合能力,因为战略的制定需要了解企业拥有哪些资源,是否有能力使资源得到最佳的发挥,选择何种资源能够使企业的竞争力增强,哪些资源会让企业事半功倍。所以,资源整合能力为物联网企业的行业选择和战略定位提供了参考价值。

第四,资本运作。资本运作又称资本经营,是企业利用资本市场,采用以小博大、以无生有的诀窍和手段,通过买卖企业和资产而赚钱的经营活动。物联网企业的生存和发展离不开有效的资本运作,因为物联网技术本身是需要耗费资本的。一旦物联网企业在市场中立足,就需要考虑企业资产与营运之间的合理配置问题,也必然需要将资本运作与战略结合起来。资本运作是物联网企业前行的保障,因此选择一种适合自身企业的运作方式能够使物联网企业在物联网产业中获得更好更快的发展。

第五,组织革新。对于企业来说,组织能力是指开展组织工作的能力,是公司在与竞争对手投入相同的情况下,具有以更高的生产效率或更高的质量将各种要素投入转化为产品或是服务的能力。对于物联网企业来说,良好的组织能力可以使员工之间沟通有效、企业凝聚力增强,从而更加高效率和有效果地实现企业的战略目标,同时也可以区别于竞争对手,获得最佳的市场机会。因此,物联网企业应该持续不断地完善组织结构,构建良好的企业文化,形成拥有企业自身特色的管理模式或是管理亮点,不断提高企业自身的组织能力,这样才能使企业自身的竞争力得到提升,从而在物联网这块巨大的市场中站稳脚跟。

第六,价值创造。企业运用自身的内部资源和外部资源,归根到底是为了价值创造。商业模式中的行业选择与战略定位、盈利模式、资本运作、资源整合能力和组织能力这五个方面都是为了创造价值。物联网企业是以行业选择与战略定位为起点,通过盈利模式、组织能力、资源整合和资本运作来使企业得到发展,最终的目的是为了实现价值的创造。这里所说的价值创造,不仅是企业自身的价值,还有客户价值以及社会价值。物联网企业需要应用物联网来满足客户的需求,因而价值创造推动了商业模式的循环,从而使得物联网企业商业模式持续运作,为企业带来源源不断的价值。

【物联网专栏4】

思创医惠：开拓医疗物联网

一、公司概况

思创医惠科技股份有限公司（以下简称思创医惠）成立于2003年11月，2010年4月在深圳创业板上市（股票代码：300078），是一家专业从事电子商品防盗（EAS）、无线射频识别系统（RFID）定制化产品及行业应用解决方案的开发与服务的高科技企业，是全球零售支持领域新理念的开拓者和引领者。2015年4月，公司公告以10.87亿元收购医惠科技，强势进军智慧医疗领域。思创医惠现拥有总资产12亿元，员工1500余人，在中国香港、瑞典、意大利、西班牙、美国等多个国家和地区建立了子公司，是全球零售系统解决方案领域的龙头企业和最具规模的生产基地之一。当前主要产品可分为物联网架构、应用系统、智能开放平台和技术服务四大类。原主营与医惠科技形成产业协同和优势互补，公司业务进入快速发展时期。医惠科技核心产品——智能开放平台专攻医院IT底层架构，为各个业务系统实现互联互通和业务数据的交换共享提供免费开放的API接口。智能开放平台凭借本土化优势和先发优势，在国家加快推动医院端互联互通标准化成熟度测评工作的大趋势下，有望迎来历史性发展机遇。医惠科技的另一大核心产品——医疗物联网为医院提供"平台+应用"物联网整体解决方案，包括物联网基础架构平台，以及基于其平台自主开发的闭环业务系统，是智慧医疗的全面深化，助力医疗大数据的数据采集、医疗流程质量保障以及医院资产管理。

二、思创医惠：拓展智慧医疗

医疗物联网是智慧医疗的全新蓝海。思创医惠是国内最早从事EAS（电子防盗标签）业务的企业之一，并进行RFID（射频识别技术）相关产品的研发、制造和销售，产品远销海外。2015年，公司以10.87亿元现金收购医惠科技，增加了智慧医疗领域的业务。2015年6月末，思创医惠完成医惠科技第一期69%的股份收购；2016年2月底，思创医惠再度公告，如约完成第二步交易，即由上市公司第一、第二大股东履行股权转让协定，合计转让给医惠投资 2020 万股上市公司股权。本次股权转让完成之后，医惠投资自愿锁定三年。收购完成后，思创医惠将加快智慧医疗产业方向上的拓展，进而辐射 RFID 技术和产品发展。2014 年公司收入 4.9 亿元，扣非净利润 6705 万元，医惠科技承诺 2015~2017 年净利润分别为 7000 万元、9500 万元、1.2 亿元，将成为公司利润的主要来源。上市公司和医惠科技分别在物联网产业链的感知层和网络层、应用层拥有核心竞争力。整合完成后，上市公司将与医惠科技形成产业协同和优势互补，同时推动双方产品及服务在更广泛的领域内进行推广。医惠科技的产品从医疗对象、数据信息、医疗流程入手，覆盖整个医疗信息化应用领域，形成了"智能开放平台+流程闭环管理系统+业务应用系统"的智慧医疗解决方案，为公司介入智慧医疗提供了战略入口和方向，实现了医惠科技相关软件产品与公司各类 RFID 硬件设备的良好对接，为智能开放平台建设及大数据应用打下了坚实基础，抢占"移动医疗"布局的先机。

在医惠科技并入后，思创医惠的对外扩张步伐更加迅速。2015 年 11 月，医惠科技出资 2000 万元，以单方面增资的方式参股泽信软件。交易完成后，医惠科技持有泽信软件 20% 的股权。泽信软件是优质的医疗信息服务公司，拥有具有自主知识产权的电子病历（EMR）、医院感染管理软件、医院集成平台、医院智能分析平台、HIS 五个创新型产品，其 2016/2017 年业绩指标分别为 300 万/500 万元。2015 年 12 月，医惠科技使用自有资金 1000 万元，以单方面增资的方式参股杭州创辉医疗电子设备有限公司，持股占比 10%。创辉医疗是医疗电子领域的高科技创新公司，专注于应用先进的定制化传感器芯片、无线通信芯片等技术。

思创医惠携手 IBM 成立了智慧医疗联盟。2016 年 1 月 11 日，由国家卫生计生委医院管理研究所牵头发起，医惠科技领衔并联合国内 14 家主流大型医院和数家研究机构及院校共同成立的"智慧医疗联盟"正式启动具体工作，该联盟获得 IBM 携沃森机器人的鼎力支持。智慧医疗联盟的成立，旨在利用美国沃森机器人技术及国际医疗智能诊疗模型，对医疗大数据进行学术研究和挖掘，为医院研究医疗大数据智能诊断提供技术支撑，形成数据共享、资源共用的研究平台。联盟将获得 IBM 沃森认知智能技术及国际医疗

智能诊疗模型的全力支持。

三、思创医惠：构建智能医疗新生态

目前，思创医惠的医疗业务以智能开放平台与物联网技术为抓手，实现医疗对象的智能感知、数据信息的集成互联、医疗闭环流程的标准处置。近年来，思创医惠的信息集成平台与医联网产品的市场占有率居首，参与了多项国家级行业标准的制定。思创医惠发力智慧医疗，构建了零售科技、物联科技、医惠科技三大事业部，实现EAS、RFID、智慧医疗三大板块独立运营，协同互补；公司在2015年继续加强信息集成平台产品的技术优势，建设广州妇幼"公有云医院"标杆项目；医疗物联网业务新增千万级别智能床等耗材收入；与IBM合作建立沃森研究院，推动人工智能在医疗领域的应用。目前，思创医惠包括智能开放平台、医疗生态云架构平台、医疗信息健康耗材三大主营业务，具体如下：

第一，智能开放平台。思创医惠解决了"接口式"部署在接口集成方面的短板，采用"万能插座"（SDK）技术，实现业务系统的"插拔式"互联互通，新增的子系统只需接入平台的标准化接口即可实现与其他系统之间的信息交互，极大地降低了系统部署的工作量，是医疗数据的集大成者，是医惠征战医疗信息化的拳头产品。目前，公司将智能开放平台推广至超过200家医院，预估二甲以上约8000家医院的市场空间在300亿元左右。

第二，医疗生态云架构平台。思创医惠对医疗IT云化趋势进行了前瞻布局，建设了广州妇女儿童医疗中心标杆项目，实现了全国五大首创——首家去HIS化医院、首家全预约挂号医院（网上预约挂号量达1.5万）、首家支持支付宝芝麻信用结算医院、首家100%实现一体化平台智慧医院、首家公有云医院，并基于已有的智能开放平台，引入小微应用合作伙伴，满足个性化医疗服务需求。该系统架构极大地推动了阿里健康的芝麻信用在医院支付结算的部署进程。

第三，医疗信息健康耗材。RFID可在智能医疗行业多场景广泛应用，后续思创医惠将形成扬州、杭州两大RFID硬件产品设备生产基地，为智慧医疗提供丰富的优质高效的RFID硬件产品。目前，思创医惠的智能床检测产品在医院病房、养老院快速推广，月销售额突破千万元。其他产品诸如物联网体温标签、第三方药流平台、内镜消毒质量监控、患者生命体征动态监测、消毒供应中心质量追溯、医疗废弃物管理、科室物资管理、病房管理、移动门诊输液、静配中心信息管理、营养点配餐管理、手术器械清点、婴儿防盗等系统部署中，对RFID标签具有量产需求。医疗信息健康耗材是医疗大数据的入口，思创医惠与华三合作打造了全球领先的四网合一的物联网基础架构共性平台，可以在复杂的数据通信环境中，实现多维的细粒度数据的智能收集和传输，为医疗大数据采集和开发利用奠定基础。公司还积极布局医疗人工智能领域，联合国内多家大型医院、研究机构、院校共同成立智慧医疗联盟，并联合浙江大学、国内一流医院及专家设立沃森研究院，将IBM沃森的人工智能技术传导入中国医疗专科的智能化辅助诊疗应用中，其后续发展值得期待。

资料来源：作者根据多方资料整理而成。

三、物联网八大类企业商业模式

目前，学界和业界对于物联网商业模式的研究还处在非常初级的阶段。根据商业模式中参与各方之间的主次从属关系以及客户价值创造主体的不同，我们可以将目前以及未来可能存在的物联网商业模式分为以下八种类型：

第一，运营商主导型。在这种商业模式中，电信运营商占据主导地位，无论是业务的开发、推广，还是平台的建设与维护等，均以运营商为主力。具体可进一步细分为三种子模式：运营商直接提供网络连接模式、运营商合作开发推广模式、运营商独立开发推广模式。运营商直接提供网络连接模式是指由电信运营商向使用M2M业务的企业客户直接提供通道服务，而不是通过系统集成商或其他服务商。运营商合作开发推广模式则是运营商与系统集成商合作，系统集成商开发业务，电信运营商负责业务平台建设、网络运行、业务推广及收费，一般来说，这种模式中电信运营商仍占主导地位。运营商独立开发推广模式即运营商全部自营模式，由电信运营商自行搭建平台开发业务，直接提供给客户。在三种子模式中，运营商合作开发推广模式是目前国内电信运营商进入市场的主流模式，如中国移动、中国电信都与行业领先的系统集成商合作，由运营商面向客户推广行业应用产品。而运营商独立开发推广模式则因对运营企业初期投入要求较高，所以采用这种方式的企业还比较少，目前国内还未出现运营商独立搭建平台并开发业务再直接提供给客户的案例。

运营商主导型商业模式主要适用的用户范围是企业客户，以采集类和定位类应用为主，应用范围广泛，具体可应用于环保监控、自动水电表抄送、智能停车场、电梯监控、物流监控、智能交通等领域。

第二，系统集成商主导型。由系统集成商租用电信运营商的网络，通过整体方案连带通道一起向用户提供业务；从运营商的角度来讲，即运营商经过系统集成商间接向客户提供网络连接服务。这是目前使用较多的商业模式。因为物联网应用均是在特殊行业中的个体内部实现，且企业专业化特征明显，需要由行业内专业的系统集成商提供服务，特别是行业壁垒高、对应用要求复杂的行业更需要系统集成商的存在。此类系统集成商一般是第三方企业，拥有较强的软硬件开发和集成能力，同时在行业中拥有较高的地位。在此类商业模式中，系统集成商是主要的利益获得者和收入分配者。技术水平是此类商业模式的核心，主要适用的用户是企业客户，实际的应用类型以采集类为主，而由于运营商非主体性和网络短程性的特点，其应用范围应该是固定区域空间内的数据实时采集类检测，具体可应用于环保监控、自动水电表抄送、智能停车场、电梯监控、自动售货机等。

第三，软硬件集成商主导型（"iPhone"模式）。在这种模式中，实力强大的软硬件集成商，通过将自身硬件制造或软件开发领域的优势进行整合，如创造应用软件开发平台、与运营商和软件开发商合作等举措，形成一个综合个体主导生态系统，从而发掘甚至创造出新的盈利点，带动整个物联网产业的发展。该模式主要来源于苹果的"iPhone"商业模式，苹果公司通过与运营商合作，在分得运营商相关收入 30%以上的同时，还通过智能终端系统 iOS、应用程序店 APP STORE，成功促使广大的应用开发者为系统开发各种类型、各种价位的应用。这样，在销售硬件的同时，还开拓了应用下载这一新的盈利点，从而在移动互联网市场取得了巨大的成功。就国内而言，目前物联网软硬件集成商相对较少，而且以中小型企业为主，还不具备主导物联网产业链的能力。因此，这种商业模式在国内尚无先例，但笔者认为在未来 5~15 年内，中国有可能会催生物联网领域的"苹果"。

此类商业模式适用于与个人用户市场相关的便利类和控制类领域，通过在已有智能手机终端系统或者未来可能出现的专有物联网终端上开发相关行业应用下载，让用户自行选择和使用符合自身需求的物联网软件平台和应用，同时创立一个新的物联网系统生态环境。

第四，软件内容集成商主导型。该类商业模式主要指 Google 的 "Android" 商业模式，与 "iPhone 模式" 类似的是，该类商业模式需要集成商和运营商合作开发相应的软件和应用平台，同时还需要大量的应用开发者以及广告商的参与。与 "iPhone 模式" 相比，其系统的核心是软件内容集成商，硬件制造商是主要的合作类型，同时集成商在内容上拥有更多的资源与更大的主导权，广告效应更为集中。

该类商业模式是 Google 在移动互联网的成功案例，与 "iPhone 模式" 的区别在于，其成功有赖于 Google 这类企业强大的软件开发能力以及内容的产生、整合和搜索能力。而在物联网的应用中，随着技术发展在各个阶段中的成果体现以及内容重要性的提升，此类商业模式的应用范畴进一步扩展，其应用的核心在于软件与内容相结合并推向市场。从应用类型上看，各类应用均可涉及，而其成功与否的主要决定因素是发展周期，代表性的应用为位置服务、智能物流、智能家居、数字城市和智能校园等，特别是在内容主导型行业应用方面表现得尤为突出。

第五，政府主导型。此类商业模式一般由政府等公共事业部门搭建公共平台，客户租用或者购买平台以及相关的软硬件产品，并支付相关通信费用。在这类模式下，GPS 车辆定位、视频监控是使用最多的应用，其中也可能由通信运营商搭建相关公共平台。该类商业模式是物联网民生化应用的最直接体现，可以贯穿于物联网发展的各个阶段，政府在其中起着关键性的作用，其对于技术、市场的把握非常重要；同时在发展初期，必要的资金投入也是不可缺少的。在物联网发展初期，此类商业模式可以作为面向市场的主要政策推广模式，主要的公共事业平台以此类模式搭建，可让用户在政府承担成本的情况下免费体验物联网的应用，从而有利于培养用户的相关使用习惯，为物联网行业其他类型的业务推广打下基础。

第六，用户主导型。在这类模式下，客户承担了物联网平台的全部费用和整个服务体系的搭建。在该类商业模式中，用户是唯一的核心，其他系统个体起辅助作用，一般来说，此类行业当中用户相对强势。这类模式下的物联网应用一般有私密性要求，对于信息的感知和传递有较高的安全性要求，跨行业拓展难。典型应用有电力行业的电力监控、水利行业的水文监控、气象学的物候监控、环保

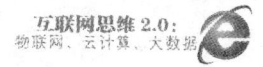

行业的污染源监控、化工的产品监控、交通的路况监控等。

第七，合作运营型。合作型的商业模式是指产业链中两个或两个以上的参与方通力合作，设备提供商、运营商、系统集成商、软件开发商等从各自的利益出发组成某种产业联盟，在各方平等互利的前提下共同开发和推广物联网业务。比较典型的例子是运营商联合系统集成商，合作开发，合作推广。如挪威移动运营商 Telenor 与 Telit 合作 M2M 服务等。这种商业模式适用于所有类型的物联网业务。

第八，云聚合型。云聚合是一种建立在云计算基础上，以用户服务为中心，根据已有的运营平台和业务能力，针对目标市场整合内外部资源，形成用户、商家、其他市场参与者共同创造价值的网络商业模式。其主要特点是，在一定的安全机制下，形成信息的全面自由流通，通过大量快速的信息传送来实现价值的高速增值。各个主体通过不断的投入产出活动吸引用户资源和创造价值。

第四节　拥抱物联网，拥抱未来

物联网的推广将会成为推进经济发展的又一个驱动器，为产业开拓又一个潜力无穷的发展机会。按照对物联网的需求，需要按亿计的传感器和电子标签，这将大大推进信息技术元件的生产，同时增加大量的就业机会。

一、物联网的发展前景

目前，欧洲是全球物联网运用最先进的地区。德国电信的 M2M（机器与机器间无线通信业务）应用已经覆盖了能源、医疗、交通物流、汽车、消费电子、零售、工业自动化、公共事业和安全九大行业。英国正在推进智慧网格项目的规划，将在 2020 年前部署 5300 万个燃气和电力计量器。知名咨询公司弗若斯特·沙利文发布报告称，预计欧洲国家的 M2M 市场复合年增长率将达到 33%。

美国"智慧地球"计划以物联网应用为核心，将投资 110 亿美元用于智能电网及相关项目。智能家居服务有望率先形成规模。美国电话电报公司把基于物联网应用的数字生活服务扩展到奥兰多等多个城市。康卡斯特、威瑞森、考克斯和时代华纳有线电视公司等均推出了家庭安全和自动化服务。

当前，我国物联网发展应用也开始进入实质性推进阶段。相关数据显示，2012 年我国物联网产业市场规模达到 3650 亿元，比 2011 年增长 38.6%。不久的将来，一批物联网核心技术将实现突破，初步形成物联网产业体系。另有业内专家预测，2015 年我国物联网产业规模超 5000 亿元，总规模超万亿元，将面向重点行业和重点民生领域，开展物联网重大应用示范，提升物联网公共服务能力。在我国，物联网在改善民生、产业升级转型方面将发挥重要作用，在电子商务、交通、医疗卫生、智能电网、广电等领域，物联网应用正在取得显著成绩。

展望不远的未来，有两项技术将与物联网产生相互加速、加强的作用。一是大数据。根据互联网数据中心公布的数据，2005 年由 M2M 产生的数据占全世界数据总量的 11%，预计到 2020 年这一数值将增加到 42%。二是移动互联网。如车联网，是物联网与移动互联网的结合。江苏省无锡市 90% 的出租车安装了"出租车辆智能调度管理系统"，免费提供叫车热线服务，让居民实实在在体验到物联网的好处，也提高了出租车运营效率。随着智慧城市的发展，城市的数字化、网络化、智能化，将与物联网有机结合，改善公共服务，提高生活质量。

第一，物联网技术最基本的要求就是有能力使数百万个或者上亿个接入设备实现物体和互联网的连接，实现长距离和短距离通信，那么，有两个指标将会对物联网的发展构成影响：低成本和低功耗的硬件、无处不在的连接和在线服务。近年来，微电子成本的下降带来了关键组件的成本下降，从而带动整体硬件成本大幅下降，这一点成为物联网生态发展的主要驱动力之一。传感器、RFID 电子标签、云存储、网络传输等，以及计算、存储、传感等硬件越来越微型化，给物联网的产品部署带来极大便利，能耗降低显著。

第二，由于物联网节点的海量性和大部分节点处于全时工作，节点生成数据的数量规模和频率远大于互联网。据预测，到 2020 年全球数据总量将超过 40ZB（4 万亿 GB），其中，物联网产生的数据量将超过 10ZB。一些物联网行业应用，如车联网、智能电网、设备联网监测等，其海量终端连接带来的采集数据也同样是海量的，而且大部分是非结构化、多样性和存在噪声的数据，使得传统 IT 解决方案无法满足物联网快速发展催生出来的数据处理需求，因此，物联网与云计算、大数据的结合变得水到渠成。

第三，物联网 PaaS 平台对能力开放要求会更高，需要提供一些类似智能硬件自助开发的平台，如中国移动的 OneNet 物联网开放平台，以及 BAT 等互联网

巨头的物联网平台。

第四，按照国际电信联盟的时间表，预计 2020 年后，5G 将全面投入商用。在 MWC2016（世界移动通信大会）上，美国 Verizon 宣布其已经开始在 Texas、Oregon 以及 New Jersey 两地开始进行 5G 测试。同时，AT&T 也宣布，开始在其实验室进行 5G 测试。在国内，中国移动提出满足 2020 年 5G 商用部署的需求，那么也意味着商用将在几年后启动，并且有望于 2018 年启动试验网。投资者对于 5G 的认识，可能更多停留在其网络效应上，包括 10~100 倍的网络速率，10~100 倍的互联终端设备数量，1000 倍的数据容量，时延降低到 5 毫秒以下，电池寿命延长 10 倍可至数年。但是，忽视了技术演进的本源是应用，5G 的出现不只是一张新的移动宽带网络，其设计的出发点是考虑更加全面的行业应用，5G 和物联网将形成很好的结合。

第五，万物互联的基础是要有无处不在的网络连接，未来基于万物互联的连接方式将呈现多样化，按照不同应用对网络能力的要求、时延、带宽、价值，可分为上中下三层。顶层是低时延、高带宽、高价值的业务，底层则是低容量、低带宽的保障性业务，不同的业务需要的连接方式不同。运营商的网络是全球覆盖最为广泛的网络，在接入能力上具备独特的优势，并且基于 SIM/eSIM 形成了一个最真实的用户管理体系。因此，基于广域低功耗蜂窝技术的物联网标准将大大推进物联网应用的普及速度。据预测，未来 60% 的连接将通过广域低功耗蜂窝技术来实现，NB-IoT 将重点瞄准这 60% 的市场。另外，30% 的市场需要中等保障，如智能家居等，需要通过传感器、Wi-Fi、低功耗蓝牙、Zigbee 等技术实现，剩下 10% 的高保障业务，如智能驾驶、智慧医疗、虚拟现实等，需要大容量、实时传输、智能处理等，还将依赖于 5G/LTE 等高速移动蜂窝技术。

综上所述，物联网是新一代信息网络技术的高度集成和综合运用，是新一轮产业革命的重要方向和推动力量，对于培育新的经济增长点、推动产业结构转型升级、提升社会管理和公共服务的效率和水平具有重要意义。因此，要实现物联网的跨越式发展及商业模式创新，在发展物联网的过程中必须遵循产业发展规律，正确处理好市场与政府、全局与局部、创新与合作、发展与安全的关系。要按照"需求牵引、重点跨越、支撑发展、引领未来"的原则，着力突破核心芯片、智能传感器等一批核心关键技术；着力在工业、农业、节能环保、商贸流通、能源交通、社会事业、城市管理、安全生产等领域，开展物联网应用示范和规模化应用；着力统筹推动物联网整个产业链协调发展，形成上下游联动、共同促进的良好格局；着力加强物联网安全保障技术、产品研发和法律法规制度建设，提升信息安全保障能力；着力建立健全多层次、多类型的人才培养体系，加强物联网人才队伍建设。

二、物联网应用要攻克的五个难题

可能大家都觉得物联网是好东西、香饽饽，但是它是刚出炉的，烫手啊！从2009年到现在，在我国全面推广物联网应用的过程中，其实一直存在政府热、企业冷的局面，主要集中在以下几方面：

第一，物联网的应用成本太高。例如，某服装企业打算在所有服装上应用RFID电子标签，初步估算每年要生产2000万件衣服，全国100个门店。每件衣服一个标签，一个标签的成本1.5元，这样，光衣服上标签的成本就3000万元了。然后每个门店配一套RFID读写设备和软件，加上维护费用，每个门店每年大概需要5万元。一次让老板拿出3500万元来建设这套系统基本上太难了。

如果只是部分建设这个系统又完全看不到整个系统能带来的效益，那么只能作罢。在物联网技术推广的初期，电子标签贵、读写设备贵，所以很难形成大规模的应用。而由于没有大规模的应用，电子标签和读写器的成本就很难降下来，这样就成了一个恶性循环。

第二，企业无法直接看到应用物联网带来的价值。物联网应用的最终目的是提供所有相关物品的信息，使其能无缝进入企业的IT系统，为企业重要决策提供依据。说白了就是一堆数据，数据的价值在短时间内很难体现出来，所以企业老板在看不到很明确价值的时候就不愿意冒险。大家都希望能看到同行业的其他企业能首先用起来，看到它们的应用价值时再采取追赶措施，只有少数有远见的企业能够先应用物联网技术。难道这些老板忘了快递行业顺丰是怎么成为龙头老大的吗？后期的追赶者永远都会慢半拍。

第三，技术难题。我国一直缺乏物联网中的一些关键技术，先进应用中的关键技术完全依赖国外。中国的RFID产业虽然参与企业众多，但是一片混乱，技术标准不完善。同时对RFID应用影响最大的金属环境或其他干扰仍然没有彻底解决。即使有办法解决，成本代价也太高。普通RFID标签和抗金属RFID标签的价格相差数十倍。

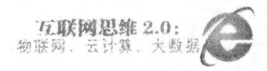

第四,产业链不完善。物联网的产业化需要芯片商、传感设备商、系统集成商、移动运营商等的通力配合。产业链的合作需要兼顾各方的利益,而在各方利益机制及商业模式尚未成型的背景下,物联网普及仍相当漫长。普通厂商可以解决感知层和应用层的难题,但网络传输层永远受制于移动运营商。

第五,政府协作。物联网应用往往是跨行业、跨区域的,但这些行业和地域所属政府职能部门不一样,如何加强各部门的协调、互动、合作,如何打破行业、地区、部门之间的壁垒,促进资源共享是一个大难题。好在目前国家一直在大力推进物联网建设。

总之,物联网在中国的应用普及任重而道远,革命刚刚开始,同志需加倍努力。

三、物联网带来的改变

物联网应用涉及国民经济和人类社会生活的方方面面,因此,物联网被称为是继计算机和互联网之后的第三次信息技术革命。在信息时代,物联网无处不在。由于物联网具有实时性和交互性的特点,从功能上看,物联网主要有八大应用领域:城市管理、数字家庭、定位导航、现代物流管理、食品安全控制、零售、数字医疗、防入侵系统。从产业结构上看,我国物联网主要有九大应用领域,即智能工业、智能农业、智能物流、智能交通、智能电网、智能环保、智能安防、智能医疗、智能家居。

1. 工作:高效、准确

第一,创造高效通勤方式。有人统计,我们把大约15%的通勤时间都花在了交通上,17%的燃料都浪费在了等红灯的过程中,而道路上的传感器、交通摄像机和中央分隔带将会改变车辆和司机的交互作用。通过监测交通速度、信号灯、事故和当前路况,编程汽车甚至是道路都将向司机的移动设备发送最高效的驾驶路线,减少通勤时间,节省油钱,并最终让我们的道路通行更加安全。

第二,减少办公室聊天。水冷却器可以连接到物联网,使饮水的过程更加智能。水冷却器(咖啡机等)可以记住个人的偏好,通过员工的声音和动作辨识需求,不用等待就能获得想要的饮品(这样就可以减少众所周知的办公室聊天)。

第三,提高工作效率。社交工具如 Box、Skype 和 Facebook,已经吸引了下一代劳动力的注意。视频会议和成像系统将成为工作方式的主导,就像千禧一代

第二章 物联网（Internet of Things）：万物相联，生机勃勃

和数字原生代依靠短信、FaceTime，以及视频群聊进行真实的、综合的工作通信一样，不仅节省了时间，还使社交工具与现代协同工作系统合二为一。

第四，预测产品"健康"。一般情况下，产品交易后，客户和供应商之间的互动就会消退，至少在下一个购买周期或产品出现问题之前不会有所互动。前瞻性技术能够把握产品的"健康"情况，在产品出现问题之前查明问题所在。在下一个售后服务的时代，前瞻性产品监控意味着企业能够让顾客满意，持续监控产品"健康"，避免任何可能出现的问题。

2. 经济社会：创新、和谐

第一，创造新的职位。数字时代已经开辟了新的 IT 职位，这些职位远远超过办公桌和代码的局限。随着物联网的兴起，关于云计算和大数据的工作正变得比以往更专业。Gartner 在报告中称，首席数字官的数量正在逐渐增多，更多的企业将会设置这个职位来管理它们的数字目标。企业要想拥有大数据和分析学创造的价值，数据科学家是不可或缺的重要资产，同时越来越多的首席数据科学家、分析师，甚至是首席客户满意官也将出现在我们的视野里，也许有些头衔我们现在连想都想不到。

第二，给非结构化数据创造结构。利用得好，它就能在非结构化数据转化成结构化数据时创造新的价值。分析数据并将数据分解成有意义的情报，不仅能给我们提供丰富的客户信息、产品行为信息、市场地位信息、员工生产力信息，还能预测未来的成功。

第三，打造绿色企业。如今，一些写字楼和住宅已经安装了智能电表。在不久的将来，安装智能电表就会成为建设现代大楼基础设施的基本标准之一。安装的运动传感器会随着人们的移动，控制照明设备、加热器、咖啡机，甚至是电视的开关。百叶窗也安装了这些传感器，通过温度和阳光控制窗户的开关，提高了能源的利用率和产出，节省了成本，改善了环境。

3. 生活：舒适、有序

第一，进行位置追踪。物联网使位置追踪变得更容易。目前，通过手机、汽车，甚至在医院，我们都能对联网设备的位置进行地理标记，节约宝贵的资源，如时间和金钱。企业能对它们各方面的业务进行追踪，不管是库存，还是成形的订单，都能以最快的速度定位，配置现场维护、支持服务以及需要的员工。工具、工厂和车辆都将通过定位技术连接起来，使整个链条高效运行。

第二，改变医生的工作方式。物联网也将改变医生的工作方式、患者在医生办公室或医院的经历，以及全体的医患关系。将来，物联网能使智能设备直接从患者身上读取数据，医生则可以进行远程医疗，实时访问患者信息。新技术还意味着医生可以给远在千里之外的患者进行诊疗，这样就改变了医生的工作地点和工作方式。

第三，根据天气计划工作日。随着虚拟劳动力的增加，工作日变得越来越灵活，天气将影响团队的工作效率和通勤决定。在未来，数十亿的传感器将被整合到不同的监听设备和气象站，无论这些设备和气象站是在天空，还是在地面。使用大数据能够更好地预测地球的心跳，进行更加复杂和准确的天气预报。对于上班族，这意味着他们能提前获知更为准确的降雨、冰雹和降雪信息，决定什么时候去上班（相反，我们也可以在天气最好的时候在家休息），以及选择怎样的交通方式。

【章末案例】

新大陆：掌握二维码芯片核心技术的企业

新大陆科技集团是一个横跨物联网、数字电视通信和环保科技三大领域的综合性高科技产业集团，也是国内唯一掌握二维码芯片核心技术的企业，多年来致力于前沿领域自主核心技术、产品的发展，以及行业应用与商业模式的创新。成立以来，公司坚持自主创新，以科技创新引领实业发展，成为一个综合性高科技产业集团，是国内领先的集物联网核心技术、核心产品、行业应用和商业模式创新于一身的综合性物联网企业。

一、以技术为核心拥抱转型升级

2013年，新大陆围绕以物联网为核心的发展战略，聚焦智慧生活、智慧监管等重点应用方向，持续提升研发水平，积极挖掘细分市场和开拓新兴市场，充分发挥自身优势，整合产业资源，使公司综合实力稳步增长。2015年公司实现营业收入30.45亿元，同比增长36.23%；实现营业利润4.18亿元，同比增长22.58%。归属于母公司股东的净利润为3.36亿元，同比增长24.12%。新大陆的具体经营情况如下：

第一，信息识别技术和产品领域。在技术方面，2015年公司工程实验

第二章 物联网（Internet of Things）：万物相联，生机勃勃

中心的四大类56个检测项目获得CNAS国家实验室的认可，认可范围涵盖条码识读设备性能检测、条码符号（一维条码、EAN/UPC条码、二维条码）印制品检测、信息设备安全和环境试验等领域；公司汉信码解码芯片（第三代解码芯片）成功实现量产，第三代芯片较第二代增加了汉信码（税控行业）、CODE32、Febraban48（南美银行业内规范）码制的解码算法，极大地增强了景深范围，产品的移动适应性提升到1.6米/秒以上，适应各种非纸质应用拍摄，功耗明显降低至毫安级，比业界竞争对手具有更大的优势。在业务方面，得益于公司自身市场的有效拓展，且完成江苏智联公司的并购（自2015年10月起合并报表），公司识别类产品销量快速增长，销售收入3.49亿元，同比增长58.64%。在产品研发方面，公司完成E2和汉信码芯片新产品的开发和原有产品的升级改进，江苏智联公司推出首款快递手机。在市场开拓方面，公司加强市场拓展，在物流、彩票、零售等传统行业实现较快的销量增长，实现中国邮政投递和揽收市占率第一，同时，公司把握移动支付兴起时机，利用产品研发优势，实现扫描枪及OEM等产品销量的快速增长，巩固了国内最大的条码支付设备供应商地位，并实现引擎配套市占率第一。在产业布局方面，公司通过增资新大陆识别公司、控股江苏智联公司及参股深圳民德公司，进一步完善产业链并快速提升行业地位。

第二，物联网行业应用和运营服务领域。首先，在移动通信业务支撑服务方面，公司业务保持平稳。公司移动通信业务收入2.62亿元，同比下降4.72%。开发完成分布式计算平台、云维护平台，积极配合第三代云化BOSS上线；积极探索新市场，中标福建移动验收测试项目、新疆BOSS云化第三方测试及监理项目、上海电子渠道第三方测试项目。其次，在高速公路信息化方面，"十二五"规划最后一年，福建多个高速工程项目实现通车，公司高速公路信息化销售收入6.1亿元，同比增长94.27%。2015年公司在省外拓展有力，共计中标2.7亿元订单，包括广州大广高速项目中标1.24亿元，甘肃十天项目中标5000万元等。再次，在创新业务方面，中标福建省交通一卡通智能信息平台系统项目1966万元，承接乌鲁木齐市快速公交（BRT）自动售检票系统项目。最后，在食品安全溯源方面，新大陆参与物联网《WEB开放系统实现》国标编写，完成国家兽药中心追溯系统平台的更新升

级，研发成功便携式食品安全快速检测设备并形成收入，完成二维码复合码专利立项等。

第三，电子支付领域。电子支付系公司未来发展的核心业务。部分投资者认为公司战略不明确，而新大陆2015年通过增资子公司和明德电子，进一步聚焦支付和识别业务，目前已成为国内第一大和全球第四大POS机供应商。2015年，面对行业激烈的竞争，公司凭借YPOS商业模式和产品的创新，以及第三方支付市场的有力拓展，首次在传统POS上实现国内行业销量第一；公司MPOS、IPOS产品继续保持新兴POS市场第一，并在行业内形成品牌优势；智能POS产品N900开始出货，并成为银联商务2016年智能手持POS终端力推项目；加强与Spire公司在产品和市场上的合作，海外POS销售规模首次突破20万台；与兴业银行等共同投资设立兴业数金公司，开拓金融云服务等业务。近几年来商户的快速增长以及支付场景的不断丰富催生出更多的需求，线下商户在营销和管理上的提升空间巨大，此外国内电子支付市场规模呈现持续快速增长趋势。公司在电子支付产业链各个环节均已积累了较为丰富的经验，公司全年电子支付业务销售收入11.16亿元，同比增长45.5%。

二、新大陆全面布局物联网应用

公司是国内具备物联网综合解决方案能力的龙头厂商，各项业务围绕"云管端"全面布局：①端末产品包括条码类（一维码、二维码）和POS类；②管段业务受益于与运营商超过10年的业务合作；③云端业务具备大型数据库系统集成设计和服务经验，能够提供电信级解决方案和以BOSS为基础的移动网络支撑业务。公司致力于推动物联网新的商业模式，从而带动机具类产品的大规模销售和后续运营服务。

2014年，新大陆以物联网为主线，实现"一主"（物联网感知识别核心技术、物联网关键产品）"两翼"（物联网应用与物联网商业模式创新）核心竞争力与产业优势。公司主要提供专业化信息识别、电子支付、移动通信支撑、高速公路信息化服务和产品；形成从芯片、终端、软件系统的完整产业链技术能力以及在电信、金融等核心行业的应用经验。并且随着国内外市场的大力拓展和物联网技术的普及，条码识读和移动支付业务的高速增长有望得到持续。随着公司技术的积累,其系统解决方案能力得到较大提升。

此外,公司通过积极整合内外部产业资源,将条码识读等优势产业做大做强。近年来,公司不断开拓条码业务新领域,成为商业模式推动者。目前国内即将进入食品安全溯源体系建设的高峰期,标签业务最先启动,二维码成本优势显著,将与 RFID 共存。公司在食品溯源领域拥有城市级的解决方案和硬件提供能力:中标商务部 7814 万元订单,已经先后在三批 12 个城市进行了试点并得到推广应用。此外,公司依托自身和参股子公司上海翼码在 O2O 领域做了很多卓有成效的实践。上海翼码是国内最大的二维码服务商,是中国"基于二维码电子凭证构建交易"的业务模型的创造者,占据了二维码电子凭证交易 90% 以上的市场份额,拥有 3000 多家签约客户,为公司不断进入新领域创造了有利条件。通过积累开发感知层核心技术,目前,公司建立起了以电子凭证应用、移动电子商务应用、智能溯源应用、智能交通应用、冷链物流应用、票据防伪系统应用、物联网教育应用为主的七大物联网商业模式,形成全产业链的互生共荣,全面地展示了新大陆的物联网产业理念、"中国创造"自主创新成果、典型物联网应用以及创新商业模式。

三、新大陆物联网前景

第一,信息识别领域。公司将坚持自主创新和科研投入,不断提升条码领域核心技术及产品优势,同时对其他物联网技术进行研究和储备。在市场方面,公司将加强新大陆识别公司、江苏智联公司、深圳民德公司的资源整合和业务协同,以识读引擎为核心产品,继续深耕移动支付、物流、彩票、工业等优势行业,重点开拓 BAT、银行及第三方支付、快递行业(如自提柜)等行业客户,抢占市场制高点和主导性市场份额。同时,加强对海外三家子公司的管理和市场拓展,并积极建设新的销售渠道,不断提升海外收入占比。

第二,电子支付领域。公司将 POS 业务的发展定位为"规范化、民品化、国际化",在传统 POS 业务方面,把握移动支付(ApplePay 等)的行业机会,积极通过供应链和产品的创新,以及运维服务的完善,进一步巩固国内支付设备市场占有率第一的地位;在智能 POS 方面,加大产品研发和市场开拓的投入,力争继续领跑行业;积极探索软件服务、数据运营等未来转型方向；加强与Spire公司的合作，加强海外销售渠道的建设，为公司POS业务国际化道路打下坚实的基础；通过兴业数金公司，加强与兴业银行等国内金融机构的合作，共同开拓金融云服务的业务领域，并逐步扩展到互联网金融的其他领域。

第三，物联网信息智能处理和行业应用领域。在移动通信运营业务支撑服务方面，积极应对运营商转型带来的机会和挑战；继续深耕移动运营商领域，巩固传统市场，并拓展新省份；继续积极探索云计算、大数据、网管等产品在其他市场的运用。在交通信息化方面，力保福建省内的市场领先份额，同时加大全国市场的开拓力度；重点关注并参与电子政务、智能交通、平安城市等智慧城市项目并介入网络基础设施建设和感知设备覆盖等方面的建设。在食品安全溯源方面，公司将持续加大研发投入，继续在商务部肉菜流通追溯项目和农业动物标识及疫病追溯体系项目上保持竞争优势，积极探索溯源项目市场化的商业模式，加强供应链管理，整合营销系统，保持市场领先地位；在电子支付运营和食品安全快速检测仪方面进行商业模式构建和市场开拓，争取形成实质性业务收入。

四、新大陆的启示

物联网这一概念自提出以来得到了飞速发展，从"感知中国"的建立到"十二五"规划将物联网发展列入其中，我们都可以看出国家对物联网发展的决心。对于能够抓住机遇的企业来说，物联网是一个千载难逢的发展契机。新大陆最初作为一个通信企业，正是适时地抓住了这一机遇，积极进行物联网商业模式的创新，根据自身所掌握的二维码技术，在信息技术，生物环保和通信科技三个领域充分发挥了优势。从新大陆的发展中，我们可以看到，顺应时代潮流并很好地利用自身掌握的资源优势，进行战略定位对一个企业的成功发展有着不可估量的作用。新大陆的发展也为依旧在发展道路上的企业带来了引人深思的启示：

第一，明确的物联网发展战略。公司以物联网为核心的发展战略日渐清晰，随着公司技术和业务的不断发展，公司作为物联网龙头企业的形象得到国家、地方政府、资本市场与社会各界的认可。企业做大做强靠的不仅是实力，还要有明确的战略定位，有长期的发展规划。首先在发展的过程中制定

第二章 物联网（Internet of Things）：万物相联，生机勃勃

自己的各种长期和短期目标，在整体向前发展的过程中根据出现的实际情况，进行战略上的调整和改进，注重分析外部环境和内部环境对企业发展产生的影响，并且学会运用各种战略分析方法对企业的发展过程进行详细的分析。新大陆从最初只是简单地定位于通信产业到后来的物联网，"三网"融合的信息技术、通信、生物环保，其积极根据时代的发展和企业自身的技术进行明确的战略定位，为企业的发展带来了巨大的成功。

第二，完整的物联网产业链能力。公司依靠自主创新形成的产业核心技术、行业专家与产业竞争优势，在物联网的信息识别、信息传输、信息智能处理等产业链中，均具备突出的技术、产品或服务能力。在物联网应用推进和商业模式创新方面，公司充分发挥技术和行业的交叉优势，先后推出和实施了食品安全、电子凭证等多项新商业模式，具备较强的物联网应用解决方案综合能力。所以，在顺应物联网发展的浪潮中，拥有完整的物联网产业链能力是企业实现高速发展的必要条件。

第三，积极实行人才战略。高素质的人才队伍和完善的人才机制是企业发展的智力保障。现阶段产品和服务同质化趋势不断加强，要想实现企业的成功转型，在众多同质企业中脱颖而出，高效率人才队伍是必不可少的条件。物联网发展如此迅速，新技术的出现也要求员工的素质应不断提高。掌握与物联网发展息息相关的先进技术成为了对人才培养的新要求。要想在物联网的发展潮流中稳住脚跟，企业必须增强人才在物联网知识上的拥有能力和运用能力。

第四，稳定、持续的关键行业客户战略合作关系。新大陆长期坚持面向行业应用，与移动通信、金融、税务、高速公路、政府部门等关键行业客户形成了稳定、长期而持续的战略合作关系，公司的技术和服务能力得到高度认可，保证了公司业务的未来持续性。

新大陆所拥有的技术及产品在各方面都有广泛的应用，并且与移动通信等的合作为二维码的更好应用带来了机会和条件。二维码在物联网商业模式中占据着举足轻重的位置，选择合适的合作伙伴，将二维码技术运用到更多的领域，将为企业在物联网发展的形势下带来不可估量的发展前途。

资料来源：作者根据多方资料整理而成。

|第三章|

云计算（Cloud Computing）：
轻盈似云，无所不在

云计算（Cloud Computing）是一种基于互联网的计算方式，通过这种方式，共享的软硬件资源和信息可以按需求提供给计算机和其他设备。这种计算方式是分布式计算（Distributed Computing）、并行计算（Parallel Computing）、效用计算（Utility Computing）、网络存储（Network Storage Technologies）、虚拟化（Virtualization）、负载均衡（Load Balance）、热备份冗余（High Available）等传统计算机和网络技术发展融合的产物。云计算主要服务模式有软件即服务（SaaS）、平台即服务（PaaS）、基础架构即服务（IaaS）。

云服务（Cloud Service）是基于互联网的相关服务的增加、使用和交付模式，通常涉及通过互联网来提供动态易扩展且经常是虚拟化的资源。这种服务可以是IT和软件、互联网相关，也可以是其他服务。它意味着计算能力也可作为一种商品通过互联网进行流通。

互联网的计算技术创新——云计算，催生信息链的商业模式创新。

【开章案例】

中科曙光：启动云和计划

一、公司概况

曙光信息产业股份有限公司（以下简称中科曙光）是在中国科学院大力

推动下，以国家"863"计划重大科研成果为基础组建的国家高新技术企业。公司主要从事研究、开发、生产制造高性能计算机、通用服务器及存储产品，并围绕高端计算机提供软件开发、系统集成与技术服务。

中科曙光是国内高性能计算领域的领军企业，是亚洲第一大高性能计算机厂商，2009~2014年连续六年蝉联中国高性能计算机TOP100排行榜市场份额第一。2014年，中科曙光成功在上海证券交易所上市（股票代码：603019）。由中科曙光研发的"星云"高性能计算机在第35届全球超级计算机"TOP500"中，以每秒系统峰值达3000万亿次（3PFlops）、每秒实测Linpack值达1.271千万亿次的速度，取得了全球第二的成绩，成为世界上第三台实测性能超千万亿次的超级计算机，再次向世界力证了"中国速度"。不仅如此，根据IDC发布的数据，2015年，中科曙光取得了NAS存储排名第一的成绩，市场份额占比约21.6%，销售额约2000万美元，同比增长42.6%。

二、中科曙光：启动云和计划

2016年6月14日，中科曙光在无锡"合作伙伴加盟大会"推出了"云和计划"。"云和计划"是中科曙光推行的一种合作伙伴加盟计划，拟在全国50个城市复制曙光城市云在架构、技术、安全、服务、运营等方面的最佳实践，与另外50个由中科曙光投资直营的城市云中心一起构建全国性云数据服务网络。"云和计划"仅是中科曙光在加速"城市云"布局推进方面的最新举措。

近年来，中科曙光在"城市云"以及"百城百行"云数据服务网络方面开始布局。2009年，中科曙光在成都建成了国内第一家面向电子政务、公共服务，为社会事业和企业管理提供服务的城市云计算中心。目前，中科曙光已建成成都、无锡、包头、宜昌、南京、哈尔滨等22个城市云计算中心。中科曙光已运行的政务应用和智慧城市应用超过了1000个种类。此外，中科曙光已经参与了30多个行业云的建设，汇集数据达30多PB。城市云和行业云的建设使得公司在全国范围初步建成了一个云数据服务网络。

2015年初，中科曙光正式发布"数据中国战略"，即通过建设"百城百行"云计算中心，深挖现有数据和计算资源，打造一个中国云数据服务网络，做到让社会共享数据价值。其中，在加速数据汇聚方面，中科曙光将重点布局四类大数据业务，即政府大数据、科学大数据、安全大数据和工业大数据，以提升数据服务能力，助力行业大数据的落地。2016年4月，中科曙光在北京发布了"数据中国加速计划"。"数据中国加速计划"是中科曙光"数据中国战略"的延续，计划旨在抓住"数据驱动创新"的重大机遇，进一步加速网络布局和数据汇聚，尽快实现"百城百行"云数据中心的建设。可以说，中科曙光将"数据中国"打造成一个开放平台，推出了城市云品牌连锁加盟体系。在这一体系之下，中科曙光将多年实践探索的城市云投资运营经验模式进行复制，招募投资合伙人与业务合伙人，集众人之力，打造共同的城市云品牌连锁经营体系，从而加快城市云网络布局。

三、中科曙光向云计算服务商转型

近年来，云计算发展迅速，云计算服务商成为IT厂商转型的重要方向。而中科曙光是较早进行布局的厂商之一。中科曙光早在2009年就在成都建立了国内第一个商业化运营的城市云计算中心；到2015年底，累计建成20个城市云计算中心；未来五年，公司计划建设100个城市云计算中心。中科曙光目前正向云计算、大数据服务商转型，未来软件及服务将成为公司利润的主要来源。一方面，由于国产替代、新兴需求拉动服务器与存储业务稳步发展，中科曙光传统业务保持稳定增长。根据IDC发布的数据，2015年，中科曙光取得了NAS存储排名第一的成绩，市场份额占比约21.6%，销售额约2000万美元，同比增长42.6%。另一方面，中科曙光加速向云计算、大数据服务商转型，未来软件及服务将超过原有硬件业务，成为利润的主要来源。中科曙光总裁历军表示，中科曙光不会过度依赖服务器和存储业务，正加速向云计算、大数据服务商转型。

服务器和存储业务竞争激烈，市场规模虽在增加，但大型公司采购量大，价格会有一定程度的下降，而软件及服务的利润要高出许多。计算虚拟化、存储虚拟化、网络虚拟化已经普及，软件定义数据中心将推动底层硬件标准化，软件将成为私有云构建的核心竞争力。目前，中科曙光业务布局从高端服务器、存储业务设备提供商，发展到云操作平台软件等服务，三大主业具备较高协同效应，且均实现较高增长。同时，公司业务结构中软件、云计算产品占比有所提升，符合 IT 产业大趋势。

中科曙光向基于云的 IT 架构转型加速，刺激了高端服务器和存储的需求。2015 年前三季度公司高性能计算机产品全球排名第五，刀片服务器在中国市场出货量居国产品牌第一；中科曙光 X86 服务器在中高端产品领域表现出色，四路产品 I840-G20 获 SPEC 性能测试双项全球第一。而存储业务方面，公司 NAS 存储产品中国市场 2015 年前三季度销售额排名第一，Parastor200 云存储产品在 HPC、广媒、气象环保、视频监控等行业及领域表现优异，并在政府、金融、能源等行业实现了较大的业绩突破。公司 Cloudview 云计算操作系统不断完善，在全国 20 个城市部署了城市云计算大数据中心，全面支持地方政务信息化和智慧城市建设。公司还提出了"数据中国"战略，通过建设"百城百行"云数据中心，打造覆盖中国的云数据网络。此外，公司拟与 VMware 合资成立中科睿光软件技术有限公司，联合研发领先安全的云计算软件产品，包括虚拟化软件及云操作系统。

中科曙光在 2015 年初提出"数据中国"战略之后，其云数据相关业务又有全新增长。中科曙光总裁历军指出，云计算、大数据相关业务在过去两年间增长 4 倍，其中，云数据相关业务占比也迅速提升，2014 年上半年还只有 5% 左右，而到 2015 年下半年已经增长到 20%。可以确定的是，云计算和大数据这两大业务已经成为曙光的核心支柱。

资料来源：作者根据多方资料整理而成。

第一节 享受"云"端的快乐生活

云计算是一种新的技术，它像 IP 技术一样，可以用在任何信息传播需要的地方。如同 IP 改变了整个通信产业一样，云计算也将改变整个信息产业。获得信息需要技术的变革、商业模式的创新，它的特性决定了任何人都无力独揽狂澜，开放、合作是云产业未来最重要的标志。

一、生活娱乐无极限：阿里云携手央视守岁抢红包

每一项新技术的应用都会使我们的生活变得更加方便，尤其是在这个"云"的时代，云计算技术在生活中的应用越来越广泛，我们也许有一天会突然发现，越来越多的生活习惯已经被悄悄地改变了。

第一，跨界运营中的云计算平台：阿里云。为了对我们身边的云计算有更直接、更清晰的理解，我们还是先来认识一下中国本土做得比较好的云计算平台。

阿里云计算（以下简称阿里云）是阿里巴巴集团于2009年9月才宣布成立的子公司，主要专注于云计算领域的研究和开发。目前，阿里云在杭州、北京和硅谷等地设有研发中心和运营机构。阿里云的目标是要打造互联网数据分享的第一平台，成为以数据为中心的先进的云计算服务公司。2011年，阿里云官网成功上线。同年，阿里云·OS正式发布，第一台云智能手机开始销售。2012年，阿里云官网改版，正式推出新兴业务模式——云应用市场。同年，中国网络电视台体育频道欧洲杯直播在阿里云平台上成功发布。2013年，阿里云与万网合并成立新的阿里云公司。2014年2月，阿里云击败IBM、甲骨文等国外厂商，与国内最大的IT服务商——东软集团结盟，将逐渐把传统IT服务迁移到阿里云的云计算平台上。2014年6月，阿里云与中央电视台强强联手，发布直播世界杯"CCTV5"APP。在未来的互联网中，云计算将会成为一种随时、随地，并根据需要而提供的公共服务。可以说，阿里云致力于打造公共、开放的云计算服务平台，并将借助技术的创新，不断提升计算能力与规模效益，将云计算变成真正意义上的公共服务。与此同时，阿里云将通过互联网的方式使用户可以便捷地按需获取阿里云的云计算产品与服务。

第二，阿里云支撑支付宝抢红包，为全国人民"技术守岁"。2016年除夕夜，当全民沉浸在根本停不下来的支付宝"咻咻咻"中，却在无意间又一次验证了中国的计算能力。

阿里云复制以往的经验，快速、灵活地构建了可以应对大流量冲击的混合云架构。同时，针对抢红包、拜年等业务场景，提供了多项技术方案，让大家能够玩得更爽。

2015年的"双十一"，阿里云用全球最大规模的混合云架构支撑了这一商业奇迹的诞生。淘宝天猫核心交易链条和支付宝核心支付链条的部分流量，直接切换到阿里云的公共云计算平台上。公共云和专有云无缝连接，实现了完美配合。

相比"双十一"，支付宝抢红包的场景要"简单粗暴"许多。时间一到，用户就会不停地"咻咻咻"。系统要对每一次"咻"做出分析判断，这就像是几亿人在同时秒杀一个商品一样。在云上的支付宝，能够充分利用云计算的弹性优势，实现计算资源的随时扩容。将支付宝这么庞大、复杂、与钱紧密关联的系统搬到云上，阿里云又走在了云计算和互联网公司之先。除了抢红包，用支付宝拜年也成为了时髦。为了能够让用户的拜年视频和图片更快、更清晰地送达出去，阿里云遍布全球的存储与分发网络提供了一整套解决方案。

目前，阿里云在全球部署 CDN 的国家和地区超过 30 个，在国内拥有超过 500 个 CDN 节点，均使用骨干网，单节点带宽达到 40G 以上。2016 年除夕当晚，支付宝 CDN 带宽瞬间达到日常的 100 倍，但服务质量未受到任何影响。同时，阿里云 CDN 帮助支付宝全面实现了 HTTPS 加密访问，能有效防止劫持，使用户端与服务器之间收发的信息传输更加安全。

对于用户上传、分享的拜年图片，阿里云对象存储 OSS 通过强大的计算能力，实时地将图片转变成 WebP 格式。同样画质的图片，WebP 格式只有 JPEG 格式的 2/3 大小，大幅减少用户网络下载流量的消耗，保障图片在移动网络使用环境下的高速加载。此外，得益于阿里云对象存储 OSS 的超高稳定性，图片加载失败的现象几乎绝迹。

除了为支付宝提供强有力的技术支撑，阿里云也将这一计算能力输出给了微博、复地集团、老庙黄金、华为荣耀手机等参与支付宝红包活动的商家，为其提供足够的计算能力，确保良好的用户体验。

未来万物联网之后，类似于春节抢红包这样的场景将会成为常态。在这方面，阿里云正在加速输出阿里巴巴的经验，让每一个企业都能有能力制造国民事件。

二、社会责任与公益：追求绿色环境、和谐家园的使命

技术创新是把"双刃剑"，云计算这把利刃如何使用成为了世界共同瞩目的焦点。拥有"云计算第一人"美誉的美国微软在线服务集团总裁陆奇认为，"我们正在进入'云计算'时代，这种技术革新将为信息社会带来更大价值。'云计算'将在多个方面深度影响人们的生活。它可以降低企业成本，有助于取得规模

效应，更加环保，同时也可看作一种催化剂，能够在城市发展中扮演重要作用。"

2014年6月13日，阿里云计算平台的一款环境监测APP"污染地图"悄然上线，该功能显示近3685家废气排放企业的排放数据将可实时被查询，一旦有超标记录，将即时出现在公众面前，接受社会监督，从而对污染企业等源头进行有效遏制。"污染地图"APP是由公益组织IPE（公众环境研究中心）发布，阿里云免费为其提供云计算资源。除了传统空气检测APP显示各种空气指数外，"污染地图"APP还能实时查询全国各地企业工厂废气排放的详细情况，如图3-1所示。

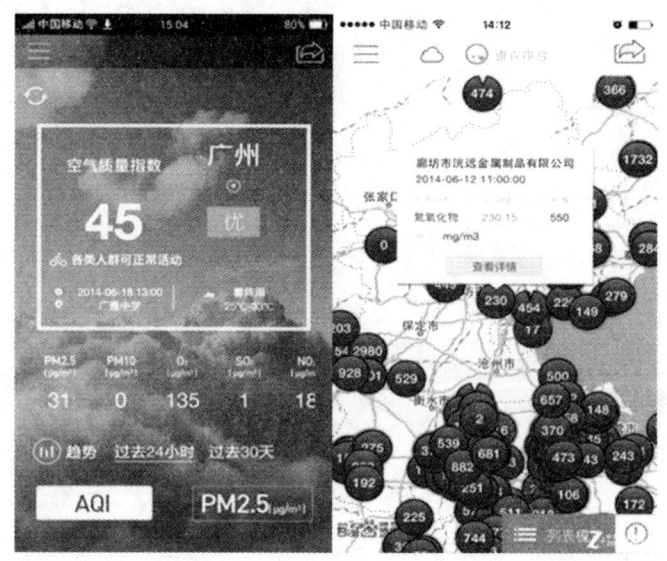

图3-1 "污染地图"APP显示空气质量界面及监控废气排放

与其他环境监测软件单纯的空气质量监测功能不同，"污染地图"借助阿里云计算平台的大数据实时处理能力，可随时查询190个城市的空气指数和污染物浓度，并首次汇总了多省市废弃污染源实时排放数据，地图将清晰地标注出超标排放废气企业的名称，并标注有该企业排放有害气体的控制指标和检测值与标准对照，是否超标排放一目了然，大众可以随时分享到微博、来往等社交平台，让企业接受公众监督。

"污染地图"应用上线短短几日，就有大量网友在微博晒起了附近的超标污染源，谁排了，排在哪儿，污染企业无所遁形，网友们更自发地呼吁排放浓度高的企业对此做出公开说明。像山东省环境保护厅等上游监督单位的官方微博也发文力挺该应用，将大众举报出的超标排污企业转至相关部门处理，并表示，信息公开展现的是一种理念，支持民间环保和社会各界监督评议，希望各级环保部门督促企业认真治理，积极回应。

"污染地图"如何做到对污染源头的实时监督？190个城市空气指数和污染浓度以及高达3685家废气排放企业的实时监控数据，所有数据每小时更新一次，这么庞大的数据，必然对数据的计算和处理能力要求极高，如图3-2所示。过去，使用传统IDC服务，受限于服务器规模对于短时大量的并发访问无法承受等问题，很难对海量数据进行采集和存储。

图3-2 阿里云"污染地图"的实时监控数据

"污染地图"的开发机构——国内非营利环境组织"公众环境研究中心"找到了阿里云，借助云计算快速部署、弹性扩展的特性，实现其应对短时间内大量用户的并发访问，让公众在第一时间了解到身边的雾霾、污染等环境问题，真正让环境保护和环境监督融入每个人的生活当中。

自2011年以来，阿里巴巴已经和20多家民间环保机构一起，对近百家非法排污企业进行了整改，并与大自然保护协会等一起参与了长江水源地的保护。现在有了云计算和移动互联网等工具，有了信息公开及公众参与的渠道，向污染宣战已经不再是口号。此外，该APP还采用绿色采购引导绿色生产的理念，公布了80多个知名品牌的绿色供应链管理排名，让大众通过投票推动减排。在曝光高污染企业的同时，让大众了解更多绿色品牌，起到双向促进作用。环保人士认为，这是一种可以让更多人关注环保问题的方法，公众监督排放数据将有助于地方政府约束污染排放者。

三、创业的好帮手：云计算为你开启未来之梦

ShopEx创始人之一、ShopEx技术副总裁徐唤春认为，云计算技术在电子商务行业里最大的优势在于能够帮助企业降低运营成本，即使是中小企业也可以通过低廉的价格获得大企业的技术。同时，云计算可以帮助中小企业和创业者实现集约化的效果，方便地收集和分析数据，也可以给创业者提供便利和机会。

第一，"Faceu"APP七天实现1000万新增用户。没有一丝防备，特效相机"Faceu"成为了2016年第一个爆款APP，从1月15日开始，仅用三天时间就一跃成为App Store免费总榜第一位，如图3-3所示。截至1月25日，"Faceu"连续一周位列总榜第一。仅仅七天，"Faceu"就获得了将近1000万的新增用户。而它的创造者是一个地道的90后团队，当初没钱没背景，在深圳宝安的出租屋里，靠着对"海贼王"的热爱和一股子冲劲儿，利用云计算节省IT成本，就这么一步步走到了今天。

图3-3 特效相机"Faceu"

之前，团队的第一款产品脸萌，每月在阿里云购买了73元的云服务器，这几乎可以忽略的成本支撑了他们全部的官网访问。"创业早期，购买选择云服务器的最大考虑是成本低、方便、维护简单。"作为创业团队之一的梁坚锋介绍，脸萌的火爆确实给官网带来了很大的访问量。"严格来说，脸萌的官网就是一张静态网页，没有做任何的SEO。在火爆之前，几乎没人访问；火爆后，我亲眼看到后台的访问量一下子翻了上千倍。"

随着团队又一款爆款APP"Faceu"的运作成功，云计算也越来越重要。拥有三年BAT技术背景的王中飞非常清楚地知道，一个技术人员不足10人的创业

团队，不足以支撑一个千万级用户的产品后台，"什么都自己做，最后肯定要累死"。所以"Faceu"选择借助云计算的力量，"做一个有后台的服务，三个问题不可回避，即扩容、监控和容灾，这些通用的业务需求，阿里云都可以帮我们解决掉，技术团队只需要关心业务逻辑"，王中飞说。

在产品上线的第一周，每一天的新增用户量都呈指数级增长，"常常是上午刚加的计算资源，到下午就不够用了。所以在那一个月里，我们需要通过阿里云后台迅速增加云服务器 ECS，扩容数据库 RDS，以确保服务的稳定可靠"。灵活的资源抗住了海量的用户，而成熟的云产品则可以帮助创业者节省最宝贵的时间。"阿里云的产品经过了淘宝天猫、支付宝等业务场景的验证，所以更了解用户的痛点"，王中飞说道，像云数据库 Redis 版这款产品，是当前最流行的键值对（Key-Value）存储数据库，最开始只有阿里云推出了，而且可以很好地支持"Faceu"应用海量数据的高性能读写，减轻了技术人员很大的工作量。

其实，90 后的创业者们并非只有疯狂的理想，而没有精打细算的头脑。相反，他们更具备蓬勃的创新想法和冒险精神，在资金、基础设施等投入不高的情况下，更愿意借助新技术、新服务来实现梦想。

以上所述的三个例子是阿里云的精彩应用。利用阿里云，直播春晚，安排明星和粉丝的亲密见面；借助移动互联和阿里云，对央视进行"云改造"，进军企业级市场；租用阿里云服务器，脸萌团队爆款 APP "Faceu" 上线，90 后实现轻松创业。可以说，阿里云已经渗透到我们生活的方方面面。世界杯直播、公益环保事业、个人微信头像，这些都是发生在我们身边的云。云计算的应用可谓无处不在，只是有时候我们都毫无察觉而已。不远的将来，我们必将体验与分享云计算所带来的便利，云计算也势必进一步融入我们的生活，这也正如阿里云的宣传口号那样，为云计算开启未来之梦。

其实在中国云计算领域，除了阿里云外，腾讯、百度等互联网巨头都推出了各种各样的云计算服务，云计算应用在我国已经"遍地开花"。可以说，云计算已经融入我们的社会。

第二，聚石塔：开放的电商云工作平台。聚石塔是由阿里巴巴旗下子公司天猫、淘宝、万网、阿里云等多方联合打造的商业数据云项目。聚石塔为天猫、淘宝平台上的电商及电商服务商等提供数据云服务，形成开放、安全、稳定的电商云工作平台。

通过聚石塔，商家除了可以享受基础云技术如虚拟主机及云数据库、数据推送、数据集成、资源弹性升级等云端服务外，还可以在后期享受物流、订单、账户权限等开放与升级。天猫总裁逍遥子表示，这是阿里集团数据分享战略的再进一步。通过开放的电商云工作平台，将整合电商生态系统的全链路数据，帮助商家提高运营管理效率、降低成本，从繁电商转变为易电商，最终为消费者提供更确定性的服务。阿里集团把聚石塔定义为一个"开放的电商云工作平台"，如图3-4所示，它的价值在于汇聚整个阿里系的各方资源优势，包括阿里集团下各个子公司的平台资源，如淘宝、天猫、阿里云、支付宝、万网等，通过资源共享与数据互通来创造商业价值。

图3-4　聚石塔：开放的电商云工作平台

聚石塔从2012年1月开始打造，到5月已有两万商家入驻并进行日常的管理操作，日均处理订单量超过50万单，一些典型的品牌如裂帛、阿芙、GXG、七格格、茵曼、欧莎、芳草集、橡菲、斯波帝卡、贝尔莱德等已经开始使用聚石塔的服务。

2012年7月10日，天猫与阿里云、万网宣布联合推出聚石塔平台。三个月之后，聚石塔首次在电子商务领域进行大规模的实战。2012年"双十一"网购狂欢节，天猫与淘宝以191亿元的成交量一度成为热门话题。据官方数据显示，"双十一"狂欢节大促销当天，聚石塔内系统处理的订单超过天猫总量的20%，比平时增长20倍，总共服务近12000家天猫商家、17万全网卖家，过千万的商家很多都是使用了基于聚石塔的ERP和CRM系统。其中，通过聚石塔上的ERP系统处理订单量最大的商家当天完成了65万笔交易。

聚石塔是基于阿里数据分享战略，旨在帮助企业快速发展电子商务的开放的电商云工作平台，为天猫和淘宝第三方服务合作伙伴、商家提供了一站式电子商务云解决方案。

第二节　此云非彼云

云存储、云手机、云电视……各类云产品呼啸着闯入日常生活，云计算无疑是当今最热门的话题。然而，究竟何为云计算？究竟这朵"云"能给人们的生活带来哪些变化？这片"云"，是否真的是一片无所不能、无忧无虑的神奇乐土？

一、云计算

说到云计算，大部分人都云里雾里。在广东省云计算·物联网产业发展研讨会上，华南师范大学计算机学院教授赵淦森给出了一个简单通俗的解释：有了云计算，个人电脑将变得不再重要，网络就是电脑，所有的操作将在网络上完成，用户能够在云中安营扎寨。

"iPhone、iPad等产品，其实用的也是云计算，人们不用去不同的地方搜索、下载、安装、支付和验证，而是直接通过一台手机就可以很方便地获得游戏、音乐等许多自己需要的服务。"赵淦森说，就像人们使用电力网络或者自来水一样，用户并不需要自己建一个电厂或水厂，只需要在家里安一个电表或水表，需要的时候，打开电源开关或水龙头就可以使用，最后按表付费就行了，云计算的目标是"像使用水电一样地使用计算"。

综上所述，云计算的定义、"智者见智，仁者见仁"，到目前为止还没有形成一个统一的概念界定。笔者简单地认为，云计算就是集合用户所需资源于一身并能通过互联网提供即时即需计算服务的一种技术服务模式。所包含的内容有：

第一，"云"生活：所有操作都在网络上完成。不需要服务器，只需要一台显示器和键盘，所有的操作都在网络上完成，用户只需要缴纳一定的费用，便可

以租赁到所有的服务，如存储、办公系统等，这便是"云计算"的一个写照。

"我们常说，看得到才可能拥有，现在是看不见的也能拥有了，如今在电子信息领域有海量内容，都不用放在手机里，而是放在云中心，但您却可以通过云计算与物联网，以一部简单的手机获得无限量的内容。"TCL集团有限公司总裁薄连明以最新的云电视、云空调等家电为例介绍，这些基于云计算的电子产品，已经打破了传统家电孤立存在的状态，通过云中心的管理，让家庭成员轻松获得心想事成般的使用体验。"生活用具越来越智能，我们的生活将越来越丰富多彩。"薄连明如此概括云计算与物联网给我们生活带来的变化。

第二，"云"产业：英雄不问出处谁都能参与。然而，尽管"云上生活"非常美好，但实现起来仍有困难。"云计算产业很特殊，这个产业的发展不是一个或者几个企业可以单独完成的，必须集大家的合力。"由于云计算产业内容丰富、产业链条长，加之仍处于概念推广期，仅凭一家或几家之力，很难形成聚集效应。如何集中企业、政府、金融、资本等各种优势资源，打造从设施、作业平台到应用服务的云计算全产业链，对当下国内云计算产业的发展至关重要。

"云计算产业程度较低，如今70%的企业都在做一样的东西，各家企业缺乏高度的核心技术，行业标志滞后。"中国电信广东公司智慧城市合作部总经理苏文桂认为，要发展云计算产业，需要突破核心技术标准，以应用带动创新，服务中小企业转型升级。

目前，云计算产业发展的问题在于小微企业参与太少。"苹果手机为什么这么好卖？就是因为苹果手机上面的应用多，很多都是由小微企业甚至个人来创作的，这个产业发展要有创新、有市场，必须要多鼓励小微企业甚至个人来参与到这个产业中来。"

第三，"云"安全：是技术问题不是发展障碍。那么，云计算真的就好比银行里的保险柜吗？它真的能让每一个将数据储存在那里的客户高枕无忧吗？几乎所有专家的回答都是：NO！"这朵云安不安全，我认为需要有公正的第三方机构进行检验推测。"云计算产业联盟秘书长吕晖认为，所有技术上的安全措施都是暂时的，随着技术的发展，会有新的安全问题，"要保证云安全，还需要从法律、法规等途径上进行规范。"就像银行有银监会等监督机构进行监管一样，云计算服务商同样需要有效监管。如英国在个人数据、个人隐私方面保护得很好，有整个体系的数据保护，只要贩卖个人数据都会受到相应处罚。

但国内目前在数据保护方面的法律法规仍相对欠缺,很多人都不愿意把个人数据放到云上,因为云是租的,个人数据可能不安全。在个人数据安全方面,要看国家的立法步伐有没有相应跟进。在目前的环境下,企业要么就做不敏感的数据服务,要么就依靠大运营商、有公信力的服务商来做服务,以规避用户的这种担忧。

然而,"云"安全并非云技术发展的障碍,它是技术问题,"云"安全反而是促进云计算向前发展的推动力。思科系统有限公司全球副总裁许良杰也认为,为什么有的云计算技术运营商能做得更好,从而形成自己的品牌效应?除了技术方面的原因,品牌效应的立足之本是诚信,解决了诚信的问题,云计算技术也将蓬勃发展。

【云计算专栏1】

华为助力太平洋保险构建云计算数据中心

近年来,以大数据、移动互联、社交媒体、云计算为基础的数字化技术,为保险业务模式和运营模式的改变提供了技术可行性。随着保险业务网络数字化,互联网保险创新模式逐渐成为保险业未来发展趋势,已经在全球蓬勃兴起。太平洋保险(集团)股份有限公司在世界500强中排名384位,是中国大陆第二大财产保险公司、第三大人寿保险公司。太平洋保险主数据中心位于上海市田林路201号,同城灾备位于张江。

一、太平洋保险为什么要建云计算中心

为了让客户更方便快捷地购买保险产品,太平洋保险率先在业界实现互联网分销模式。2010年6月,太平洋保险官网商城首期建设完成;2011年1月,B2B平台首期建设完成。在互联网模式下,从用户提出需求到推出保险产品的周期比过去大幅度缩短,这就意味着留给开发人员部署的时间极其有限。在每天都有新业务需求的压力之下,现有网络架构以及已有的数据中心已经不能满足业务快速发展的需求,建设全新的数据中心日益迫切。另外,从数据中心的稳定性和可靠性考虑,也需要有一个异地数据中心进行容灾备份。

综合考虑之下,太平洋保险决定在成都建设云计算数据中心,目标是支

持千万甚至上亿终端用户需求，形成上海—成都双活互备。新数据中心的落成将构建云计算数据中心的生产能力和灾备能力，实现两地资源动态调配，提高基础设施资源利用率和提升灾难恢复能力，支撑业务不中断。

二、华为的解决方案：为太平洋保险打造弹性、安全、敏捷的数据中心

在深入洞察客户需求的基础上，华为提供了敏捷数据中心网络解决方案。采用TRILL大二层架构，构建云计算数据中心。构建多个业务区服务器资源池，提升了服务器资源利用率，减少了20%的服务器开销成本。整体方案支持平滑演进到SDN，实现业务快速部署和上线。

1. 构建可灵活调整的网络资源池架构

虚拟化是太平洋保险服务器默认的部署策略。为了有效利用数据中心空间，太平洋保险早在2006年就已大规模应用刀片服务器，并逐步将95%以上的核心应用迁移到以刀片服务器为基础的虚拟化平台上。但原有的数据中心网络架构分区过多（如测试区、办公区、生产区、电商区、DMZ区等），不同业务分区的服务器资源无法共享，导致分区之间资源使用不均衡。因此，构建可灵活调整的网络资源池架构成为本次项目建设的目标之一。

2. 试点应用云计算数据中心大二层架构

太平洋保险自成立以来就高度重视信息化建设，是行业ICT架构创新的领军者，考虑到云计算和云服务在IT基础资源灵活性、资源利用率和数据安全性等方面的特点，太平洋保险成都云计算数据中心一期建设考虑试点部署云计算网络大二层技术。

3. 构建可动态感知业务的安全能力

太平洋保险成都数据中心的定位是基于云计算技术，建立支持"消费者化"业务的基础架构，以支持千万能级应用系统的运行。需要在数据中心网络内部进行安全域划分，对于安全域边界进行网络隔离，定义网络访问控制策略；提供云计算平台内虚拟化基础设施的安全保护能力，确保虚拟机的隔离，同时，安全策略需跟随虚拟机变化，感知VM迁移，同步策略和会话。

三、华为为太平洋保险构建云计算中心的优势

华为CE12800数据中心交换机通过CSS二虚一集群技术，可以简化运维，通过VS一虚多技术，可以减少30%的设备投资。同时，CE12800支持

ISSU（无中断升级特性），可提供高于99.999%的可靠性，保证业务全年7×24小时不中断。

T级下一代防火墙USG9500部署在数据中心生产网，支持双主控、毫秒级主备倒换，提供99.999%的高可靠保护。构筑了数据中心传输、安全管理、虚拟化安全运营以及生产网与数据网的安全隔离等全方位立体安全防护架构，实现了信息安全风险管理、自助可控。中端下一代防火墙USG6650部署在办公网，能够进行6维访问控制和6000+种应用识别。其简化部署和管理维护可为用户降低安全防护成本，对关键业务的带宽保护、应用加速以及出色的可视化报表能第一时间发现安全问题和隐患。

在云计算试点区域部署TRILL大二层网络，满足了服务器资源共享和虚拟机迁移需求，后续部署华为AgileController控制器可以平滑支持成都数据中心网络、计算和存储资源的自动发放和业务编排，通过云平台和Agile-Controller可以对集团内部业务和网络实现统一管理，实现集约与分散的有机结合，发挥云化数据中心的最大效能。

目前，华为已服务上百家金融业机构，敏捷数据中心网络产品与方案已成熟商用于金融行业，给客户提供了可靠优质的网络服务。谈起为何选择华为作为合作伙伴时，太平洋保险信息技术总监顾晓峰先生表示："太平洋保险公司和华为同为500强企业，有着共同的核心价值观，在各自的领域致力于为客户持续创造长期价值。经过充分论证和严格测试，我们选择了华为公司的云计算中心产品和解决方案。我们相信通过与华为公司的长期合作，能够打造在人们身边的服务，丰富人们的沟通与生活。"

资料来源：作者根据多方资料整理而成。

二、云计算的分类

一般来说，云计算具有规模超大化、虚拟化、可靠性高、通用性强、扩展性高、按需供给、物美价廉等特点，如图3-5所示。

第一，超大规模。"云"具有相当的规模，Google云计算已经拥有100多万台服务器，Amazon、IBM、微软、Yahoo等的"云"均拥有几十万台服务器。企业

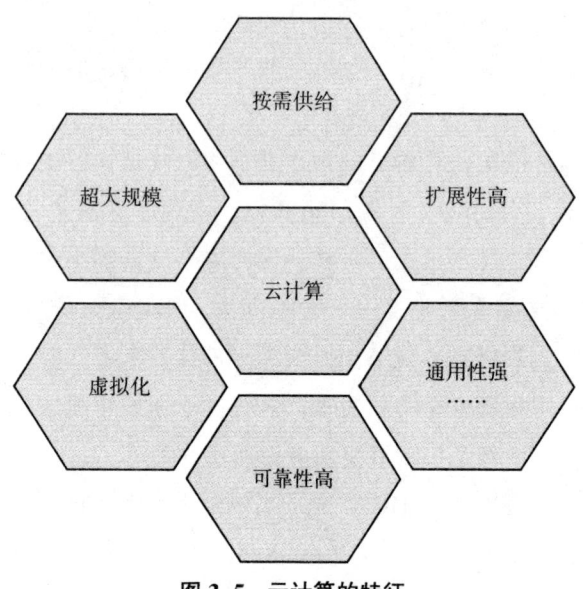

图 3-5 云计算的特征

私有云一般拥有数百上千台服务器。"云"能赋予用户前所未有的计算能力。

第二，虚拟化。云计算支持用户在任意位置、使用各种终端获取应用服务。所请求的资源来自"云"，而不是固定的有形的实体。应用在"云"中某处运行，但实际上用户无须了解、也不用担心应用运行的具体位置。只需要一台笔记本或者一部手机，就可以通过网络服务来实现我们需要的一切，甚至包括超级计算这样的任务。

第三，可靠性。"云"使用了数据多副本容错、计算节点同构可互换等措施来保障服务的高可靠性，使用云计算比使用本地计算机更可靠。

第四，通用性。云计算不针对特定的应用，在"云"的支撑下可以构造出千变万化的应用，同一个"云"可以同时支撑不同的应用运行。

第五，可扩展性。"云"规模可以动态伸缩，满足应用和用户规模增长的需要。

第六，按需服务和计费。"云"是一个庞大的资源池，用户按需购买；用户对于计算资源的使用，今后可以像水、电、煤气一样做到按需使用和收费。

第七，极其廉价。由于"云"的特殊容错措施可以采用极其廉价的节点来构成云，"云"的自动化集中式管理使大量企业无须负担日益高昂的数据中心管理成本，"云"的通用性使资源的利用率较传统系统大幅提升，因此用户可以充分享受"云"的低成本优势，经常只要花费几百美元、几天时间就能完成以前需要数万美元、数月时间才能完成的任务。

关于云计算，一般可分为两层：云平台和云服务。云平台是基于硬件的服务，提供计算、网络和存储能力。即用户不需要为了跟上软件而更换硬件设施，只需通过云平台即可实现所用数据处理的要求。对于企业来说，不用再为存储海量数据而不停更换服务器、内存等。Google App Engine 就是一个典型的云平台，用户可以通过这个平台将自己开发的软件和应用放在上面分享，而对于这些软件和应用的管理就由平台来处理。云服务则基于抽象的底层基础设施提供可以弹性扩展的服务，它不一定基于云平台，但它为用户提供可以直接使用的服务。例如，Saleforce.com 的 CRM 软件，只需上网，在线使用就可以搞定复杂的客户管理工作。云服务就是为用户提供便捷快速的计算服务。有关云平台与云服务如图 3-6 所示。

图 3-6　云平台与云服务

如果再细分，依据服务类型，云计算又可划分为基础架构即服务（IaaS）、平台即服务（PaaS）、软件即服务（SaaS）等，如图 3-7 所示。

基础架构即服务是以服务的方式提供虚拟硬件资源，如虚拟主机/存储/网络/数据库管理等资源。用户无须购买服务器、网络设备、存储设备，只需通过互联网搭建自己的应用系统。如 Amazon Web Service（AWS），只要能访问互联网就能使用它，通过程序访问亚马逊的计算基础设施，AWS 提供存储、计算、消息传递等服务。平台即服务提供应用服务引擎，如互联网应用编程接口/运行平台等，用户基于该应用服务引擎可以构建应用。如 Force.com，它是 Saleforce.com

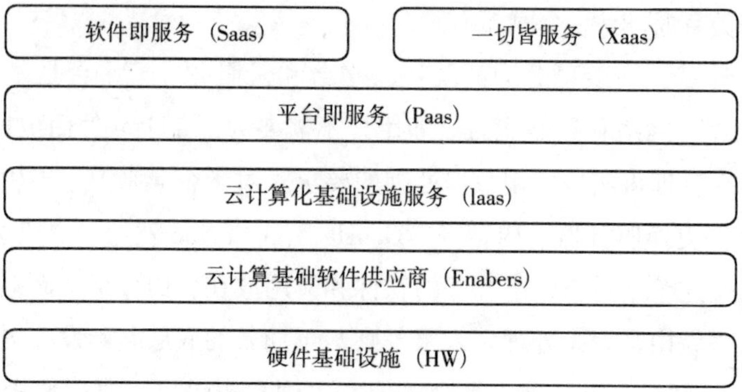

```
┌─────────────────────┐         ┌─────────────────────┐
│  软件即服务(Saas)   │         │  一切皆服务(Xaas)   │
└─────────────────────┘         └─────────────────────┘
         ┌─────────────────────────────────┐
         │        平台即服务(Paas)         │
         └─────────────────────────────────┘
         ┌─────────────────────────────────┐
         │   云计算化基础设施服务(Iaas)    │
         └─────────────────────────────────┘
         ┌─────────────────────────────────┐
         │ 云计算基础软件供应商(Enabers)   │
         └─────────────────────────────────┘
         ┌─────────────────────────────────┐
         │       硬件基础设施(HW)          │
         └─────────────────────────────────┘
```

图 3-7　云计算的分类

推出的一组集成的工具和应用程序服务，在这个平台上运行的业务软件超过80000个。软件即服务是指用户通过 Internet 来使用软件，即用户不用购买软件，只需从互联网上租用。Google Docs 就是典型代表，用户编写文档不需要存放在电脑中，也不需要担心忘了复制而不能修改，只需上网就可以管理自己的文档。

三、云计算的作用

云计算不仅是一次技术革新，更是一场商业模式革命。云计算实质上是一种新的 IT 运营业务模式，即以服务的方式提供或消费 IT。可以说，云计算技术带来了企业商业模式的根本性改变，具体表现如下：

第一，云计算将会使企业 IT 成本实现巨大节约。通过云计算，在远程的数据中心，几万甚至几千万台电脑和服务器连接成一片，如此强大的运算能力几乎无所不能，甚至可以让你体验每秒超过 10 万亿次的运算能力。而这种能力俨然已经被转换成经济价值。据统计，2011 年全球云计算市场规模达到 407 亿美元，2020 年将增至 2410 亿美元。全球市场来自云计算服务的流量到 2015 年时将增长至 2010 年的 12 倍，年复合增长率为 66%。对个人来说，以后可能就不用硬盘了。不少小公司则不需要购买服务器，只要"租"服务器或租用服务就可以。大型数据中心的规模效应导致信息处理和存储的成本大幅降低，更主要的是将提供更强大、更适合个性化需求的应用软件，以互联网方式提供服务，按需分配，减少资源浪费，从而大大提升工作效率，大幅降低业务创新的门槛。

从长期趋势看，云计算的解决方式将使得信息获取或处理变得更加简单，无论你身处何地，只要有网络，甚至你自身都不需要携带设备，只需借用周边的显示器，就可以得到你所需要的信息和应用。信息化时代，信息就像我们生活中的氧气，所有的消费和生活习惯都离不开信息。由此可见，云计算所带来的商业模式变化是节约 IT 成本，使得 IT 技术更低成本、更快捷地向社会各个领域渗透，未来数年将出现信息技术与各产业融合发展的趋势，随着 IT 因子渗透到更短的经济周期，产品的生命周期将越来越短。

对此，IBM 中国全球咨询服务部 CTO 首席架构师王静玺认为，开源节流将是云计算核心价值的体现之一。Iaas 可以降低所有的运营管理成本，弹性扩展的基础平台适应业务量动态的变化。虚拟化提升服务器硬件资源的使用效率，减少资源浪费，降低运营成本，这些都是"节流"的表现。而 PaaS 层面的变革则是"开源"，它使得人们的服务理念和服务方式发生根本式变革，并且只有在云的模式下才能全面解决以客户为中心的问题。

第二，云计算商业模式本身体现了一种共享经济。按照美国国家标准技术研究对云计算给出的描述："云计算是一种对 IT 资源的使用模式，是对共享的、可配置的计算资源（如网络、服务器、存储、应用和服务）提供无所不在的、标准的、随需的网络访问。资源的使用和释放可以快速进行，不需要多少管理代价。"这种"新的 IT 资源使用模式"，指的便是动态、随需、自动化。换句话说，云计算将 IT 基础架构的所有权和使用权分离，将服务以一种"消费品"的方式来进行交付，用户可以通过互联网实现生产生活，这就是云计算所带来的更大价值——一种新型的共享经济。

"分享型经济"是一种新产权结构，具有双层的产权结构。支配权（财产的归属权）在上层，使用权（财产的利用权）在下层，其两个核心理念就是"使用所有权"和"不使用即浪费"，通俗来说，分享型经济倡导"租"而不是"买"。作为 IT 领域的共享经济，云计算不仅给软件市场带来巨大的颠覆，对硬件市场也不例外。云计算出现之前，软件厂商主要是先一次性收取相关的软件费用，然后通过每年的维护费用赚客户的钱。云计算出现之后，软件厂商则改变为每月收取会员费用，而不用再购买软件的整个授权，只需要支付自己所使用的软件和服务即可。这样一来，软件厂商就必须改变其产品和服务的商业模式，必须设法向每个人销售其服务。硬件厂商也是如此。

在过去的十年里，虚拟化主宰着整个行业，而现在的云计算就是虚拟化的一个延续。在设备可以虚拟运行多个系统之前，企业的硬件只发挥了 20%~30%的

性能。现在通过云计算，硬件设备可以在服务提供商的控制下分享计算能力。这样一来，在相同的硬件配置下，企业的硬件设施就能发挥双倍的性能。最简单的，在需求等同的情况下，企业很有可能会减少硬件设备和相关服务的需求。可以说，云计算由于分享模式提升了产品和服务的使用效率，从而带来企业商业模式的变化。

【云计算专栏 2】

网易云课堂

根据艾瑞咨询的调查，2015年中国在线教育市场规模首次突破千亿元，而且未来几年中国在线教育市场将保持每年30%以上的增速。正是由于在线教育市场隐含的巨大市场前景，吸引诸多行业和企业纷纷进入该市场。

据清科集团《私募通》研究报告披露，从2015年初至今，在线教育领域已发生近百起融资事件，预计融资总额近10亿美元，其中语言、职业和K12教育是投资最为火热的三个方向。

值得关注的是，百度、阿里巴巴、腾讯、网易以自己的云计算为依托，相继推出了"百度传课"、"淘宝同学"、"腾讯课堂"、"云课堂"等在线教育服务；传统IT企业IBM和联想也发布了针对在线教育市场的教育云；传统电信运营商中国移动和中国电信也借助其管道优势先后发布了"和教育"及"天翼云"在线教育平台。由此可见，在线教育市场火爆的背后或者说支撑其实是云计算的角逐。那么谁会最终在在线教育市场胜出？制胜的因素究竟有哪些？

一、在线教育市场成功的必要因素

第一，需要的是专注。综观整个云计算市场，国际巨头亚马逊、微软、谷歌等均是云计算服务大而全的典范，当然这和它们的技术、资金实力密不可分。而国内巨头，如BAT则仰仗着庞大的资金，也是在诸多行业攻城略地，基于此，其他的云计算服务厂商要想取得成功唯有做到专注，即寻求单点突破的机会。一个行业应仰仗在某个行业的积累，以此作为突破口，以点带面，最终在云计算市场找到自己的立足和发展之路。例如，网易就借着之前网易公开课的经验，持续专注在线教育领域，在2012年推出"网易云课堂"。

第二，生态链的打造。在人类社会的发展史上，社会分工是一种进步，只有分工才能专注于自己的强项，在各自的领域里提高效率，才能保证整个经济的效率得到提高。所谓术业有专攻，任何企业都有自己的强项，对于云计算服务厂商来说，它们的优势就在于云计算本身。而要做到专注，就需要与业内其他知名的行业合作，以实现强强联合。网易云课堂的做法是立足于实用性的要求，精选各类课程，与多家权威教育、培训机构开展合作，课程数量已达 10000+，课时总数超 100000，涵盖实用软件、IT 与互联网、外语学习、生活家居、兴趣爱好、职场技能、金融管理、考试认证、中小学、亲子教育等十余大门类，其中不乏数量可观、制作精良的独家课程。

第三，积淀。当然这和上述单点突破的策略密不可分。毕竟以某个行业切入更容易积累成功的经验，虽然说行业间的属性和需求有所差异，但也存在共性，重要的是，通过专注可以在把握用户实际需求上积累经验，广而推之。网易开发"云课堂"之前就有公开课、教育频道、网易学院、有道学堂、网易识字等项目，这都是网易的教育基因。尤其是公开课，积累了大量的用户基础和用户数据。网易在网络游戏上的经验，对教育也很有帮助，因为没有什么比游戏更懂得如何去吸引和激励用户，这两样都是教育需要的。同时网易云课堂选择和中国大学MOOC等合作，引入大学优质课程，同时也把大量的高校学生引入了更广阔的网易云课堂，为他们的终身学习打下基础。

第四，持续不断的投入。资金对于云计算服务厂商来说正应了那句"金钱不是万能的，没有钱是万万不能的"。所谓"金钱不是万能的"，是指除了资金投入之外，还要具备正确的市场策略及真材实料的积淀。而"没有钱是万万不能的"，则是指不管厂商是否具备了正确的市场策略及积淀，随着业务规模的扩大，硬件、软件、人才等支撑云计算服务的投入也要跟上，否则只能是"镜中月，水中花"。网易对云教育的投入还是比较客观的，如每年消耗 8 位数的公开课。总而言之，网易盈利状况很好，也愿意在云教育上持续投入，这是市场看好"网易云课堂"的最大理由。

二、网易云课堂，是网易公司倾力打造的在线实用技能学习平台

该平台于 2012 年 12 月底正式上线，主要为学习者提供海量、优质的课程，其课程结构严谨，用户可以根据自身的学习程度，自主安排学习进度。云课堂的宗旨是，为每一位想真真正正学到些实用知识、技能的学习者，提供贴心的一站式学习服务。云课堂目前拥有Web端、移动端（Android、iOS）。

1. 专业板块

第一，微专业。微专业是由网易云课堂联合各领域知名专家，以就业为导向，直达企业具体刚需岗位而精心打造的职业培训方案，解决传统教育与社会需求脱节的问题，让学员快速、全面地掌握相关技能，并获得工作机会。按要求完成学习，考试通过可获得专业认定证书，令你求职或加薪多一份独特优势。

第二，系列课程。将某一领域的内容进行打包并有序地呈现，给用户提供完整的、有体系的学习方案。解决用户有计划学习某项技能，但是又不知道应该如何开始学起的问题，同时能够让学员快速、全面地掌握相关知识点。

第三，题库。题库是云课堂为各类热门考试的考生研发的题目类学习模块。目前用户可参加公务员、建筑师、会计等多类考试的真题练习测试，并参与题目的分析讨论。同时，题库会和相应考试类课程、学习计划有机整合，完整辅助考生整个备考过程。

2. 特色功能

第一，笔记。云课堂笔记功能为视频学习做了专门设计。学习者添加笔记时会自动保存视频当前时间点，回顾笔记时就可观看当时的视频。学习者还可以对视频截图或上传本地图片保存到笔记当中，使得保存老师的板书、重要信息更快捷。学习者可公开笔记，也可评论、收藏他人笔记，加强用户间学习交流。

第二，进度管理与学习监督。云课堂更关注用户个人学习的效率和效果。在学习者学习过程中，云课堂支持自动、手动标记课时完成状态，或标记为"重要、有疑问"等，以便用户回顾和把控学习进度。另外，用户可设置课程的学习时间，云课堂会定期发送提醒通知用户。

第三，问答。学习者在学习过程中可随时提问。云课堂会根据问题内容将问题呈现给相关学习者或讲师，帮助用户快速获得答案。

资料来源：作者根据多方资料整理而成。

第三节 云计算的商业模式

云计算的解决方式将使得信息获取或处理变得更加简单，无论你身处何地，只要有网络，甚至你自身都不需要携带设备，只需借用周边的显示器，就可以得到你所需要的信息和应用。云计算企业正是利用云端提供的计算服务，为客户创造价值，进而实现商业模式创新。

一、云计算企业商业模式六要素

目前已经崭露头角的云计算商业模式，都是各个IT企业从特定起点出发和根据公司的情况而进行的云计算商业模式创新。但IT企业的云计算商业模式到底是如何确定的呢？IT企业在构建云计算商业模式的过程中要考虑哪些因素呢？这两个问题其实都涉及云计算商业模式的构成要素的问题。

为了更清晰地分析云计算企业的商业模式，现将从行业选择与战略定位、盈利模式、资源整合能力、资本运作、组织能力和价值创造六个要素来阐述其对云计算企业商业模式的重要性。云计算企业商业模式六要素包括云计算企业的五种原动力和一个共同目标，如图3-8所示。五种原动力相互构成了一个同心圆，类似于一个处于运动中的轮子的内外圈。其中，内圈是指云计算企业内部的盈利模

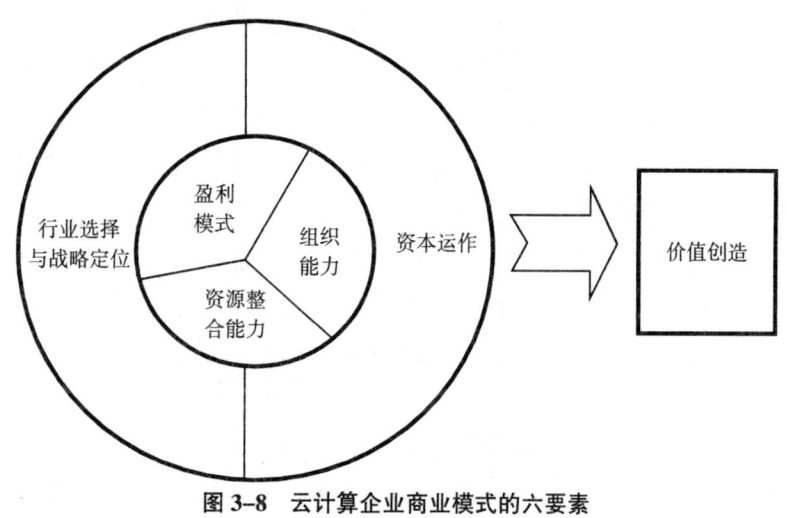

图3-8 云计算企业商业模式的六要素

式、组织能力及资源整合能力,这三个因素共同构成了云计算企业发展的内部动力;而行业选择与战略定位及资本运作则是云计算企业发展必不可少的外部因素,属于外圈。云计算企业发展的内外部因素共同作用的终极目的都是价值创造。在企业价值创造这一共同目标的作用下,只有轮子内外圈共同用力,云计算企业才能不断前行。可以说,正是基于这六大构成要素之间的相互配合,才构造出成功的云计算企业商业模式。

第一,行业选择与战略定位。对于云计算企业来说,做好市场细分,确立好自身产品或服务定位至关重要。云计算产业大致可划分为云计算平台供应商、云平台使用者或是云计算服务商和云计算用户。只有明确自身的战略和定位,企业才能在市场中充分发挥优势并获得成功。亚马逊推出弹性云也是基于自身拥有强大的数据处理能力和可以提供云计算服务的平台而做出的战略规划。因此,云计算企业要想在市场中得到认可并获得成功,避免自身劣势以及环境带来的压力,就应该重视战略的作用,认真地进行企业的云计算定位。

第二,盈利模式。当云计算企业选择了可行的战略并明确了自身的地位时,则需要依靠一个有效的盈利模式来获取利润。盈利模式对于云计算企业的生存发展发挥着重要的作用,成功的盈利模式是企业竞争力的表现,因而云计算企业必须依据自己的特征来选择合适的盈利模式。云计算按服务类型可分为基础架构即服务(Iaas)、平台即服务(Paas)、软件即服务(Saas)三种,云计算企业可以依据自己的云计算服务类型确定一个相应的盈利模式。例如,提供Iaas服务的云计算企业可以采用即付即租的盈利模式。一般用户无法承担支撑数据所需要的硬件设施,同样企业客户自己部署IT硬件设施以及软件资源的成本是比较高昂的。对于提供Iaas服务的云计算企业,可以此模式吸引众多科技创新公司,在不用购买IT设施及软件资源的前提下,通过即付即租的方式在企业构建的云平台上快速搭建和实施自己的软件应用。这种模式不仅可以支撑一批提供应用的中小型云计算企业,而且使得企业自身获得较大的收益。而对于提供Paas服务的云计算企业来说,用户的人气是十分重要的,因而大部分此类云计算企业都是采取前向聚集人气、后向收费的盈利模式,其盈利模式如图3-9所示。因为互联网信息的发展,通过前向收费再提供服务的模式是难以实现的,因而向用户提供免费式体验服务,再进行收费的模式更容易为云计算企业积聚大量人气。提供Saas服务的云计算企业,采用的是通过网络提供软件服务的盈利模式,即用户租用软件服务的模式。用户不用购买软件来支撑应用，只需要在线支付租用费用，即可享受软件的使用服务。当然这三种模式不一定是单独应用的，也可以相互配合利用。但是无论采用何种盈利模式，符合云计算企业自身业务特点和资源优势才是最重要的，也只有基于此才能构建企业自身强有力的竞争优势。

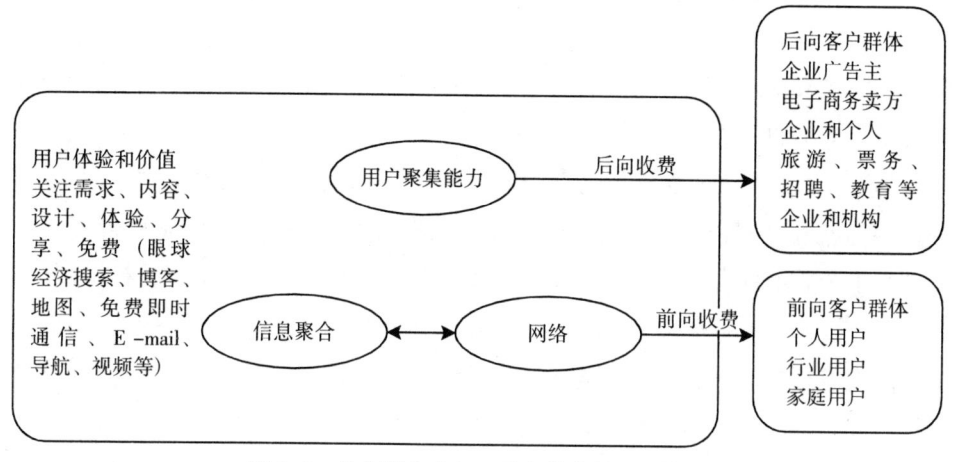

图 3-9 前向聚集人气、后向收费的盈利模式

第三，资源整合能力。云计算企业在制定战略的过程中必须考虑到自身的资源整合能力，因为战略的制定需要了解企业拥有哪些资源，是否拥有能力使资源得到最佳的发挥，选择何种资源能够使企业的竞争力增强，哪些资源会让企业事半功倍。所以，资源整合能力为云计算企业的行业选择与战略定位提供了参考价值。同时由于资源整合是企业对不同来源、不同层次、不同结构和不同内容的资源进行识别与选择、汲取与配置、激活与有机融合，使资源具有较强的柔性、条理性、系统性和价值性，并创造出新的资源的一个复杂动态过程，因而云计算企业的资源整合能力在一定程度上决定着云计算企业在市场中的地位。云计算企业各自所掌握的资源是不尽相同的，不同于传统企业，在互联网这个瞬息变化的环境中，即使没有掌握最多的资源，但是能最有效地发挥自身资源优势才是最重要的。

第四，资本运作。云计算企业的生存和发展离不开资本运作，因为云计算技术本身是需要耗费资本的。一旦云计算企业在市场中立足，就需要考虑企业资产与营运之间的合理配置问题，也必然需要将资本运作与战略结合起来。在建立初期，云计算企业需要思考资金的获取方式，因为并不是所有云计算都如Google、IBM、惠普、亚马逊等国际巨头有雄厚的资金基础，能够动辄进行几十亿美元的云计算投入。因此，云计算企业在初期发展可以试图获取风险投资的青睐。在市场信息不对称的情况下，风险投资常常选择具有发展潜力的技术产业或是信念坚定的经营者进行投资，因而云计算企业的发展正好可以借助风险投资来获得支撑，从而站稳站牢。当然能够支撑中小型云计算企业发展的不仅仅只有风险投资，政府政策支持资金、产业资助政策等政府资金项目，对于云计算企业的发展来说也是不小的帮助。

第五，组织能力。企业的特色是通过企业的组织能力表现出来的，拥有正确的战略方向可以使企业的目标明确，拥有良好的盈利模式可以给企业带来盈利，但是如果企业不具有良好的组织能力，那么企业就无法有效地实现目标，甚至其盈利模式也不能给企业带来盈利。对于云计算企业来说，良好的组织能力可以使员工间沟通有效、企业凝聚力增强，从而更加高效率和有效果地实现企业的战略目标，同时也可以区别于竞争对手，获得最佳的市场机会。因此，云计算企业应该持续不断地完善组织结构，构建良好的企业文化，形成拥有企业自身特色的管理模式或是管理亮点，不断提高企业自身的组织能力，这样才可以使企业自身的竞争力得到提升，使企业可以在云计算这块巨大的市场中站稳脚跟。

第六，价值创造。云计算企业以行业选择与战略定位为起点，通过盈利模式、组织能力、资源整合和资本运作使企业得到发展，最终的目的是实现价值的创造。这里所说的价值创造，不仅是企业本身的价值，还有客户价值以及社会价值的创造。云计算企业需要应用云计算来满足客户的需求，因而价值创造推动了商业模式的循环往复，从而使云计算企业商业模式持续运作，为企业带来源源不断的价值。

【云计算专栏3】

UCloud：最懂互联网的云服务商

UCloud云计算隶属于上海优刻得信息科技有限公司，是国内顶尖的IaaS（基础云计算）服务商，自主研发并提供计算资源、存储资源、网络资源等企业必需的基础IT架构服务，并深入了解互联网、移动互联网、传统企业不同场景下的业务需求，提供一系列的行业解决方案。依托全球 10 个数据中心以及全国 11 地线下服务站，UCloud 已为超过 2 万家的企业级用户提供服务。

一、整合云生态，打造"U 市场"

"U 市场"是企业级 IT 服务聚合平台，也是 UCloud 打造互联网云端服务生态圈的第一步。从概念上来说，U 市场就好比云计算的安卓应用市场。目前，很多云服务厂商都推出了 Market，那么区别在哪里？笔者觉得其核心在于云市场的运营，AppStore 为何为用户所喜爱，关键在于其对上架应用质量的把控。

对于合作伙伴来讲，UCloud 拥有非常高质量的企业用户，超过 2 万家的用户，数量看起来不多，但这里都是企业，而不包括任何个人用户，目前 UCloud 并没有向个人用户开放使用，所以用户的质量很高，付费能力很强，UCloud 秉承中立开放的理念，欢迎更多优秀的开发工具服务商加入 U 市场中来。

二、进驻万国数据自贸区数据中心，金融上云新动力

UCloud 正式进驻万国数据服务有限公司上海自贸区数据中心，推进基于云的金融 IT 技术、产品及服务。UCloud 将使用万国数据上海自贸区 Tier3+级高标准数据中心，基于 UCloud 服务浙江农信、朝阳永续等众多金融客户的成功经验，为金融行业中的企业级用户提供完整的金融云解决方案。

从目前来看，很多企业看重传统 IT 在安全、性能、可用性、数据私密性等方面的优势，但也需要安全、敏捷、高效的云来满足企业部分业务和外围业务。UCloud 作为国内领先的云计算平台，在业界率先推出集托管主机、物理云与公有云平台于一体的"混合云"架构，完全满足企业私有云+公有云的架构需求，实现企业 IT 系统在成本与效率之间的最佳平衡。而万国数据在高等级数据中心的建设和运营方面拥有丰富经验，在底层硬件方面给予企业 IT 最高的可用性和安全性保障。

此外，UCloud 是目前国内少有的能够提供金融行业云计算产品和技术的厂商，其公有云平台的稳定性和可用性在业界居于领先水平，性能优势更为突出。UCloud 拥有免重启修复内核的热补丁、提升性能的磁盘 I/O 加速、

混合云架构等多种业内首创的技术和产品,在中国的金融、政府、传统制造业等领域拥有丰富的经验。UCloud 和全球最大的 Openstack 私有云 Mirantis 宣布将在国内合资成立新公司,Mirantis 客户包括 Cisco、NASA、法国电信、PayPal、富国银行、中国深交所等。

UCloud 此次进驻万国数据上海自贸区数据中心,不仅能让金融客户享受到高等级数据中心 IT 资源,更能一步"上云",轻松完成云计算平台的搭建及运维,UCloud 还将提供一系列后续服务支持,真正实现一站式的服务。

UCloud 始终秉持"开发者的成功才是我们的成功"的理念,为业务而生的云服务希望在今后互联网化的漫漫长路中与更多平台、系统、软件开发者并肩前行,共同创造更高的科技价值。

资料来源:作者根据多方资料整理而成。

二、云计算六大商业模式

第一,基础通信资源云服务商业模式。基础通信服务商已经在 IDC 领域和终端软件领域具有得天独厚的优势,依托 IDC 云平台支撑,通过与平台提供商合作或独立建设 Pass 云服务平台,为开发、测试提供应用环境。应继续发挥现有服务终端软件的优势,提供 Saas 云服务。通过 Paas 带动 Iaas 和 Saas 的整合,提供端到端的云计算服务。因此,基础通信资源云服务商业模式应采取"三朵云"的发展思路。首先,构建"IT 支撑云",满足自身在经营分析、资料备份等方面的巨大云计算需求,降低 IT 经营成本;其次,构建"业务云",实现已有电信业务的云化,支撑自身电信业务和多媒体业务的发展;最后,开发基础设施资源,提供"公众服务云",构建 IaaS、PaaS、SaaS 平台,为企业和个人客户提供云服务。

第二,软件资源云服务商业模式。与软硬件厂商以及云应用服务提供商合作,提供面向企业的服务或企业个人的通用服务,使用户享受到相应的硬件、软件和维护服务,享用软件的使用权和升级服务。该合作可以是简单的集成,形成统一的渠道销售;也可以是多租户隔离的模式,即通过提供 Saas 平台的 SDK,通过孵化的模式让软件开发商应用程序的一个实例可以处理多个客户的要求,数据存储在共享数据库中,但每个客户只能访问到自己的信息。该业务模式主要是基于其他领域已经有很好的厂商提供服务,从终端用户的角度布局云计算产业链。因此，软件资源云服务商业模式是以产品销售作为稳定的盈利来源，向客户提供基于 IaaS、PaaS、SaaS 三个层面的云计算整体解决方案，尝试以 BO 模式提供运营托管服务。

第三，互联网资源云服务商业模式。互联网企业基于多元化的互联网业务，致力于创造便捷的沟通和交易渠道。互联网企业拥有大量服务器资源，可确保数据安全。为了节能降耗、降低成本，互联网企业自身对云计算技术具有强烈的需求，因而互联网企业云业务的发展具有必然性。而引导用户习惯性行为的特点就要求互联网企业云服务要处于研发的最前沿。因此，互联网资源云服务商业模式是基于互联网企业云计算平台，联合合作伙伴整合更多一站式服务，推动传统软件销售向软件服务业务转型，帮助合作伙伴从传统模式转向云计算模式，针对用户和客户需求开发针对性的云服务产品。

第四，存储资源云服务商业模式。云存储将大量不同类型的存储设备通过软件集合起来协同工作，共同对外提供数据存储服务。云存储服务对传统存储技术在数据安全性、可靠性、易管理性等方面提出了新的挑战。云存储不仅是一个硬件，而且是一个由网络设备、存储设备、服务器、应用软件、公用访问接口、接入网和客户端程序等多个部分组成的系统。因此，存储资源云服务商业模式是以免费模式、免费+收费结合模式、附加服务模式为主流模式，通过这三种模式向用户提供云服务存储业务。而业务模式的趋同目前已成为云存储服务亟待解决的重要问题之一。

第五，即时通信云服务商业模式。即时通信软件发展至今，在互联网中已经发挥着重要的作用，使人们的交流更加密切、方便。使用者可以通过安装即时通信的终端机进行两人或多人之间的实时沟通，交流内容包括文字、界面、语音、视频及文件互发等。目前，即时通信云服务提供商分为两种，一种通过提供简单的 API 调用就能零门槛获得成熟的运营级移动 IM 技术；另一种则提供成熟的即时通信工具，由服务企业来整合云功能。即时通信的云服务基于云端技术，保证系统弹性计算能力，可根据开发者需求随时自动完成扩容。其具有独特的融合架构设计，可提供快速开发能力，不需要 APP 改变原有系统结构，不需要用户信息和好友关系，进一步降低了接入门槛。其直接提供面向场景的解决方案，如客服平台，拥有高度可定制的界面结构和扩展能力，如界面、各种入口、行为、消息内容、消息展现方式、表情体系均可自定义。因此，即时通信云服务商业模式

根据即时通信的特点主要分为免费和收费两种模式，收费模式是目前即时通信云服务的主要方式，而免费则是大势所趋。

第六，安全云服务商业模式。安全云服务是网络时代信息安全的最新体现，它融合了并行处理、网络计算、未知病毒行为判断等新兴技术和概念，通过网状的大量客户端对网络中软件行为的异常进行监测，获取互联网中木马、恶意程序的最新信息，传送到Server端进行自动分析和处理，再把病毒和木马的解决方案分发到每一个客户端。病毒特征库来自于云，只要把云安全集成到杀毒软件中，并充分利用云中的病毒特征库，就可以达到及时更新、及时杀毒的目的，保障每个用户使用计算设备的信息安全。因此，安全云服务商业模式是云安全防病毒模式中免费的网络应用，终端客户就是庞大的防病毒网络；通过"免费"的商业模式吸引用户，在提供个性化的服务、功能和诸多应用后实现公司的盈利；防病毒应用可与网络建设运营商、网络应用提供商等加强合作，建立可持续竞争优势联盟，可以最大限度地降低病毒、木马、流氓软件等网络威胁对信息安全造成的威胁。

【云计算专栏4】

华三的"云享战略"

一、公司概况

2016年5月6日，新华三集团（以下简称新华三）宣布成立，由紫光集团下属的上市公司紫光股份控股51%，由惠普（企业）控股49%。新华三由杭州华三通信技术有限公司（华三通信）和紫光华山科技有限公司（HPE在中国的服务器、存储和技术服务业务）组成。新华三集团是全球领先的新IT解决方案领导者，致力于新IT解决方案和产品的研发、生产、咨询、销售及服务，拥有H3C®品牌的全系列网络、服务器、存储、安全、超融合系统和IT管理系统等产品，能够提供包括大互联、大安全、云计算、大数据和IT咨询服务在内的一站式、全方位IT解决方案，同时，新华三也是HPE®品牌的服务器、存储和技术服务的中国独家提供商。新华三聚焦新IT技术领域，打造高度融合的新IT生态圈。新华三拥有高效的研发团队，研发人员占比40%，拥有400多个产品，以及业界领先的网络操作系统

Comware、云操作系统 CloudOS，平均每个工作日专利申请量超过 3 件。2015 年新华三的销售收入超过 200 亿元。

新华三旗下的华三通信（以下简称华三），致力于 IT 基础架构产品及方案的研究、开发、生产、销售及服务，拥有完备的路由器、以太网交换机、无线、网络安全、服务器、存储、IT 管理系统、云管理平台等产品。到 2015 年底，华三已服务于 70% 以上的中央部委、"十二金工程"中的九个全国骨干网、四大国有银行、500 强企业中的 400 家、全部"211"高校和"985"高校，并规模服务于电信、移动、联通、广电等运营商市场。

二、华三的"云享战略"

华三云计算产品线总裁吴健认为，未来云的发展将会与电的发展一样，每朵云可以供给自己使用，同时也可以将多余的资源共享给别的云使用，是一种真正的双向共享状态。为此，华三提出了"云享战略"。一般来说，企业用户部署云分为三个阶段：第一个阶段是专享。专享阶段解决用户业务"上云"，这个阶段华三提供场景化私有云的解决方案。第二阶段是分享。分享云阶段要在多个平台之间把多个云之间的通道打通，打通之后做资源的分享，包括打通私有云和公有云。该阶段，华三提供混合云方案和多级云方案。第三个阶段是共享。共享阶段是未来云的一种形态，即像用电一样使用 IT 资源。未来的云有多朵云，多个云之间并不是孤立的，也是一个共享的状态。简言之，华三的"云享战略"是帮助用户实现云从专享到分享，最终实现共享。华三云在专享阶段提供私有云和专有云方案；在分享阶段提供混合云与多级云方案；最后在共享阶段提供云交换中心，实现资源与能力的共享交换。整体方案的融合、可运维、安全、场景化是华三云的核心能力支撑。

三、华三云：构建用户心中的那朵云

华三进入云计算领域最早可以追溯到 2009 年，当时华三就做出了一个十分有勇气的决定，就是进入云计算市场。在云计算领域，华三也走了不少弯路，刚开始也是采用私有协议进行研发，直到 2011 年明确 Openstack + KVM 技术路线之后，华三相继推出了 CAS、FlexServer、FlexStorage 产品，以及云彩虹、EVB、DRX 等解决方案，尤其是 2014 年发布的 UIS 统一基础

架构产品,更让华三云计算理念和产品迅速被广大用户所接受。目前,华三承建10个国家部委级政务云、15个省级政务云,服务100多所高校。并在重点关注的政务云、教育云、企业云、卫生云四大领域拥有超过3000多个用户,融合基础架构的中国市场份额排名第一。

吴健指出,正如未来的电能发展方向是能源互联网,即分布式能源供给模式,每个人既是电力的使用者,也是电力的贡献者。未来云计算的发展,也可以实现每一朵云既供自己使用,也可以将多余的资源共享给其他云,而这正是华三"云享战略"的出发点。要实现这一战略,技术、生态和交付三个维度缺一不可。从技术角度来讲,华三将从原来主打的云网融合转变为云计算、大数据、大安全、大互联四大领域齐头并进;在生态方面,华三将继续坚持云生态圈建设,继续完善华三云Ready认证、华三云Inside认证、华三云方案认证、服务集成认证等多项举措;在交付方面,则聚焦场景化,在标准化的云内核上推出面向不同行业的相应的解决方案,针对用户的个性化需求进行定制化开发。吴健认为,每个用户心目中都有一朵云,那是属于用户自己的云。而华三存在的价值,就是与合作伙伴一起帮助用户更好地构建"心目中的那朵云"。

吴健认为,华三构建了"一朵云",这是一朵专享与分享的云,也即为用户提供私有云和专有云方案,以及混合云与多级云方案。未来,华三希望这是一朵共享的云,通过云的交换中心,也就是把公有云、私有云和专享云能力交换出来实现资源的共享。具体来说,华三云是一朵场景化和个性化的云。在政务云市场,华三梳理70%的用户需求,这些需求是一致的,然后形成一个政务云版本。这也就是华三所称的场景化,除了政务云,还包括教育云、卫生云以及企业云。场景化之后再实现个性化,30%的个性化需求交给合作伙伴和服务商去做。也就是华三把定制分成两方面:第一做场景化,第二做个性化。这样针对不同场景化的用户,可以最大限度地满足其个性化云应用的需求。同时,虽然华三不做公有云,但提供了丰富的云运维模式,除了自维模式,还包括协维模式和代维模式。华三为此成立了华三云计算托管运维中心,为用户的云运维提供全方位的支撑。由此,一朵场景化和个性化的云构建而成,并且是可运维的。可以说,多年的耕耘让华三站到了国内云计算第一阵营的位置，特别是在当前国内云计算应用最为超前的政府、教育、企业、卫生四个领域。

资料来源：作者根据多方资料整理而成。

第四节　云计算的未来：移动云计算

云计算的发展并不局限于 PC，随着移动互联网的蓬勃发展，基于手机等移动终端的云计算服务已经出现。基于云计算的定义，移动云计算是指通过移动网络以按需、易扩展的方式获得所需的基础设施、平台、软件（或应用）等的一种 IT 资源或（信息）服务的交付与使用模式。

一、移动云计算在信息时代的崛起及发展

云计算技术在电信行业的应用必然会开创移动互联网的新时代，随着移动云计算的进一步发展，以及移动互联网相关设备的进一步成熟和完善，移动云计算业务必将在世界范围内迅速发展，成为移动互联网服务的新热点，使得移动互联网站在云端之上。

第一，信息技术的发展。信息技术的发展经过了如下几个阶段：第一个阶段是专家使用期。计算机是庞大、昂贵的科学计算专用设备。第二个阶段是个人计算机时代。计算机变为个人工作、娱乐的家用工具。随着网络的普及，计算机进入第三个阶段——互联网时代。这一阶段，由高性能服务器通过网络为多用户提供服务的 Client/Server 模式得到广泛应用，然而，C/S 模式对带宽、计算、存储等资源的高要求成为其发展的瓶颈。因此，信息技术又进入了第四个阶段——分布式计算、网格计算、P2P 技术、Web2.0 等得到广泛研究和应用。每个用户既是资源的使用者，也是资源的提供者，由多个用户共同分担庞大的计算、传输及存储需求。目前，移动互联网和云计算是信息技术发展的两个热点。

第二，移动互联网。相对于传统互联网，移动互联网更多强调的是使用蜂窝移动通信网，随时随地在移动中接入互联网并使用业务，常特指手机终端采用移动通信网（如 2G、3G）接入并使用互联网。随着 2007 年苹果公司 iPhone 的推

出,移动互联网成为通信业发展最为迅猛的领域。随着移动通信技术和 Web 应用技术的不断发展与创新,移动互联网业务成为继宽带技术后互联网发展的又一个推动力。移动互联网凭借移动应用特有的随身性、可鉴权、可身份识别等优势,使得互联网更加普及。同时,移动互联网业务为传统的互联网类业务提供了新的发展空间和可持续发展的新商业模式,为移动通信带来了无尽的应用空间。目前,移动互联网业务正从最初简单的文本浏览、图铃下载等形式向固定互联网业务与移动业务深度融合的形式发展,正成为电信运营商的重点业务发展方向。

第三,移动云计算。云计算(Cloud Computing)由分布式计算(Distributed Computing)、并行处理(Parallel Computing)、网格计算(Grid Computing)发展而来,是一种新兴的商业计算模型。目前,对于云计算的认识在不断地发展变化,云计算仍没有一个普遍一致的定义。云计算中的"计算"可以泛指一切 ICT 的融合应用。所以,云计算术语的关键特征并不在于"计算",而在于"云"。随着互联网技术的飞速发展,以及互联网应用的全面普及和广泛深入,互联网技术成为 ICT 应用的基础,层出不穷的互联网应用需求也要求 ICT 理念进行重新思考和设计,从而使 ICT 应用架构发生了深刻和根本的改变。这种改变不仅带来 ICT 应用平台的更新换代,而且也带来 ICT 应用实现和商用模式的创新。尽管云计算的概念和定义很多,但究其本质还是为了满足 ICT 应用和业务的网络实现。本书给出云计算更为明确而严格的定义:云计算是在整合的架构之下,基于 IP 网络的虚拟化资源平台,提供规模化 ICT 应用的实现方式。云计算的实质是网络下的应用,是由 IP 和 IT 技术共同构建的。

云计算的发展并不局限于 PC,随着移动互联网的蓬勃发展,基于手机等移动终端的云计算服务应运而生。移动云计算是指通过移动互联网以按需、易扩展的方式获得所需的基础设施、平台、软件或应用等的一种 IT 资源或信息服务的交付与使用模式。

二、移动云计算的服务模型

移动云计算的服务模型包括"端"、"管"、"云"三个层面。"端"指任何能接入"云"并完成信息交互的手机等移动终端设备;"管"指用于完成用户信息传输的通信网络;"云"的本质就是业务实现的方式,即业务模式。云计算可以划分为三个层次的业务模式:最顶层是软云,中间层是平云,底层是基云。

基云指将 TC 的基础设施作为业务平台，直接按资源占用的时长和多少，通过公共互联网进行业务实现的"云"。基云的用户可以是个人，也可以是企业、集体和行政单位。基云在英文里是 IaaS，也称基础设施即服务。亚马逊是通过其弹性计算云（EC2）在业界最早实施基云的运营商。基云的 IT 业务将计算、存储、网络、安全等原始 IT 资源以出租形式租给用户，用户可以通过操作系统和应用软件（数据库和 Web 服务软件）使用租来的 IT 资源。

平云指将应用开发环境作为业务平台，将应用开发的接口和工具提供给用户用于创造新的应用，并利用互联网和提供商来进行业务实现的"云"。平云可以利用其他基云平台，也可以用平云运营商自己的基云平台。平云在英文里是 PaaS，也称平台即服务。谷歌通过其 App Engine 软件环境向应用开发者提供平云业务，应用开发者必须采用 App Engine 应用接口来开发应用。

软云指基于基云或平云开发的软件。与传统的套装软件不同，软云通过互联网应用来进行业务实现。软云业务可以利用其他基云和平云平台，也可以利用软云运营商自己的基云和平云环境。软云在英文里是 SaaS，也称软件即服务。Saleforces.com 是最著名的软云运营商之一，提供企业资源规划（ERP）应用服务。软云为用户省去了套装软件安装、维护、升级和管理所造成的麻烦，因为应用程序完全由软云运营商集中管理。

云端的基础设施层面一般由服务器、数据库、存储设备、并行分布式计算系统等组成；平台层面一般由运营、支撑和开发三个平台组成；应用层面主要提供软件、数据和信息等各种应用。

【云计算专栏 5】

青云（Qing Cloud）：竞速云计算 2.0 时代的企业级云计算服务商

云计算的爆发式增长在过去几年中正在不断加快 IT 产业更新洗牌的进程，而跟上产业增长步伐的企业和创业者，也能跟随云产业的爆发而共同实现爆发式增长。青云（Qing Cloud）就是跟上云产业快速前进步伐的少数企业之一。这家诞生不久的公有云服务提供者，已经成为在政企和互联网领域有相当知名度和用户基础的云服务商。

一、青云的"五大优势"

(1) 秒级调度资源。在青云,所有计算、存储、网络资源都是秒级响应。如果初始资源不够用,可以弹性扩展伸缩,不需要的资源可以随时销毁,真正做到计算资源的实时和按需交付与使用。

(2) 私有云环境。青云通过 SDN 实现的虚拟路由器和交换机提供100%的网络隔离,确保安全。用户可以快速搭建属于自己的私有云环境,还能与现有的计算环境通过安全隧道连接,形成公私兼顾的混合云(Hybrid Cloud)。

(3) 保障数据安全。私有网络提供100%二层隔离,在这个环境里,用户的内部数据是非常安全的,黑客无法嗅探或者截获到用户的数据。多重实时副本和备份可以保障即使在物理硬件彻底损坏时,数据也不会丢失,并且可以很快恢复业务。

(4) 磁盘存储性能出众。青云提供性能优异的块存储设备,可以达到或接近服务器物理硬盘的性能,完全能满足各主流数据库对磁盘的要求。同时,青云使用多重实时副本来保障数据安全,且至少包含一份异地副本,极大提高了容灾能力。

(5) 开放、易用、经济可兼得。青云无限开放全部功能 API,从而支持更高效、更有创造力的资源使用和云端生态链的构建。通过青云简单直观的控制台,用户可以快速便捷地创建与管理资源,并随时查看资源使用情况、操作日志及消费记录。此外,青云的资源可在秒级创建和销毁,为了鼓励用户经济地使用资源,青云在计费上只根据用户实际使用的时长收费,并精确到秒。用户可以随时调整业务规模,无须考虑计费周期的限制,从而既最大限度地实现了资源的实时与按需交付,又真正帮助用户大幅降低使用成本。

青云极具竞争优势,引无数资本竞相掏腰包。2016年3月,青云完成1亿美元C轮融资,本轮融资由两家人民币基金领投,蓝驰创投跟投。

二、Qing Cloud Insight 大会:为了生态,发力生态云

在近期举办的 Qing Cloud Insight 大会上,黄允松提出未来青云生态云的发展战略,他表示"实际上一家企业如果想要100%覆盖所有IT工业的环节,这是绝对不可能的。所以我们公司的定位非常简单,我们就是要做资源

层和平台框架层的调度和管理。如果有人试图要冲破一切来做的话，实际上就意味着全面的失败，所以我渴望看到的是一个生态系统的成功。我们在 2016 年 7 月 28 日的大会上安排专门的论坛来分享生态的东西，那个环节里面全部都是关于生态系统的，对所有人来说都非常重要。"此外，青云市场副总裁刘靓说："在青云所构建的这个生态系统里，我们和合作伙伴之间，大家的层次会越来越分明，分工会越来越明确，最终给我们共同的企业客户构建一个以业务应用为核心的平台、框架、资源、服务体系。还有一个特点是什么呢？大家的合作越来越融洽，越来越深，可能性也越来越多了。"

目前，青云从一个简单的资源提供者，已经变成了综合的、多维的、企业级的 IT 服务解决方案的提供商，为了得到进一步的发展，必须要做到生态分享。生态作为重中之重，从提出"生态建设合作伙伴计划"以来，青云构建一个多维共生的云生态的想法日渐成熟，青云还将携手合作伙伴发布 App Center 2.0 全新云生态应用平台，使构建和使用集群应用更加简单。

资料来源：作者根据多方资料整理而成。

三、移动云计算的成功典范

传统互联网由桌面互联发展到移动互联，再次告诉我们移动互联网时代已经到来。相对于传统互联网，移动互联网更多强调的是使用蜂窝移动通信网，随时随地在移动中接入互联网并使用互联业务。目前，移动互联网业务正从最初简单的文本浏览、图铃下载等形式向固定互联网业务与移动业务深度融合的形式发展，正成为电信运营商的重点业务发展方向。

第一，加拿大 RIM 公司的黑莓企业应用服务器方案。加拿大 RIM 公司面向众多商业用户提供的黑莓企业应用服务器方案，可以说是一种具有云计算特征的移动互联网应用。该方案中，黑莓的邮件服务器将企业应用、无线网络和移动终端连接在一起，让用户通过应用推送（Push）技术的黑莓终端远程接入服务器访问自己的邮件账户，从而可以轻松地远程同步邮件和日历，查看附件和地址本。除黑莓终端外，RIM 也授权其他移动设备平台接入黑莓服务器享用黑莓服务。目前，黑莓正通过它的无线平台扩展自己的应用，如在线 CAM 等。以云计算模式提供给用户的应用成为了 RIM 商业模式的核心。

第二，苹果公司的"MobileMe"服务。在苹果一年一度的 WWDC 全球开发者会议上，Steve Jobs 宣布了一款全新的软件+服务的产品：MobileMe。MobileMe 提供了同步 E-mail、联系人、日历数据的功能，现在看起来和 Windows Live 非常类似。苹果宣布了一整套在线应用来配合桌面程序，包括 E-mail 应用。联系人也能在不同设备之间同步，类似于 Windows Live for Windows Mobile、Symbian 等应用。苹果公司推出的"MobileMe"服务基于云存储和计算的解决方案，按照苹果公司的整体设想，该方案可以处理电子邮件、记事本项目、相片以及其他档案，用户所做的一切都会自动地更新至 iMse、iPod、iPhone 等由苹果公司生产的各式终端界面。此外，苹果公司的 iPhone 以及专为其提供应用下载的 Apple Store 所开创的网店形式已经得到了移动终端厂商和移动通信运营商的一路追捧，聚集了大量的开发者和使用者，提供的应用数量超过 100000 种，下载次数超过 30 亿次。

第三，微软公司的"LiveMesh"。微软公司推出的"LiveMesh"能够将安装有 Window 操作系统的电脑、安装有 Windows Mobile 系统的智能手机、使用 Mac 系统的苹果电脑以及其他系统的手机等终端整合在一起，通过互联网进行相互连接，从而让用户跨越不同设备完成个人终端和网络内容的同步化，并将数据存储在"云"中。随着 Azure 云平台的推出，微软将进一步增强云端服务的能力，并依靠在操作系统和软件领域的成功为用户和开发人员提供更为完善的云计算解决方案。

第四，Google 公司面向移动环境的 Android 系统平台和终端。作为云计算的先行者，Google 公司积极开发面向移动环境的 Android 系统平台和终端，实现了传统互联网和移动互联网信息的有机整合，实现了语音搜索服务，提供了定点搜索、Google 手机地图以及 Android 的 Google 街景功能。

RIM 公司的黑莓邮件服务和苹果公司的"MobileMe"服务代表了手机厂商直接向用户提供服务的模式，微软的"LiveMesh"和 Google 的移动搜索则代表了云计算服务提供商通过手机或其他移动终端向用户提供服务的模式。两种模式都实现了跨领域、跨层级的资源与服务整合，所提供的应用和服务都具有信息存储的同步性和应用的一致性。总之，移动云计算让各种服务的表现令人惊叹。

【章末案例】

网宿科技：启动云战略

一、公司概况

网宿科技股份有限公司（以下简称网宿科技），创立于 2000 年 1 月，并于 2009 年 10 月在深交所成功上市，主要向客户提供全球范围内的内容分发与加速(CDN)、互联网数据中心（IDC）服务及云服务整体解决方案，是中国专业的 CDN 和 IDC 综合服务商。作为首批上市创业板的公司之一，网宿科技上市当年的营业收入仅为 2.87 亿元，净利润为 3885.14 万元，而 2015 年全年实现的营业收入为 29.32 亿元，同比增长 53.43%；净利润为 8.31 亿元，同比增长 71.87%。七年间营业收入年复合增长率达到 47.3%，净利润年复合增长率高达 66.7%。更为难能可贵的是，2012~2014 年这三年的净利润增长都在 100% 左右。2016 年 4 月 26 日，网宿科技的一季报披露，2016 年一季度单季，The Bill & Melinda Gates Foundation（比尔和梅琳达·盖茨基金会）大举买入 704.65 万股网宿科技股份，成为该公司第十大股东。与此同时，网宿科技 2015 年已启动向云计算领域的全面战略升级转型，布局面向家庭用户的社区云平台。

二、网宿科技：启动云战略

网宿科技在 2000 年创立，到 2005 年关注到 CDN，经过多年的奋斗，到今天已经成为第三方 CDN 供应商的龙头。网宿科技的下一步计划是能够成立一个综合的云服务商，从 CDN 这一段变成一个云服务。一方面，原有业务发展潜力巨大。CDN 业务和互联网流量高度相关，近阶段高清视频、游戏、在线教育等互联网新需求不断崛起，在以视频直播为代表的互联网应用需求增长的驱动下，全网流量快速增长，网宿科技近两年的高速发展已成定局。同时，网宿科技海外业务实现快速增长，2015 年实现海外营业收入 3.18 亿元，同比增长 137%，海外增长空间还相当大。另一方面，网宿科技战略定位从中国最大的 CDN 及 IDC 综合服务提供商，转变为全球一流的云服务公司。云服务是比 CDN 更大、更广阔的市场，且更代表未来发展的方向,有利于企业进入新的发展轨道。公司布局的面向家庭用户的社区云、面向政企的私有云和云安全业务会成为公司新的利润增长点。

经过多年的发展,网宿科技的IDC和CDN业务形成了特有的"仓储+快递"模式,因而公司能更好地服务于中国主要的互联网企业和政企客户,将各类互联网内容和应用服务快速分发到终端用户,使得公司的CDN业务平台更具黏性。作为互联网基础设施中不可或缺的重要组成部分,受益于互联网高速发展的行业红利,CDN行业得以在全球范围内迅速发展。2015年公司推出了定增方案,准备实施海外CDN项目。

相对于CDN来说,云服务市场的规模更大,就目前来说,具有千亿规模的市场空间,未来更具富有想象的增长潜力。早在2011年,网宿科技就开始布局云服务领域,积蓄力量,直至2015年通过定向增发全面启动云服务战略。2015年6月,公司推出定增方案,启动"社区云"、"云安全"等项目;同年,公司成立"政企云事业部",面向政企客户,推出具备高安全、定制化的"云主机+云计算+云分发+云安全"一站式的"私有云服务"。

三、网宿社区云:CDN+边缘计算

网宿科技于2015年已启动向云计算领域的全面战略升级转型,布局面向家庭用户的社区云平台。网宿主要面向广电行业推出OTT分发与经营平台,汇聚内容、节点下沉、贴近用户,搭建的是一个多方共赢的平台。网宿现在做的事情是把CDN内容分发网络进一步下沉,之前做CDN的分发是在电信联通等骨干网络上建设CDN节点,现在要进一步下沉到城域网里,在地市级、区县层面,甚至在大型社区建设云节点。

社区云建设是网宿一号工程。网宿计划三年内建成2000多个社区云节点。针对社区云、安全云以及海外分发平台建设,网宿科技助理总裁孙孝思表示:"我们当时定增近36亿元。我们计划将22亿元放在社区云,但是它一定是持续追加的分阶段建设。"对于社区云,网宿科技营销总经理孙靖泽认为,社区云服务实则为CDN加上边缘计算。社区云首先是CDN平台的扩展,它比较靠近终端用户,增加了一些包括处理能力、存储能力在内的计算资源,以便直接作为一个小的云计算节点,可以运营各种应用。这个节点本身具备CDN的能力,同时也超越了传统的CDN功能。社区云是一种新的商

业模式,也会延展出一些新的运营机会。至于边缘计算的实现方法,孙靖泽解释为,社区云节点设置为一个综合服务节点,通过技术将其云化,这些能力为运营高清视频、网络游戏等应用带来了机会。这些应用主要消耗的资源是计算和存储资源,从能力和领域上来讲,体现出了边缘计算的能力。

四、结论与启示

第一,强大的核心技术基础是服务转型的首要条件。作为高科技企业,传统的生产制造营销的价值链已经不再适应当前的竞争环境,生产服务化、服务高科技化已经成为不可逆转的趋势,而这一切都以强大的技术基础为依托。因此,在管理软件制造向管理服务转型时,专业技术沉淀依旧是首要考虑的因素。

第二,"客户至上"始终是任何企业的服务理念。任何一个产业,客户永远是最重要的,因为客户不仅是企业实现经营目标的依靠条件,更是企业能否长期立足市场的关键因素。当然,客户不仅是指最终用户,还应该包括各种合作伙伴。对于云服务企业而言,不能只考虑最终用户的需求,而应该把两种客户的需求都反映到产品中去。这就要求传统企业转变服务观念,在保证最终用户服务的基础上,充分重视伙伴在顾客服务中的价值,与伙伴一道加快服务产品的开发,以便提供更具层次、更加系统的服务产品。这样的"双客户"经营理念不仅可以提高企业产品的研发能力,而且有助于协助合作伙伴更好地实施服务,更好地为客户服务。

第三,能够承载创新改变的战略前瞻与执行力是服务创新的前提。服务创新往往意味着公司多个部门的剧变甚至是整体的蜕变,其过程往往充满着痛苦的割离与对前途的担忧。然而,机遇往往留给有准备的人,时刻以敏锐的眼神关注市场瞬息万变的趋势才能抓住机遇、创造价值。

第四,构建开放式全产业链生态圈是企业增强竞争力的关键。成功的企业转型总是离不开生态的构建。因为一个人、一个团体的资源总是有限的,在最低成本下获得最高收益是每个企业的首要任务。因此,应在全国乃至全球范围内寻求资源整合,进行全产业链的开发布局,充分利用外部资源,吸纳更多企业融入生态圈之中,从而推动企业自身发展,提高核心竞争力。

资料来源:作者根据多方资料整理而成。

|第四章|

大数据（Big Data）：生有涯，而数据无涯

大数据（Big Data）或称巨量资料，指的是所涉及的资料量规模巨大到无法通过目前主流的软件工具，在合理时间内抓取、管理和处理的数据集合。

大数据技术是指从各种类型的数据中，快速获得有价值信息的能力。适用于大数据的技术，包括大规模并行处理（MPP）数据库、数据挖掘电网、分布式文件系统、分布式数据库、云计算平台、互联网和可扩展的存储系统。

互联网的信息处理技术创新——大数据，引发了价值链商业模式的创新。

【开章案例】

科大讯飞：打造"AI+"生态圈

一、公司概况

科大讯飞股份有限公司（以下简称科大讯飞）成立于1999年，是一家专业从事智能语音及语言技术、人工智能技术研究，软件及芯片产品开发，语音信息服务及电子政务系统集成的国家级骨干软件企业。2008年，科大讯飞在深圳证券交易所挂牌上市，股票代码为002230。作为中国智能语音与人工智能产业的领导者，科大讯飞在语音合成、语音识别、口语评测、自然语言处理等多项技术上具有国际领先水平。2003年、2011年，科大讯飞两次荣获"国家科技进步奖"，2005年、2011年两次获得中国信息产业自主创新最高荣誉"信息产业重大技术发明奖"。2015年，科大讯

飞收入超过 25 亿元，同比增长 40.87%，归属母公司股东的净利润 4.25 亿元，同比增长 12.09%；研发投入 5.77 亿元，占营业收入的比重近 25%。

随着移动互联网时代的到来，科大讯飞率先发布了全球首个提供移动互联网智能语音交互能力的"讯飞语音云"平台，并持续升级优化。基于该平台，科大讯飞相继推出了"讯飞输入法"、"灵犀"等示范性应用，并与广大合作伙伴携手推动各类语音应用深入到手机、汽车、家电、玩具等各个领域，引领和推动着移动互联网时代大潮下输入和交互模式的变革。2014 年，随着人工智能时代的到来，科大讯飞推出了"讯飞超脑计划"，目标是让机器不仅能听会说，还要能理解会思考，从而实现一个中文的认知智能计算引擎，未来将引领在家居、教育、客服、医疗等领域的智能应用。2015 年，科大讯飞重新定义了万物互联时代的人机交互标准，发布了对人工智能产业具有里程碑意义的人机交互界面——AIUI。截至目前，科大讯飞每日为近 15 亿人次、13 万开发伙伴和 7 亿终端用户提供语音及人工智能交互服务，以科大讯飞为中心的人工智能生态已经逐步构建。

二、科大讯飞：深耕智能语音产业

科大讯飞积极耕耘智能语音产业，推出了全球首个移动互联网智能交互平台"讯飞开放平台"，为移动互联网、智能硬件、机器人等领域的开发伙伴提供开放技术服务和解决方案。科大讯飞还推出了智能客服综合解决方案，采用领先的语音、语义及大数据处理技术，广泛应用于电信、金融、电力、交通、教育、航空、医疗等行业，在国内主流行业市场占有率达到 80%。不仅如此，科大讯飞与京东集团在智能家居和语音技术领域展开全面合作，致力于智能家居硬件产品、语音解决方案及智能硬件平台服务的研发和推广。

与此同时，科大讯飞积极布局图像识别、大数据以及脑科学等多项新技术，通过加码人工智能底层关键技术的研发，打造以讯飞为中心的人工智能产业生态。科大讯飞已承建 15 个省级资源云平台、近百个地市和县区级资源应用平台，基于云端的课堂教学产品覆盖的班级超过 50 万个，考试业务每年服务的学生数超过 780 万人，实现对教育教学全过程的数据采集、分析与应用,助力信息技术与教育教学的深度融合。

三、科大讯飞打造"AI+"生态圈

人工智能将成为IT领域最重要的发展方向,并引领下一轮科技革命。人工智能的发展依赖于大数据和计算能力的突破。随着深度学习算法的出现,GPU、并行计算等的成熟,以及各国在人工智能领域的激烈竞争和持续的政策激励,人工智能技术在各个行业得到了广泛应用,人工智能行业的春天已经来临。目前,科大讯飞已占有中文语音技术市场70%以上的市场份额。通过与世界上人脸识别技术最成熟的香港中文大学合作,人脸识别准确率已达98.5%,技术超过Facebook。凭借多年的技术和用户积累,科大讯飞形成了巨大的人工智能数据库,并聚集了国内智能语音和图像识别技术领域中最大的人才资产。凭借深厚的技术、大数据及人才储备,公司实现了多路径、多方向业务的快速突破,在智能教育、智慧汽车、机器人、智能硬件等方面均已占据一席之地。科大讯飞依托语音技术优势,在人工智能领域不断加码,致力于打造万物互联的"AI+"生态圈。

第一,"2B+2C"双轮驱动战略。科大讯飞目前营收主要来自2B和2C业务,未来2C业务的营收能力将持续增强。公司在充分竞争的C端市场拥有数亿用户:讯飞输入法在2015年占有率超过百度;灵犀语音助手在主要应用商店的下载量排名第一,且超过第二至第五名下载量的总和。讯飞将技术整合到硬件载体,加快C端市场的渗透,有望率先抢占智能硬件市场,提升其技术变现能力。

第二,科大讯飞的3.0时代——用语音连接一切。触摸与鼠标适合图像界面下的人机交互,而语音才是最自然的交流方式,未来智能家居、穿戴式设备、智慧汽车和服务机器人等将以语音为主进行人机交互。科大讯飞AIUI智能交互开发平台的创业者超过10万人,未来会吸引所有的开发者迁移到AIUI平台。AIUI云平台相关技术将能够解决语音识别领域90%以上的问题,AIUI平台将会成为万物互联时代人机交互的标准。

第三,讯飞超脑计划。讯飞超脑计划构建的神经网络神经元数量达100亿个,与百度大脑神经网络规模相当。超脑计划将从神经网络规模、认知神经网络以及知识表示方面解决认知智能算法上的根本问题,其研究方向紧跟

世界人工智能最前沿的课题，最终将实现特定领域的语言理解能力以及借助大数据的推理能力。

资料来源：作者根据多方资料整理而成。

第一节 你时刻创造着大数据

马云曾说，"很多人还没搞清楚什么是PC互联网，移动互联网来了；我们还没搞清楚移动互联的时候，大数据时代又来了。"

影片《点球成金》讲述了一个三流球队的经理人如何用三流身价的球员打败了一流球队的故事。由布拉德·皮特饰演的主角比利抛弃了传统的凭借经验、感觉和个人判断等主观因素来选择球员的方式，而通过对球员的数据进行分析，建立了棒球统计学模型，来挖掘那些评价过低的潜在明星。按照现在流行的说法，比利利用了大数据分析，发现了那些价值被低估的球员，颠覆了棒球行业传统的经营模式。如今，在商业、经济等多个领域，决策行为已经日益基于数据和分析，而非经验和直觉。包括公共卫生、经济发展和预测等各个领域在内，大数据为我们带来了很多意想不到的惊喜和便利，也造成了新的危机和麻烦，对全世界来说，一个富于创造力却又充斥着巨大破坏力的大数据时代已经来临。

不少人都曾有过这种经历：刚打开微博，网页就给你推荐了一些"你可能认识的人"，而这些人里面，还真有不少你失去联系多年的朋友、同学；打开购物网站，在网页上显示的推荐购物清单里，你真的发现了一些自己正打算购买的物品；打开新闻网站，系统推荐的新闻正中你的胃口。

如今，喜欢在互联网上购买书籍的人会发现，当你搜索某一本书时，常常会在页面上看到一个推荐书单，而你会惊奇地发现，书单里罗列的正是你感兴趣的书籍。这并非书商的神机妙算，也并不借助于专家学者的推荐，隐藏在它背后的，只是一串串数据——海量的、巨细无遗的大数据。这些数据记录了过去若干年来数以万计的人每一天的买书行为，以至于它清楚地知道买这本书的人通常还会买哪些书。

其实，这些都有赖于"大数据技术"，这些网站通过分析你的浏览搜索习惯等众多数据，分析出你的喜好、社交圈甚至是生活习惯。

一、大数据助力猴年春运

有钱没钱，回家过年。2016年猴年春节期间，春运紧紧牵动着"离乡人"的心情。据统计，猴年春运全国旅客发送量超过29.1亿人次，比2015年同期增长3.8%。猴年春运压力大、责任重、意义深，但为何最后能圆满完成任务？因为，大数据在春运期间大显神通。

2016年伊始，大数据跟着"大圣"四处探查春运情况，为春运时刻准备着。各大数据网站摩拳擦掌，时刻监控春运情况；铁路部门根据往年的数据事先模拟，做好安排和布控。一时间，大数据和猴年春运紧紧相依，成为人们在城市乡村、街头巷尾热议的话题。

第一，百家争鸣：百度高德齐发力，"大数据"引导"大迁徙"。春运期间，百度地图利用云计算、大数据分析技术，通过数据可视化的形式，推出"平安播报"网站，为用户提供春运期间全国高速公路的拥堵路段信息查询、重要节点流量查看以及事故多发路段查询等功能，为用户出行提供参考。同时，百度地图推出适合手机查看的移动版页面，让用户即使在路上也可以通过手机实时查看权威的全国高速公路通行信息。高德地图则发布了春节出行预测报告，通过历年城市的净迁入/净迁出量计算分析，预计出2016年拥堵高发公路、游客较多的旅游景点，以供大众出行参考。双方都以大数据分析作为解决拥堵问题的一剂良药，为春运相关部门和市民出行返乡提供了很好的参考依据。

百度地图与交管部门合作正式推出的春运"平安播报"网站如图4-1所示。在拥堵路段页面，用户可查看拥堵路段名称、拥堵长度和车辆平均通行速度。对于全国最堵的前十名路段，百度地图春运"平安播报"还会在右边信息栏重点显示。在路段的重要节点，用户可双向查看该节点每小时的通行车辆数据，获取更细致的出行参考。百度地图春运"平安播报"还以可视化的形式，呈现各省事故多发路段以及往年发生过的事故形态等信息，引导车主平安出行。

第二，铁路部门：用大数据提前研判旅客出行规律。在猴年的春运上，交通运输部首次利用大数据分析手段，对春运旅客出行规律进行了研判。通过大数据模拟春运40天，预计全国旅客发送量将达到29.1亿人次，同比增长3.6%。据王

第四章 大数据（Big Data）：生有涯，而数据无涯

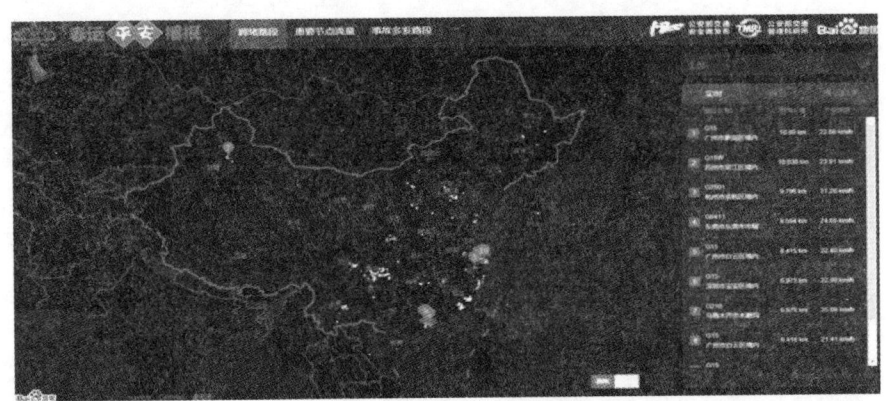

图 4–1 百度地图春运"平安播报"网站

水平介绍，从客流时空分布看，节前客流高峰将出现在腊月二十七到除夕，预计北京至天津、上海至六安、南京至滁州、深圳至玉林、广州至衡阳等方向客流集中；节后客流高峰将出现在正月初四至初六，河南、四川、湖南、安徽等劳动力输出省份旅客发送量较大。从运输服务需求看，广大旅客对网络购票、出行信息、换乘衔接等方面有了更高的期待。从运力组织衔接看，各种运输方式在干线运力供给方面基本充足，但旅客集中到达对城市公交及中短途道路客运的接续接驳、联程服务提出了更高要求。

此外，根据分析研判，预计春运 40 天客流总量排名前十位的地区分别为广东、江苏、河南、四川、浙江、安徽、湖南、广西、北京和江西；排名前十位的城市分别为北京、上海、广州、深圳、成都、郑州、西安、重庆、武汉和东莞。

因此，在春运期间，交通运输部门进一步强化协同配合，加大运力供给，全力保障旅客春运出行。其中，铁路每天将安排图定旅客列车 3142 对，同比增加 468 对；公路将投入营运客车 84.6 万辆，日发班次将达到 260 万次；水路将投入船舶 2 万余艘；民航将安排航班共计 52 万班次，较 2015 年增长 7%。全国共安排对接火车站的道路客运班线车辆共计 9.6 万辆、313.9 万个客位，其中夜间安排 7459 辆、26.8 万个客位；安排与火车站接续接驳的公共汽电车 12.8 万辆，其中夜间安排 1.2 万辆，方便旅客换乘衔接，让乘客放心、开心、省心地回家。

第三，猴年春运新变化："大数据"折射"新气象"——逆向迁徙。很长一段时期，中国春运客流明显地呈现出由一线城市向二三线城市迁徙的特点。而近年来，变化正在悄然发生——"逆向迁徙"进城过年的新趋势日趋明显。百度地

图的数据体现了这一特点,如图 4-2 所示。从数据比例看,上海、北京不只是迁出人口最多的两个城市,同样也位列人口迁入城市前列。其中一个重要原因是,部分进城人员在大城市定居后,不再回老家过年,而让自己的亲人到大城市来团聚,形成了一个逆向迁徙的高峰。

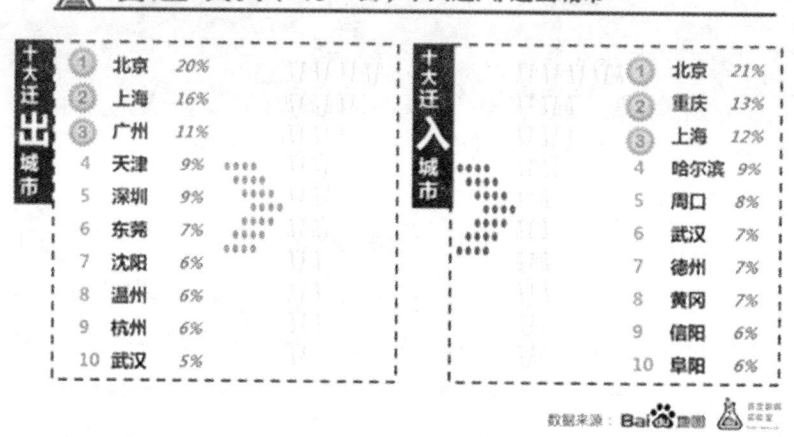

图 4-2 排名前十迁入/迁出城市

从百度地图春运大数据分析可以看到,春运繁忙线路在 2 月 1 日左右(腊月廿三,农历小年)出现了"拐点"。从春运首日(1 月 24 日)到 1 月 30 日,百度迁徙的最热线路集中在从北京、上海、广州、深圳等一线城市去往阜阳、信阳、周口、荆州、黄冈、六安、漯河等劳动力输出城市。

从中东部省会城市去往北京、上海、广州、深圳的最热线路超过 50%,如图 4-3 所示。前十位分别是北京—上海、西安—北京、沈阳—北京、郑州—北京、武汉—北京、深圳—上海、合肥—上海、上海—六安、郑州—上海、深圳—武汉。这也从一个侧面体现了"逆向迁徙"进城过年以及春节旅游需求的扩大给迁徙路径带来的新变化。

二、滴滴打车:大数据看生活

截至 2015 年底,包括滴滴出行在内的智能出行平台上活跃着 3 亿乘客和 1000 万司机(车主),注册用户数以月均 13% 的速度增长。智能出行已覆盖全国所有省市区,发达地区总量和渗透率较高,其中杭州渗透率最高。

第四章　大数据（Big Data）：生有涯，而数据无涯

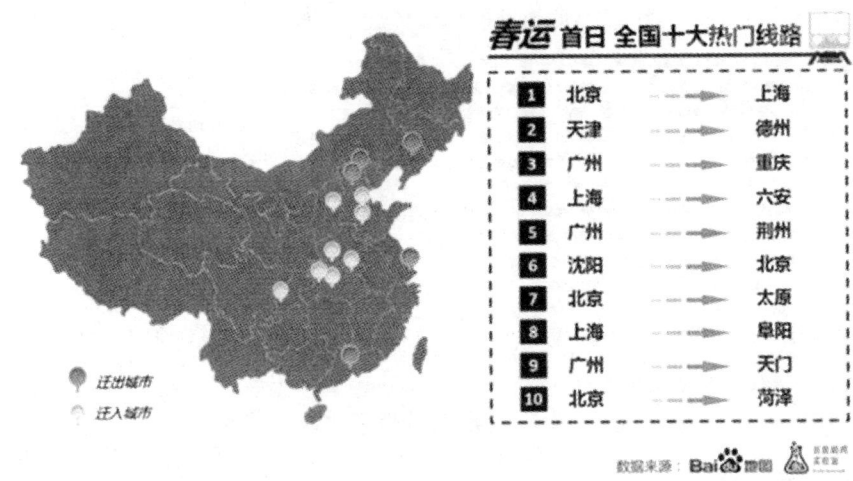

图 4-3　排名前十的热门迁徙线路

第一，还有比北京更堵的地方？当然有，重庆。拥堵是出行领域绕不开的话题，西南的重庆取代北京成为"首堵"。在一项畅通时车速与早晚高峰平均车速之比的指标里，重庆以 1.82 高居全国第一。这个指标被称为高峰拥堵延时指数，越大表明越拥堵，如等于 2 表示同里程通行时间是通畅时的 2 倍。青岛、广州、北京、深圳、杭州及被指因"满城挖"导致拥堵的武汉在此项排名第二至第七位，指数分别是 1.75、1.72、1.70、1.66、1.65、1.65。

来自重庆的红黄路也登上"年度最拥堵路段排名 Top10"榜首，青岛的太平路、深圳的红岭中路、北京的西二环以及西安的太平北路紧随其后。可见，交通拥堵已逐渐蔓延到二三线中小型城市，如图 4-4 所示。

滴滴出行数据同时显示，全国平均出行速度最慢的点出现在下午 5 点左右，低至 20 千米/时。也就是说，在高峰期开车出行，每分钟仅能挪动 333 米。

第二，女人比男人更大方，顺风车 80 后最爱免单。顺风车是滴滴推出的共享合乘产品，并推出了免单功能。一些车主也非常豪爽，不收钱免费"捎一脚"。

深夜 2 点到 3 点是免单机会最高的时段，这个时段的免单概率是每天免单概率均值的 2 倍。也许，同是夜归人的相怜之情让司机与乘客之间多了一份亲近。

从免单意愿来看，女性比男性更大方，前者是后者的 1.4 倍；80 后更是主力军，比例达 50%。顺风车免单率最高的城市分别是南昌、东莞、温州、福州、郑州，以二三线城市为主。可能在中小城市，人与人之间的关系更加亲近。

147

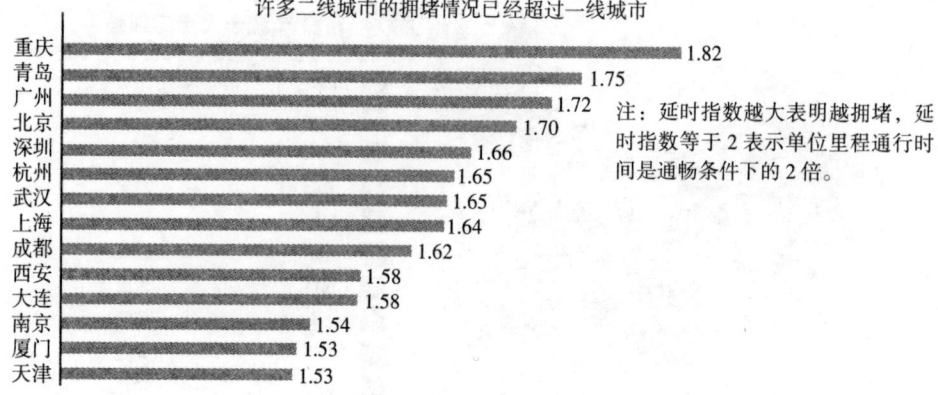

图 4-4 城市拥堵情况排名

注:1. 仅统计 14 个大城市:北京、成都、大连、广州、杭州、南京、青岛、厦门、上海、深圳、天津、武汉、西安、重庆;

2. 高峰拥堵延时指数=自由流(畅通)车道/早晚高峰平均车道,其中晚高峰时间段为 7:00~10:00, 17:00~20:00,自由流或畅通车道是 6:00 的平均车道。

第三,广州人、深圳人夜生活最丰富,南方人好玩。下班之后的休闲时间里,60%的人选择直接回家,但也有 25%的人继续夜生活。以 18:30 左右为分界线,商圈活跃度一线城市反超二线城市,显示出前者夜生活的丰富。

北上广深商圈 21:00~24:00 的活跃度(打车到商圈的订单量/全天打车到商圈的订单量)分别为 16.8%、15.8%、15.7%和 14.2%,总体来看南方城市人群比北方人群爱玩。夜生活最丰富排名前五的商圈除了上海的中山公园,其他都在广州和深圳,广州番禺大北路商圈每天 22:00 至凌晨 2:00 的出行活跃度更是高达 27.3%。

滴滴大数据还精确捕捉到突发事件和特殊时间节点来临时,人们的出行状况所发生的变化。从这些变化中归纳了七个关键词,分别是优衣库、九三阅兵、股灾、天津爆炸、创业、雾霾、恶劣天气。以雾霾为例,雾霾天不仅影响身体健康,也使人们出行量骤减,其中周末尤为明显。据北京市 2015 年 11 月 8 日~12 月 8 日这一个月的滴滴出行数据显示,工作日期间,空气质量严重污染时出行需求量比优良情况下降低 2.4%,非工作日则降低 9.9%。而在三里屯"优衣库事件"后,三里屯商圈的人流量呈现爆发式增长。滴滴数据显示,该商圈在事件发生后两周内人流量较以往增长 38%。天津爆炸事件发生在 8 月 12 日深夜,13 日当地市民的出行需求增长了 11%。

滴滴出行发布的大数据,不仅是人们简单的出行报告,更从侧面反映出时下人们受到各方面因素影响的生活现状，并通过大数据的分析，深度解析全国主要城市人们的生活节奏和出行方式，从而进一步拓展自身的商业模式，创新发展业态。

三、大数据话两会

2016 年 3 月 3 日，在全国两会召开之际，央视多档新闻栏目联合手机百度解读两会热点，通过分析用户的搜索行为数据，洞察用户对两会相关热点的关注度以及人群属性等特征。大数据同两会的结合，让两会更加生动形象、具体明了。从百度指数可以看出，2016 年两会搜索指数同步上升，且 2011 年至今，手机网民搜索两会相关内容的热度逐年上升。2016 年两会期间，"两会"一词在手机百度上的搜索指数峰值更是高达 66336，同比 2015 年上涨了 16%，网民对两会的关注度逐年升高。并且在两会过程中，百度指数被频频引用，也表明两会同大数据之间的联系协作愈发深入。

1. "数"说两会——两会"三最"

第一，"最"——"最热门"。2016 年全国两会有哪些话题最热门？百度提供的搜索数据显示，改革、环保、养老、创业这四大话题排名居前，成为 2016 年全国两会的搜索"高频词"，这四个话题的搜索量均超过亿次。紧随其后的则是反腐、一带一路、创新创业、依法治国、价格改革等，这些话题的搜索量均超过千万次。消费环境、教育公平、户籍改革、全面二孩、看病难看病贵等关键词的搜索频率也在百万次以上。

第二，"最"——"最变化"。跳出年度数据，看看三年多来两会大数据到底有哪些变化？百度提供的 2012 年底至 2016 年 2 月的搜索年度月度变化数据显示，从年度变化看，三年多来关于两会的搜索量变化不大；从月度变化看，搜索量峰值集中在每年的 3 月 1 日至 3 月 21 日。数据显示，党的十八大以来，一些新词如"中国梦"、"一带一路"等都成了互联网搜索的高频词，"互联网+"、亚投行、经济新常态、供给侧改革、淘汰落后产能、扶贫、人民币"入篮"等也是网民搜索最多的关键词。习马会、养老金并轨、全面二孩、胜利日阅兵……这些在 2015 年刚刚发生的大事，成为"热度上升最快"的话题，从中可以看到我们走过的历程；教育公平、食品安全、收入分配制度改革、养老……这些昔日的热点、难点逐步得到改善，成为"热度上升最慢"的话题，人们亲身感受到了发展的成果。

第三,"最"——"最关注"。"最关注"全国两会的都有谁?根据大数据,搜索人群呈现以下"画像"特征:从地域分布上看,搜索量排前十的地方分别是北京、广东、浙江、江苏、上海、山东、河南、河北、湖北、四川。从年龄分布上看,19岁以下占搜索人群的13.32%,20~29岁为66.72%,30~39岁为16.51%,40~49岁为2.36%,50~59岁为0.67%,其他占0.42%。数据表明,20~39岁中青年群体对两会的关注度最高,并且男性居多,该群体占总搜索人群的八成以上。

2. 北上广深最关注户籍制度改革

从相关议题搜索量来看,手机网民关注度高的民生议题包括环境保护、户籍制度改革、延迟退休、廉政建设、供给侧改革、全面二孩、全面小康、简政放权、带薪休假等。

从具体数据可以看出,手机网民对与自己生活相关更高的议题关注度较高。以户籍制度改革为例,其用户关注度占整个TOP10议题关注度的22.9%。

数据显示,自公安部召开关于推进户籍制度改革的电视电话会议后,户籍制度改革的搜索指数一路飙升至179218,这样的高点充分显示了网民对于户籍制度改革的关注。

同时,从地区分布看,北上广深等特大城市是搜索户籍制度改革数量最多的地区,占据搜索量排名的前六名。不难理解,在大城市工作的外来人口居多,这些群体自然会关注所居住城市的户籍相关政策。2016年2月,全国27个省份均出台了户籍制度改革意见,相信2016年城市户籍制度改革进程会加快。

3. "全面二孩"呼声,分布不均

在几天的两会议题讨论中,全面二孩也受到关注。随着全面二孩政策的放开,2015年以来,手机网民对二孩的关注度逐步上升。数据报告中显示,从全国各省份对于全面二孩的关注热度来看,广东呼声最高,多子多福的传统观念在广东可谓深入人心。而人口大省河南仅排在第七位,同样人口众多的四川省则排在第九位,这反映出河南、四川两个人口大省对于全面二孩的关注度相对较低。

4. 两会大数据,手机百度引领新闻创新

这是央视继春节连续引用百度迁徙图数据之后,再一次大规模使用百度大数据进行专题报道,一方面说明央视对网民行为的关注度正逐渐升高,另一方面也呈现了百度作为中国三大巨型互联网公司之一的大数据实力。如图4-5所示。

第四章 大数据（Big Data）：生有涯，而数据无涯

图 4-5 两会大数据

基于在移动大数据领域的深厚积累和技术实力，手机百度可以从移动互联网平台上积累的数据中挖掘出更具报道价值和关注度的新闻信息，与传统新闻报道相结合，通过可视化数据将信息传递给受众。而新闻媒体也开始倾向于选择移动大数据来深化新闻报道，给人一种形象、精确、全面、科学、结构化的印象，这是央视多次选择结合百度大数据做新闻报道的根本原因，也将成为未来媒体特别是电视媒体报道传播的一大方向。

百度方面对此表示，"每一次搜索都代表中国网民一次真实的需求，百度希望通过对搜索大数据的分析，与新闻相结合，更准确、更及时地感知网民情绪、洞察社会影响。在央视多次'数据新闻'报道之后，相信会有越来越多的中国网民见证百度大数据的魅力，数据时代需求与决策将实现更精准的匹配。"大数据的应用无处不在，与生活休戚相关，无论是在公共服务领域，还是在日常生活领域，都越来越离不开大数据。随着大数据的不断发展，未来大数据应用的范围会更加广泛，那时，大数据将成为人们生活中不可缺少的一部分。实际上，大数据在金融保险、医疗卫生、公共服务、交通运输等行业得到了越来越多的应用，与每个人的生活都息息相关。

第二节　什么是大数据

"可能感兴趣的人"、"猜你喜欢"、"购买此商品的人还购买了……"在你刷微

博、网上购物时,经常会在相应的位置上见到这些提示。这些看似简单的用户体验背后,其实正孕育着被誉为"新油田"的大数据产业。美国互联网数据中心指出,互联网上的数据每年将增长50%,每两年便可以翻一番,而目前世界上90%以上的数据是最近几年才产生的。这些数据又并非单纯指人们在互联网上发布的信息,全世界的工业设备、汽车、电表上有着无数的数码传感器,随时测量和传递着有关位置、运动、震动、温度、湿度乃至空气中化学物质的变化,也产生了海量的数据信息。那么什么是大数据呢?

一、大数据的概念

在维克托·迈尔·舍恩伯格及肯尼斯·库克耶编写的《大数据时代》中,大数据指不用随机分析法(抽样调查)这样的捷径,而采用所有数据进行分析处理。大数据的4V特点包括:Volume(大量)、Velocity(高速)、Variety(多样)、Value(价值)。

目前,对大数据尚未形成一个统一的认识。普遍的观点是,正是由于人类行为在社交网络上的交互沟通增长与累积了海量数据,我们很容易相信大数据意味着社交媒体数据。不过IBM商业价值研究院与牛津大学赛德商学院开展的一项调查却颇令人意外,社交媒体对大数据市场的影响相对较小,只有7%的受访者这样定义大数据。综合来看,业界对大数据的理解与定义均存在一定的差异,具体罗列如表4-1所示。

表4-1 各个机构的大数据定义

主要机构	大数据定义
麦肯锡	大数据指的是大小超出常规的数据库工具获取、存储、管理和分析能力的数据集,并不是说一定要超过特定TB值的数据集才能算是大数据
国际数据公司(IDC)	大数据即海量的数据规模(Volume)、快速的数据流转和动态的数据体系(Velocity)、多样的数据类型(Variety)、巨大的数据价值(Value)
亚马逊公司	大数据是任何超过了一台计算机处理能力的数据量
Gartner公司	在一个或多个维度上超出传统信息技术处理能力的极端信息管理和处理问题
IBM公司	大数据应当具备三个特质,可以概括为三个V,即海量化(Volume)、多样化(Variety)和快速化(Velocity)
Informatica公司	大数据由三项主要技术趋势汇聚组成:海量数据交易、海量数据交互和海量数据处理
NetApp公司	大数据包括A、B、C三个要素:分析(Analytic)、带宽(Bandwidth)和内容(Content)
维基百科	无法在一定时间内用常规软件工具对其内容进行抓取、管理和处理的数据集合

续表

主要机构	大数据定义
同方公司	大指的是数据量级大,结构多元化复杂;数是无规则、无认知、历史、实时的;据是对数字的采集加工分析,形成依据,找出论据体现它的价值
赛迪顾问	大数据是指需要通过快速获取、处理、分析以从中提取价值的海量、多样化的交易数据、交互数据与传感数据

资料来源:作者根据多方资料整理而成。

大数据(Big Data)是指"无法用现有的软件工具提取、存储、搜索、共享、分析和处理的海量的、复杂的数据集合"。业界对大数据特征的描述通常用四个V加以概括,即海量化(Volume)、多样化(Variety)、快速化(Velocity)和价值化(Value),如图4-6所示。

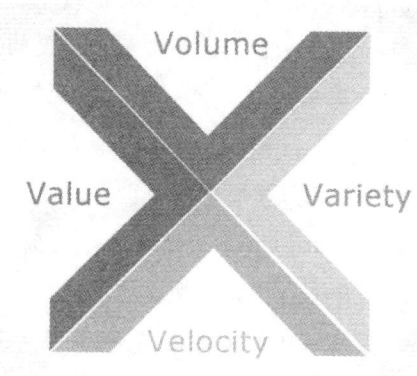

图4-6 大数据的特征

第一,数据体量巨大(Volume)。截至目前,人类生产的所有印刷材料的数据量是200PB(1PB=210TB),而历史上全人类说过的所有的话的数据量大约是5EB(1EB=210PB)。当前,典型个人计算机硬盘的容量为TB量级,而一些大企业的数据量已经接近EB量级。

第二,数据类型繁多(Variety)。多样性也让数据被分为结构化数据和非结构化数据。相对于以往便于存储的以文本为主的结构化数据,非结构化数据越来越多,包括网络日志、音频、视频、图片、地理位置信息等,这些多类型的数据对数据的处理能力提出了更高要求。

第三,价值密度低(Value)。价值密度的高低与数据总量的大小成反比。以视频为例,一部一小时的视频,在连续不间断的监控中,有用数据可能仅有一二

秒。如何通过强大的机器算法更迅速地完成数据的价值"提纯",成为目前大数据背景下亟待解决的难题。

第四,处理速度快（Velocity）。这是大数据区分于传统数据挖掘的最显著特征。根据 IDC 的"数字宇宙"报告,预计到 2020 年,全球数据使用量将达到 35.2ZB。在如此海量的数据面前,处理数据的效率就是企业的生命。

【大数据专栏 1】

四维图新构建大数据新生态

一、公司概况

北京四维图新科技股份有限公司（以下简称四维图新）是中国领先的数字地图内容、车联网和动态交通信息服务、基于位置的大数据垂直应用服务提供商,始终致力于为全球客户提供专业化、高品质的地理信息产品和服务。经过十多年的发展,四维图新已经成为拥有九家全资公司、十一家控股公司、六家参股公司的大型集团化股份制企业。作为全球第三大、中国最大的数字地图提供商,公司产品和服务充分满足了汽车导航、消费电子导航、互联网和移动互联网、政府及企业应用等各行所需。

在数字地图领域,四维图新数字地图已连续 13 年领航中国前装车载导航市场;通过合作共赢的商务模式在消费电子、互联网和移动互联网市场多年占据 50% 以上的市场份额,每天通过各种载体访问公司地图数据的用户超过 1.5 亿。在动态交通信息服务领域,四维图新拥有中国覆盖最广、质量最高的服务体系,已建成北、上、广、深等 30 余个主要城市的服务网络,高品质服务已连续五年 7×24 小时可靠运营。四维图新可提供交通拥堵、交通事件、交通预测、动态停车场、动态航班信息等丰富的智能出行信息服务,并成功服务 2008 年北京奥运会和 2010 年上海世博会,成为中国动态导航时代的领跑者。在车联网服务领域,公司建立了面向乘用车和商用车的车联网应用服务体系,致力于成为国际级 Telematics 解决方案提供商及国内领先的 Telematics 服务运营商,全面参与车联网和 Telematics 的市场竞争。2011 年,公司率先在国内推出品牌"趣驾",依托模块化车联网服务云平台,为客户量身定制平台搭建、内容管理、导航服务、车联网运维及一站式服务解决方案,推动公司由内容提供商向内容和服务提供商转变。目前,公司已经或即将为丰田、奥迪、大众、沃尔沃、长城等国内外主流车厂的车联网项目提供服务,并已在2012年宝马智能驾驶控制系统(iDrive III)中搭载了"趣驾"的部分功能。2014年与腾讯联合推出趣驾 WeDrive,并于2015年将其升级为趣驾2.0。趣驾2.0秉持"安全、服务、简单、开放"的产品理念,依托四维地图数据(包括实时交通数据、ADAS高精度数据、传感器融合地图数据等),融合最专业的导航软件(图吧导航、导航犬以及趣驾导航),真正实现了语音识别、语音交互操控,可以真正做到"自由驾驶、自在沟通、安全出行"。

二、四维图新正在构建大数据新生态

2016年以来,四维图新不断加快上下游产业链的一体化整合。年初与东软战略合作,强化车联网平台软件实力,之后又收购联发科技旗下杰发科技芯片商,将获得车联网硬件核心芯片的研发能力,试图完成软硬件的综合布局……这一系列的动作高调彰显了四维从图商向综合地理信息服务商转型的决心。同时,加上此前其在高精度地图、算法、车联网操作系统和手机车机互联方案等领域的布局,四维图新已成为目前国内为数不多的在智能交通供应链领域均有布局的企业。

2016年6月15日,四维图新 CEO 程鹏在第五届"地理信息开发者大会"上发表了题为《独立思考,自主创新,构建四维图新大数据新生态》的演讲,指出四维图新开始了在动态交通地图、车联网服务等基于地图数据的独立创新,目前业务布局涵盖数字地图、动态交通、车联网、自动驾驶、LBS及行业应用。程鹏介绍,经历了一系列商业模式的探索和尝试,四维图新正从提供导航地图的数据公司成长为以位置为核心的大数据公司。 对于转型大数据生态企业的原因,四维图新有这样的考虑:首先,预计到2020年,全球产生的数据量将达350亿TB,这个数字是2009年的44倍,形成了大数据的应用和发展基础。其次,随着深度学习、人工智能算法的演进,对海量数据的处理和特征提取逐渐完善,形成了行业级别应用的算法基础。最后,大数据的获取、分析和应用已经逐渐深入到现今地图生产中的各个流程,这是地理信息数据和服务发展的必然趋势。

对于未来，程鹏认为，通用传感器贡献数据量将远超专业级。手机、平板电脑、智能穿戴设备、移动社交媒体，诸如此类的通用传感器遍布全球，在互联网环境下，蕴含着海量、高增长率和多样复杂化的位置信息资产。程鹏指出，目前，市面上的通用传感器多达数百种，其为大数据分析贡献的数据量已经远超雷达、红外等专业传感器，成为大数据分析的主要对象。四维图新大数据生态系统，数据来源覆盖滴滴、基于位置的APP、私家车、出租车、客车/物流车、OBD、移动基站等。据了解，四维图新正与滴滴紧密合作，目前有近一半数据来自滴滴，通过特定的算法和分析技术，这些冗杂繁复的数据将为道路交通、商业智能等各行业提供参考。举个例子，通过分析浮动车、摄像头采集到的交通数据，可以预测未来不同时段的交通情况，或是计算出不同道路的交通拥堵、信号变更情况。

三、四维图新开始布局车联网

智能交通与车联网、自动驾驶、大数据等技术的高度融合已是显而易见的趋势。程鹏的设想是短期内利用杰发科技的芯片将车联网的通道搭建起来，为用户带来智能化的车载信息娱乐体验。而中长期目标是利用算法和芯片的优化，开发出可实现自动驾驶技术的芯片，并最终为自动驾驶提供硬件+软件的解决方案。左手掌握数据和算法，右手拿到了芯片，四维图新想得到的是一张未来智能交通生态圈内核心供应商的入场券。

随着数据源的增多，四维图新已形成了海量的数据累积。通过接入滴滴出行、私家车、出租车、客车、物流车、移动基站等的数据，四维图新已经形成了强大的数据提供能力。数据是图商的命脉，除了利用技术优势进行前瞻布局外，如何将数据最大价值地实现商业盈利也是业内所面临的问题。CEO程鹏坦言，目前多维度的数据源已经足够多，但在算法上还需要进一步开发，接下来四维图新还将对互联网及行业的深度信息进行接入，除了为传统的汽车企业客户提供地图和出行数据外，这些数据还将从精准营销到保险、维修、保养等领域改变未来传统的商业模式。可以说，四维图新已经从卖数据转向提供大数据服务。

2016年6月，四维图新"牵手"京东金融，共同布局车联网大数据金融服务。双方建立了战略合作伙伴关系，将以"互联网+"的思维模式进一步创新车联网金融服务,通过大数据共享,在消费洞察、交通出行、车险征信等领域创造巨大的商用价值。京东金融定位于金融科技,为企业和个人提供融资贷款、理财、支付、众筹等各类金融服务。此次四维图新与京东金融的战略合作将围绕产品创新、数据采集融合应用、双方资源共享三个方面开展,共同布局车联网大数据金融服务,有力推进双方的业务发展和战略布局。

资料来源:作者根据多方资料整理而成。

二、大数据分析的五个基本方面

第一,可视化分析。大数据分析的使用者有大数据分析专家,同时还有普通用户,但是他们二者对于大数据分析最基本的要求就是可视化分析,因为可视化分析能够直观地呈现大数据特点,并能够非常容易被读者所接受,就如同看图说话一样简单明了。

第二,预测性分析能力。大数据分析最重要的应用领域之一就是预测性分析,从大数据中挖掘出特点,通过建立科学的模型,之后便可以通过模型代入新的数据,从而预测未来的数据。

第三,数据挖掘算法。大数据分析的理论核心就是数据挖掘算法,各种数据挖掘的算法只有基于不同的数据类型和格式,才能更加科学地呈现出数据本身具备的特点,也正是因为这些被全世界统计学家所公认的各种统计方法(可以称为真理)才能深入数据内部,挖掘出公认的价值。另外,也是因为有这些数据挖掘的算法才能更快速地处理大数据,如果一个算法得花上好几年才能得出结论,那大数据的价值也就无从说起了。

第四,语义引擎。大数据分析广泛应用于网络数据挖掘,可从用户的搜索关键词、标签关键词或其他输入语义,分析、判断用户需求,从而实现更好的用户体验和广告匹配。

第五,数据质量和数据管理。数据分析离不开数据质量和数据管理,高质量的数据和有效的数据管理,无论是在学术研究还是在商业应用领域,都能够保证分析结果的真实和有价值。

大数据分析的基础就是以上五个方面,当然更加深入大数据分析的话,还有

很多更加有特点的、更加深入的、更加专业的大数据分析方法。

【大数据专栏 2】

浪潮大数据：硬功夫的磨炼+软实力的构建

一、公司介绍

浪潮集团（以下简称浪潮）拥有浪潮信息、浪潮软件、浪潮国际三家上市公司，业务涵盖云数据中心、云服务大数据、软件与集成、企业软件四大产业群组，为全球100多个国家和地区提供IT产品和服务，全方位满足政府与企业的信息化需求。浪潮综合实力位列2015年中国电子信息产业百强第九位、中国IT企业前两位、中国自主品牌软件厂商第一位，浪潮服务器销量全球第五、中国第一，浪潮存储连续12年蝉联国有品牌销量第一，浪潮集团管理软件连续13年市场占有率第一，浪潮政务云市场占有率第一。浪潮是全国八家国家安全可靠计算机信息系统集成重点企业之一，自主研发的中国第一款关键应用主机浪潮K1使中国成为继美日之后第三个掌握高端服务器核心技术的国家，浪潮因此荣获2014年度国家科技进步一等奖。雄厚的软硬件综合实力，使浪潮成为中国最具影响力的IT品牌之一。多年来，浪潮始终以超前的技术和独特的软硬件综合实力在中国IT品牌中独树一帜，并在中国信息产业发展的关键阶段引领中国信息产业的发展。

在大数据领域，浪潮围绕政府和行业市场，成立大数据公司，探索大数据服务的商业模式，推动大数据交易等数据服务模式落地。据透露，浪潮2015年的研发投入比2014年增加了39%，申报专利3500项，制定标准30项，并建设了大数据专利池。

二、浪潮大数据成果：硬功夫的磨炼+软实力的构建

2016年，浪潮云海大数据一体机SDA50000和SDA70000两款产品正式亮相。云海大数据一体机产品是浪潮在"持续深化计算+"战略背景下，在大数据领域的又一次创新和尝试。浪潮云海大数据一体机具有融合高效、敏捷易用、企业级增强等特点，可以广泛应用于高并发分布式查询业务优化、海量异构数据仓库的构建、大数据处理分析以及包含大数据服务的PaaS平台建设等业务场景。浪潮云海大数据一体机是软硬一体化、开箱即用的解决

方案型产品，功能涵盖浪潮云海 Insight 大数据套件能力，旨在帮助用户快速构建 GB 到 PB 级大数据业务处理平台。浪潮云海大数据一体机的核心优势主要包括以下四个方面：

第一，融合高效：采用新型分布式并行计算架构，可横向扩展达到 4000 个节点，形成强大的计算和处理能力；通过计算、存储和网络集中池化，以及柜内数据交换，资源利用率可提升 40%；由于采用整机柜服务器模式，满柜搭载 32 节点 1U 标准服务器，可为用户节省 75% 的机房空间，整体功耗可降低 66%；使用统一的可视化管理监控模块，运维管理工作降低 50% 以上。在性能调优方面，SDA70000 基于 SmartRack 融合架构，软硬件预集成、预调优，性能优于 Hadoop 社区版 2~10 倍。

第二，敏捷易用：组件化交付将烦琐的大数据环境搭建过程在生产线完成，开箱即用，易于部署，只需插电、连接网络、启动等简单几步即可开始使用。一体化运维，一站完成，使软件、计算、网络和存储单元的运维管理无须频繁切换控制台，建设周期缩短 50%，运维效率提升 40%。

第三，企业级增强：平台可靠性可达 99.999%；针对分布式文件系统有 30 项优化，如小文件存储优化、数据导入自动创建二级索引等，速度提高 20%；整合和增强 HBase、HDFS、Hive、Storm 等 20 项关键组件，适配流式计算、离线处理、交互式分析、迭代预测、图计算等多种计算场景。

第四，强大的开发支持：兼容 SQL-92/99/2003、OLAP 扩展，PL/SQL 兼容度大于 92%；提供基于 MADLib 的高级机器学习和数据挖掘功能；无须数据导入，即可直接访问 HDFS、Hive、HBase、关系数据库的数据，进行统一的数据碰撞。

三、"硬"功夫的磨炼：企业级硬件平台，经受 BAT 业务锤炼

中国互联网的迅猛发展催生了大量的服务器需求。自 2009 年开始，浪潮就积极参与中国互联网行业的天蝎计划，为中国互联网公司深度定制服务器。如今，浪潮为互联网数据中心定制的整机柜服务器 Smart Rack 已经更新到第四代，该产品符合天蝎 2.0 标准，实现了各类资源的聚合，以及计算、存储和网络三类资源的各自池化，单日可部署 4500 节点，是传统服务器的 10 倍以上，而且可提升 13.8% 的部署密度、10 倍以上部署速度以及 12% 以

上功耗节省,降低15%以上TCO。

该产品已被阿里巴巴、百度等大型互联网企业大规模采用,目前市场占有率超过60%,而浪潮已经开发完成的颗粒度更高的微模块数据中心MDC也已在杭州电信和网易中应用。在技术方面,高密度、高效能电能方案、高温带腐蚀是浪潮最关注的三个方向。如浪潮高压直流服务器,采用A–S电源,助力数据中心供电系统变革,改变传统IDC双UPS的供电架构,使整体能耗降低15%。

浪潮云海大数据一体机的硬件平台,选用经过BAT级大型互联网环境考验过的浪潮服务器硬件平台,经得起"双十一"那样的考验,能够担当起大数据处理的重任。其中,SDA50000采用标准2U节点的整机柜服务器。SDA70000有两种硬件平台:一种采用标准2U节点的整机柜服务器;另一种采用1U节点SmartRack高密度整机柜服务器,数量容量更大。

四、"软"实力的构建:融入生态,深耕行业应用

软实力的构建与硬功夫同样重要,需要融入生态、深耕行业,形成"天时、地利、人和"的发展环境。

"天时"是开源、开放的业界趋势。IT技术的开源开放成为潮流,Hadoop已经成为大数据业界的事实标准。浪潮积极融入开源社区,成为主要成员之一,为浪潮迅速构建软实力提供了有利的条件。"地利"是浪潮在服务器存储自主化技术领域的雄厚积累。浪潮也是国内屈指可数的具有软硬件一体化产品和解决方案的提供厂商,在政企行业耕耘20多年,具备深厚的技术功底和解决方案经验,这些是拓展大数据领域市场得天独厚的优势。"人和"得益于浪潮的开放心胸与合作心态。浪潮坚持合作是两翼的营销策略,合作伙伴总数量已超过9000家,这也为大数据领域的开放创新提供了良好的生态基础。浪潮在发展大数据业务合作中有取有予,不谋求自建封闭体系,也致力于与本地ISV互利共赢。在"天时、地利、人和"的条件下,浪潮打造了强大的大数据产品线研发体系,还建立了美国研发中心,方便核心研发团队与国际最先进的大数据软件公司深入交流与合作。

在"天时、地利、人和"的环境下,浪潮迅速构建了大数据的软实力。目前,浪潮云海Insight大数据组件化能力已初步成形,包括Insight HD分布

式计算引擎、Insight MPP 分布式并行数据库模块、Insight MemDB 分布式内存数据库模块，涵盖了从 GB 到 PB 级数据的各类数据处理场景。同时，云海 IOP 是一个完整的 PaaS 平台，可以支持快速的应用创新。它可以将大数据产品组件能力服务化，以组件模块或服务接口的形式提供给最终用户及 ISV 生态圈的开发者，可以实现快速、海量的应用开发。与传统的开发方式相比，业务上线时间缩短 75%，生产效率提高 400% 以上，业务扩容时间在分钟级，可以管理上万规模的应用。

浪潮云海大数据一体机，经过了大量的实践应用，在产品发布之前，已经积累了多个实际案例。总结来说，其主要适用于以下四个场景：

第一，利用分布式技术改善数据查询分析速度。通过传统的结构化数据库处理海量数据查询时，查一个数据需要几分钟的时间，这是让人无法忍受的。通过分布式数据库，可以把这种传统结构化数据库的数据非常低成本地复制迁移，然后把传统分析查询模块的劣势通过并行计算的架构进行优化，从而整体的导入速度和查询速度都可能提升 10 倍以上。实测表明，原来需要 10 分钟的结构化数据处理业务，在分布式数据库上只需要数秒处理即可完成。例如，12306 背后的订单系统、公安行业人员查询系统，都是几十亿的数据，通过 SDA50000 分布式数据库可以以极低的成本、可能几毫秒的时间，就在几十亿的数据库里面查询。

第二，海量异构数据仓库建设。云海大数据一体机内置云海 Insight 大数据平台处理组件，里面包含了 20 多个关键业务组件，统一进行调优和适配，提供体系化支撑模型，它真正的应用目的是解决当前大数据爆发之后面临的很多问题。随着大数据时代的到来，半结构化、非结构化的数据越来越多，而这种数据在原来的传统架构中很难去存上，而且存不起，即使存得起之后也扩不动，因为一旦存满了之后还要再买一台。而新架构里面，不管是什么样的数据都要存起来，对于大数据来说，需要一个全量的数据。如果只是存一部分数据，过两个月被扔掉了，其实对于大数据的概念没有意义。如电商业务，以前购物的信息删掉了，就很难再预测客户的消费习惯。所以，经过这种海量的异构数据的存储，可以用大数据一体机去做非常多的事情。对这种半结构化和非结构化的数据，原来是很难分析的，因为很零散，如日志数据,想分析某个人点击这个网页的行为,需要互联网公司雇一些人专门做一些日志分析。而在当前,可能以极低的成本来做。另外,对这种海量的非结构化数据与结构化数据的快速定位,新型的架构模型可能非常适合把全量的数据存起来。

第三,"互联网+"、物联网新型业务的大数据处理分析。当前车联网、智能制造、手机APP、智慧交通、智慧政务,也就是"互联网+",可能都会涉及大数据业务处理分析。例如百度,它做了多极的存储,任何一个节点宕掉都没有关系,就是以极低的成本实现了高并发、高可靠平台。基于此,我们可以利用IOP打造一个分布式的支撑层,实现一个快速迭代。通过后端云海Insight,可以实现超过10万的并发响应支持,对于互联网数据的海量历史存储能够永远存下来,放在一体机里面,随着应用的不断深化逐步发掘数据产生的价值。

第四,包含大数据服务的PaaS平台建设。这是当前信息化建设的新一波,IaaS基础设施建设层面基本上已经很成熟了,而且都已经比较坚实了,很多的信息化,或者很多的信息部门都已经实现了虚拟化。互联网其实已经做了PaaS,它的快速迭代,它的这种服务化,它的这种交付能力,它的这种大数据处理能力,其实都是构建在PaaS上。如何用产品的模型快速搭建和迭代一个PaaS,这是目前浪潮大数据产品关注的一个方向。希望利用一体机这种模式,快速帮助用户搭建PaaS层,构建以应用商店为模型的轻量级的应用平台。

大数据应用只有深入行业,才能发挥价值,这也正是浪潮独有的优势。浪潮在中国信息化领域20多年的耕耘,成功为公安、气象、交通、卫生、教育、金融、电信、证券、保险、审计等各大行业提供解决方案。如今进入大数据时代,扎实的行业根基让浪潮比同行先行半步。通过给客户带来实际价值,用案例和事实说话,会让浪潮的大数据业务越走越坚实。

资料来源:作者根据多方资料整理而成。

随着物联网、移动互联网、社会化网络的快速发展,企业数据的增长迅速,半结构化及非结构化的数据将呈几何级增长。大数据的时代已然来临,大数据必将对信息产业、经济社会、大数据产品化、知识产权和企业营销都有一定的作用，分析如下：

第一，大数据推动信息产业创新。大数据是指一般的软件工具难以捕捉、管理和分析的大容量数据，一般以"太字节"为单位，大数据之"大"，并不仅仅在于"容量之大"，更大的意义在于：通过对海量数据的交换、整合和分析，发现新的知识，创造新的价值，带来"大知识"、"大科技"、"大利润"和"大发展"。

根据 IDC（国际数据公司）的监测统计，2011 年全球数据总量已经达到 1.8ZB（1ZB 等于 1 万亿 GB，1.8ZB 相当于 18 亿个 1TB 移动硬盘的存储量），而这个数值还在以每两年翻一番的速度增长，预计到 2020 年全球将总共拥有 35ZB 的数据量，增长近 20 倍。

美国社会思想家托夫勒在《第三次浪潮》中提出："如果说 IBM 的主机拉开了信息化革命的大幕，那么大数据才是第三次浪潮的华彩乐章。"大数据将为信息产业带来新的增长点。面对爆发式增长的海量数据，基于传统架构的信息系统已难以应对，同时传统商业智能系统和数据分析软件，面对以视频、图片、文字等非结构化数据为主的大数据时，也缺少有效的分析工具和方法。

大数据将加速信息技术产品的创新融合发展，面向大数据市场的新产品、新技术、新服务、新业态正在不断涌现。大数据面临着有效存储、实时分析等挑战，必将对芯片、存储产业产生重要影响，推动一体化数据存储处理服务器、内存计算等产品的升级创新。对数据快速处理和分析的需求，将推动商业智能、数据挖掘等软件在企业级的信息系统中得到融合应用，成为业务创新的重要手段。同时，物联网、移动互联网的迅速发展，使数据产生速度加快、规模加大，迫切需要运用大数据手段进行分析处理，提炼其中的有效信息。大数据应用也给云计算带来落地的途径，使得基于云计算的业务创新和服务创新成为现实。而以上领域为切入点，大数据将推动整个信息产业的创新发展。

第二，大数据将改变经济社会管理面貌。大数据作为一种重要的战略资产，已经不同程度地渗透到每个行业领域和部门，其深度应用不仅有助于企业经营活动，还有利于推动国民经济发展。麦肯锡研究表明，在医疗、零售和制造业，大数据可以每年提高劳动生产率 0.5~1 个百分点。在宏观层面，大数据使经济决策部门可以更敏锐地把握经济走向，制定并实施科学的经济政策。在微观层面，大数据可以提高企业经营决策水平和效率，推动创新，给企业、行业领域带来价

值：一是增加收入。零售商可通过对海量数据的实时分析掌握市场动态并迅速做出应对，通过精准营销增加营业收入。二是提高效率。在制造业，通过整合来自研发、工程和制造部门的数据以便实行并行工程，可以显著缩短产品上市时间并提高质量；在市场和营销方面，大数据能够帮助消费者在更合理的价格范围内找到更合适的产品来满足自身的需求，提高附加值。三是推动创新。企业可从产品开发、生产和销售的历史大数据中找到创新的源泉，从客户和消费者的大数据中寻找新的合作伙伴，以及从售后反馈大数据中发现额外的增值服务，从而改善现有产品和服务，创新业务模式。

第三，大数据产品化。虽然我们一直在数据运行领域努力，但数据科学家在大数据的大规模操作方面可能会加快大数据项目的产品化。这通常只发生在大数据输出具备市场价值，而且通过努力可以一次性地或通过订阅出售给外部客户时。

第四，知识产权和大数据。数据科学家可能已经通过诸如专利工作将保护知识产权作为自己角色定位的一部分。保护知识产权可以是一个总体规划或基于自组织的发现。而在中型企业或外包服务商的数据科学家的工作可能不包括处理知识产权问题，在大公司的数据科学家需要追求知识产权，以便保护他们的雇主在市场上对于竞争对手的竞争优势。

第五，大数据对企业营销的作用。营销人员怎样从大数据中获得对其有帮助的信息，为营销工作的推进发挥作用？这是对营销人员的一种挑战和机遇。有调查发现，60%的营销人员很看好大数据。25%的受访者认为，大数据既是一种机遇也是一种挑战，并相信他们能有效地利用好资源。

第三节　大数据：预测未来，领先一步

随着信息革命的深入，大数据时代的预测更加容易，人类的生活正在被大数据预测深刻改变。世界杯期间，各家科技巨头利用大数据预测比赛结果，再现"章鱼保罗"雄风。虽然世界杯结束了，但大数据预测还会继续。从夜观天象到气象预报，从童话里的水晶球到今日的科技预言家，从地震云的传说再到科学家猛攻的地震预测，人类一直希望能够更早突破局限、看穿未来。

一、预测是大数据的核心价值

人们在谈论大数据的采集、存储和挖掘时，最常见的应用案例便是预测股市、预测流感、预测消费者行为，预测性分析是大数据最核心的功能。

大数据还拥有数据可视化和大数据挖掘的功能，对已发生的信息价值进行挖掘并辅助决策。传统的数据分析挖掘在做相似的事情，只不过效率会低一些或者说挖掘的深度、广度和精度不够。大数据预测则是基于大数据和预测模型去预测未来某件事情的概率，让分析从已经发生的过去转向即将发生的未来是大数据与传统数据分析的最大不同。

大数据预测的逻辑基础是，每一种非常规的变化事前一定有征兆，每一件事情都有迹可循，如果找到了征兆与变化之间的规律，就可以进行预测。大数据预测无法确定某件事情必然会发生，它更多是给出一个概率。

二、从天气预报看大数据预测的四个特征

在互联网之前便已经有基于大数据的预测分析了：天气预报。因为互联网，以天气预报为代表的大数据预测的以下几个特征在更多领域得到体现：

第一，大数据预测的时效性。天气预报粒度从天缩短到小时，有严苛的时效要求，而基于海量数据通过传统方式进行计算，在得出结论时明天早已到来，预测并无价值。其他领域的大数据预测应用特征对"时效性"有更高要求，如股市、实时定价，而云计算、分布式计算和超级计算机的发展则提供了高速计算能力。

第二，大数据预测的数据源。天气预报需要收集海量气象数据，气象卫星、气象站台负责收集，但整套系统的部署和运维耗资巨大。在互联网之前，鲜有领域具备这样的数据收集能力。WEB1.0 为中心化信息产生，WEB2.0 为社会化创造，而移动互联网则是随时随地、社会化和多设备的数据上传，每一次演化数据收集的成本都大幅降低，范围和规模则大幅扩大。在大数据被引爆的同时，大数据预测所需数据源不再是问题。

第三，大数据预测的动态性。不同时点的计算因子动态变化，任何变量都会引发整个系统的变化，甚至产生蝴蝶效应。如果某个变量对结果起决定性作用且难以捕捉，则预测难上加难，如人为因素。大数据预测的应用场景大都是极不稳

定的领域，但有固定规律，如天气、股市、疾病。这需要预测系统对每一个变量数据的精准捕捉，并接近实时地调整预测，而发达的传感器网络外加大数据计算能力让上述两点更加容易。

第四，大数据预测的规律性。大数据预测与传统的基于抽样的预测的不同之处在于，其基于海量历史数据和实时动态数据，发现数据与结果之间的规律，并假设此规律会延续，捕捉到变量之后进行预测。一个领域本身有相对稳定的规律，大数据预测才有机会得到应用。古人夜观天象就说明天气是有规律可循的，因此气象预报最早得到应用。反面案例则是规律难以捉摸、数据源收集困难的地震预测，还有双色球彩票。

三、大数据预测的典型应用领域

互联网给大数据预测应用的普及带来了便利。除天气预报之外，还有哪些领域正在或者可能被大数据预测所改变呢？结合国内外案例来看，以下领域是最有机会的大数据预测应用领域。

第一，体育赛事预测。世界杯期间，谷歌、百度、微软和高盛等公司都推出了比赛结果预测平台。百度预测结果最为亮眼，预测全程64场比赛，准确率为67%，进入淘汰赛后准确率为94%。现在互联网公司取代章鱼保罗试水赛事预测，也意味着未来的体育赛事会被大数据预测所掌控。谷歌世界杯预测基于Opta Sports的海量赛事数据来构建其最终的预测模型。百度则是搜索过去五年内全世界987支球队（含国家队和俱乐部队）的3.7万场比赛数据，同时与中国彩票网站乐彩网、欧洲必发指数数据供应商Spdex进行数据合作，导入博彩市场的预测数据，建立了一个囊括199972名球员和1.12亿条数据的预测模型，并在此基础上进行结果预测。

从互联网公司的成功经验来看，只要有体育赛事历史数据，并且与指数公司进行合作，便可以进行其他赛事的预测，如欧冠、NBA等赛事。

第二，股票市场预测。英国华威商学院和美国波士顿大学物理系的研究发现，用户通过谷歌搜索的金融关键词或许可以预测金融市场的走向，相应的投资战略收益高达326%。此前有专家尝试通过Twitter博文情绪来预测股市波动。理论上来讲，股市预测更加适合美国。中国股票市场无法做到双向盈利，只有股票涨才能盈利，这会吸引一些游资利用信息不对称等情况人为改变股票市场规律，因此中国股市没有相对稳定的规律，很难被预测，且一些对结果产生决定性影响的变量数据根本无法被监控。

第三，市场物价预测。CPI表征已经发生的物价浮动情况，但统计局数据并不权威。大数据可能帮助人们了解未来物价走向，提前预知通货膨胀或经济危机。最典型的案例莫过于马云通过阿里B2B大数据提前知晓亚洲金融危机，当然这是阿里数据团队的功劳。单个商品的价格预测更加容易，尤其是机票这样的标准化产品，去哪儿提供的"机票日历"就是价格预测，告知你几个月后机票的大概价位。商品的生产、渠道成本和大概毛利在充分竞争的市场中是相对稳定的，与价格相关的变量相对固定，商品的供需关系在电子商务平台可实时监控，因此价格可以预测，基于预测结果可提供购买时间建议，或者指导商家进行动态价格调整和营销活动以实现利益最大化。

第四，用户行为预测。基于用户搜索行为、浏览行为、评论历史和个人资料等数据，互联网业务可以洞察消费者的整体需求，进而进行针对性的产品生产、改进和营销。《纸牌屋》选择演员和剧情、百度基于用户喜好进行精准广告营销、阿里根据天猫用户特征包下生产线定制产品、亚马逊预测用户点击行为提前发货均是受益于互联网用户行为预测。随着传感器技术和物联网的发展，线下的用户行为洞察正在酝酿。免费商用Wi-Fi、ibeacon技术、摄像头影像监控、室内定位技术、NFC传感器网络、排队叫号系统，可以探知用户线下的移动、停留、出行规律等数据，以进行精准营销或者产品定制。

第五，人体健康预测。中医可以通过望闻问切手段发现一些人体内隐藏的慢性病，甚至看体质便可知晓一个人将来可能会出现什么症状。人体体征变化有一定规律，而慢性病发生前人体已经会有一些持续性异常。理论上来说，如果大数据掌握了这样的异常情况，便可以进行慢性病预测。可穿戴设备和智能健康设备帮助网络收集人体健康数据，如心率、体重、血脂、血糖、运动量、睡眠量等状况。如果这些数据足够精准且全面，并且有可以形成算法的慢性病预测模式，或许未来你的设备就会提醒你的身体罹患某种慢性病的风险。Kick Starter上的My Spiroo便可收集哮喘患者的吐气数据，指导医生诊断其未来的病情趋势。然而，急性病却很难把握，因为突变和随机性特征使之难以预测。

第六，疾病疫情预测。基于人们的搜索情况、购物行为可以预测大面积疫情爆发的可能性，最经典的"流感预测"便属于此类。如果来自某个区域的"流

感"、"板蓝根"搜索需求越来越多，自然可以推测该处有流感趋势。继世界杯、高考、景点和城市预测之后，百度推出了疾病预测产品。目前可以就流感、肝炎、肺结核、性病这四种疾病，对全国每一个省份以及大多数地级市和区县的活跃度、趋势图等情况进行全面的监控。未来，百度疾病预测监控的疾病种类将从目前的4种扩展到30多种，覆盖更多的常见病和流行病。用户可以根据当地的预测结果进行针对性的预防。

第七，灾害灾难预测。气象预测是最典型的灾害灾难预测。地震、洪涝、高温、暴雨这些自然灾害如果可以利用大数据能力进行更加提前的预测和告知，便有助于减灾、防灾、救灾、赈灾。不同的是，过去的数据收集方式存在着有死角、成本高等问题，物联网时代可以借助廉价的传感器摄像头和无线通信网络，进行实时的数据监控收集，再利用大数据预测分析，做到更精准的自然灾害预测。

第八，环境变迁预测。除了进行短时间微观的天气、灾害预测之外，还可以进行更加长期和宏观的环境和生态变迁预测。例如，森林和农田面积缩小、野生动植物濒危、海岸线上升、温室效应这些问题是地球面临的慢性问题。如果人类知道越多地球生态系统以及天气形态变化的数据，就越容易模型化未来环境的变迁，进而阻止不好的转变发生。而大数据不仅帮助人类收集、储存和挖掘更多的地球数据，同时还提供了预测的工具。

第九，交通行为预测。基于用户和车辆的LBS定位数据，分析人车出行的个体和群体特征，进行交通行为的预测。交通部门可通过预测不同时点、不同道路的车流量进行智能的车辆调度，或应用潮汐车道；用户则可以根据预测结果选择拥堵概率更低的道路。百度基于地图应用的LBS预测涵盖范围更广，如春运期间预测人们的迁徙趋势指导火车线路和航线的设置，节假日预测景点的人流量指导人们的景区选择，平时还有百度热力图来告诉用户城市商圈、动物园等地点的人流情况，指导用户出行选择和商家的选点选址。

第十，能源消耗预测。美国加州电网系统运营中心管理着加州超过80%的电网，向3500万用户每年输送2.89亿兆瓦电力，电力线长度超过25000英里。该中心采用了Space-Time Insight的软件进行智能管理，综合分析来自天气、传感器、计量设备等各种数据源的海量数据，预测各地的能源需求变化，进行智能电能调度，平衡全网的电力供应和需求，并对潜在危机做出快速响应。中国智能电网业已在尝试类似大数据预测应用。对于单个家庭来说，可以通过智能家居设备,记录家庭成员的起居习惯,感知用户的舒适度,预测用户的温控能耗需求,进行智能的温控装置控制,还可结合阶梯电价表来帮助用户省钱。

除了上面列举的领域之外,大数据预测还可被应用于房地产预测、就业情况预测、高考分数线预测、选举结果预测、奥斯卡大奖预测、保险投保者风险评估、金融借贷者还款能力评估等,让人类具备可量化、有说服力、可验证的洞察未来的能力,大数据预测的魅力正在释放出来。

【大数据专栏3】

房价网:穿破国内房产信息50度灰的大数据企业

国内以"互联网+"为商业模式的房产交易市场正在快速发展,房产细分市场领域的创业公司也在加快融资步伐。由于中国房产信息不透明的特殊"国情",在大数据+房产的市场领域,相关的创业公司仍发展较慢。而房价网则利用覆盖全国300多个城市的房产大数据,为传统金融企业、互联网金融、政府机构和商业开发企业提供服务。

一、破"灰"除"尘",数据积淀

在房产大数据上,由于避税的原因,房产交易中心的数据通常较为失真,获取真实和一定体量的数据是房产大数据市场竞争的焦点。房价网早在2006年就进入线上房产交易领域,通过多年来的数据积淀,以及与全国300多个城市的评估公司和线下中介的提前布局与合作,通过线下楼盘数据的铺点和采集,并结合全网3000多个网站的数据抓取,再根据数据模型进行处理,以解决房地产交易在信息不对称上的瓶颈,拿到较为真实的房产信息。

为了获取真实数据,与链家网曾经进行的"房屋普查"相对比的是,房价网通过多年以来积累的数据(大概有8000万的用户数据),为大数据业务的开拓打下了基础,通过对房产经纪人的激励机制与线下中介机构合作,获得了一线的房产信息。通过与中介和评估公司的互利合作,在降低数据颗粒度的同时,保障了数据的相对真实。作为线上房产交易平台的房价网,其转型房产大数据业务,靠的仍是超前的业务布局和线下本地市场的维护。

二、房产数据的匠人

面对各种商业模式的"诱惑",房产网创始人张效海带着他的团队自主研发 OLKD 专利技术，逐步实现大数据定向挖掘、机器智能学习、优化估值模型、人机结合数据运营……用匠人的信念义无反顾地走了下来。终于，当大数据在中国崛起的时候，房价网已成为了房产大数据服务领域的先驱者。

以银行为例，房价网的房产大数据现已广泛应用于银行的各相关业务，尤其是总行对抵押贷款业务的风控管理。数据应用于贷前、贷中、贷后各个环节，解决了银行在押品实时估值、内评系统数据支持、地址标准化、贷后批量押品的自动化评估和分析、压力测试等方面的各种需求。同时，房价网还是咨询公司、征信机构、系统供应商、催收机构等国内外知名企业的指定合作伙伴，用房产大数据协助这些企业更好地为银行提供服务。

每一个经纬度所对应的地址、每一个地址所对应的建筑物，都传递出重要的信息，让这些信息真实、实时、有效，从而为各行各业创造更多价值，正是房价网的使命和追求。通过多年努力，房价网 LBDS——基于地理位置的大数据服务，已经深入传统金融（银行、证券、理财、保险等）、互联网金融、政府机构、征信、商业连锁、电子商务、物流、建工等领域。无论是风险管理、反欺诈，还是商业选址、精准营销，房价网都经验丰富、值得信赖。房价网正在用房产大数据帮助各行各业创造更多价值、寻找真实答案、成为更优秀的企业，不断推动房产大数据在国内各个行业及领域的应用与发展。

拥有大量的数据积累固然可怕，但是用匠人精神耕耘大数据的企业更值得敬佩，更具有后发优势。

资料来源：作者根据多方资料整理而成。

第四节　大数据商业模式

在大数据成为趋势、成为国家战略的今天，如何最大限度地发挥大数据的价值成为人们思考的问题。无论是对于互联网企业、电信运营商还是数量众多的初创企业，大数据的变现显得尤为重要。谁最先一步找到密码，谁就能够抢占市场，赢得发展。

一、大数据商业模式变现的九大应用场景

大数据产业具有无污染、生态友好、低投入高附加值的特点，对于我国转变过去的资源型经济增长方式、推进"互联网+"行动计划、实现国家制造业 30 年发展目标具有战略意义。前几年，国内大数据产业讨论较多、落地较少，商业模式处于初探期，行业处于两种极端：一种是过热的浮躁带来了一定的泡沫和产业风险；另一种是怀疑大数据只是炒作，依然坚持传统管理理念、经营模式。进入 2015 年之后，大数据产业告别了泡沫，进入了更务实的发展阶段，从产业萌芽期进入了成长期。当前，如何将大数据变现成为业界探索的重要方向。

第一，B2B 大数据交易所。国内外均有企业在推动大数据交易。目前，我国正在探索"国家队"性质的 B2B 大数据交易所应用场景。2014 年 2 月 20 日，国内首个面向数据交易的产业组织——中关村大数据交易产业联盟成立，同日，中关村数海大数据交易平台启动，定位为大数据的交易服务平台。2015 年 4 月 15 日，贵阳大数据交易所正式挂牌运营并完成首批大数据交易。贵阳大数据交易所完成的首批数据交易卖方为深圳市腾讯计算机系统有限公司、广东省数字广东研究院，买方为京东云平台、中金数据系统有限公司。2015 年 5 月 26 日，在贵阳国际大数据产业博览会暨全球大数据时代贵阳峰会上，贵阳大数据交易所推出《2015 年中国大数据交易白皮书》和《贵阳大数据交易所 702 公约》，为大数据交易所的性质、目的、交易标的、信息隐私保护等指明了方向，奠定了大数据金矿变现的产业基础。

第二，咨询研究报告。国内咨询报告的数据大多来源于国家统计局等各部委的统计数据，由专业的研究员对数据加以分析、挖掘，找出各行业的定量特点进而得出定性结论，常见于"市场调研分析及发展咨询报告"，如"2015~2020 年中国通信设备行业市场调研分析及发展咨询报告"、"2015~2020 年中国手机行业销售状况分析及发展策略"、"2015 年光纤市场分析报告"等，这些咨询报告面向社会销售，其实就是 O2O 的大数据交易模式。各行各业的分析报告为行业内的大量企业提供了智力成果以及企业运营和市场营销的数据参考，有利于市场优化供应链，避免产能过剩，维持市场稳定。这些都是以统计部门的结构化数据和非结构化数据为基础的专业研究，是传统的一对多的行业大数据应用场景。

第三,数据挖掘云计算软件。云计算的出现为中小企业分析海量数据提供了廉价的解决方案,SaaS模式是云计算的最大魅力所在。云计算服务中SaaS软件可以提供数据挖掘、数据清洗的第三方软件和插件。业内曾有专家指出,大数据=海量数据+分析软件+挖掘过程,通过强大的各有千秋的分析软件来提供多样性的数据挖掘服务就是其盈利模式。国内已经有大数据公司开发了这些架构在云端的大数据分析软件:它集统计分析、数据挖掘和商务智能于一体,用户只需要将数据导入该平台,就可以利用该平台提供的丰富算法和模型,进行数据处理、基础统计、高级统计、数据挖掘、数据制图和结果输出等。数据由系统统一进行管理,能够区分私有和公有数据,可以保证私有数据只供持有者使用,同时支持多样数据源接入,适合分析各行各业的数据,易学好用、操作界面简易直观,普通用户稍做了解即可使用,同时也适合高端用户自己建模进行二次开发。

第四,大数据咨询分析服务。机构及企业规模越大其拥有的数据量就越大,但是很少有企业像大型互联网公司那样有自己的大数据分析团队,因此必然存在一些专业型的大数据咨询公司,这些公司提供基于管理咨询的大数据建模、大数据分析、商业模式转型、市场营销策划等,有了大数据作为依据,咨询公司的结论和咨询成果更加有说服力,这也是传统咨询公司的转型方向。如某国外大型IT研究与顾问咨询公司的副总裁在公开场合曾表示,大数据能使贵州农业节省60%的投入,同时增加80%的产出。该公司能做出这样的论断当然是基于其对贵州农业、天气、土壤等数据的日积月累及其建模分析的能力。

第五,政府决策咨询智库。党的十八届三中全会通过的《中共中央关于全面深化改革若干重大问题的决定》明确提出,加强中国特色新型智库建设,建立健全决策咨询制度。这是中共中央文件首次提出"智库"概念。近几年,一批以建设现代化智库为导向、以服务国家发展战略为目标的智库迅速成立。大数据是智库的核心,没有了数据,智库的预测和分析将为无源之水。在海量信息泛滥的情况下,智库要提升梳理、整合信息的能力,必然需要依靠大数据分析。研究认为,93%的行为是可以预测的,如果将事件数字化、公式化、模型化,其实多么复杂的事件都有其可以预知的规律可循,事态的发展走向是极易被预测的。可见,大数据的应用将不断提高政府的决策效率和决策科学性。

第六,自有平台大数据分析。随着大数据的价值被各行各业逐渐认可,拥有广大客户群的大中型企业也开始开发、建设自有平台来分析大数据,并嵌入到企业内部的 ERP 系统信息流,由数据来引导企业内部决策、运营、现金流管理、市场开拓等,起到了企业内部价值链增值的作用。在分析 1.0 时代,数据仓库被视作分析的基础。2.0 时代,公司主要依靠 Hadoop 集群和 NoSQL 数据库。3.0 时代的新型"敏捷"分析方法和机器学习技术正在以更快的速度来提供分析结果,更多的企业将在其战略部门设置首席分析官,组织跨部门、跨学科、知识结构丰富、营销经验丰富的人员进行各种类型数据的混合分析。

第七,大数据投资工具。证券市场行为、各类指数与投资者的分析、判断以及情绪都有很大关系。2002 年诺贝尔经济学奖授予了行为经济学家卡尼曼和实验经济学家史密斯,行为经济学开始被主流经济学所接受,行为金融理论将心理学尤其是行为科学理论融入金融中。现实生活中拥有大量用户数据的互联网公司将其论坛、博客、新闻报道、文章、网民用户情绪、投资行为与股票行情对接,研究的是互联网的行为数据,关注热点及市场情绪,动态调整投资组合,开发出大数据投资工具,如大数据类基金等。这些投资工具直接将大数据转化为投资理财产品。

第八,定向采购线上交易平台。数据分析结果很多时候是其他行业的业务基础,国内目前对实体经济的电子商务化已经做到了 B2C、C2C、B2B 等,甚至目前 O2O 也越来越流行,但是对于数据这种虚拟商品而言,目前还没有具体的线上交易平台。如服装制造企业针对某个省份的市场,需要该市场客户的身高、体重的中位数和平均数数据,那么医院体检部门、专业体检机构就是这些数据的供给方。通过获取这些数据,服装企业将可以开展精细化生产,以更低的成本生产出贴合市场需求的服装。设想一下,如果有这样一个"大数据定向采购平台",就像淘宝购物一样,可以发起买方需求,也可以推出卖方产品,通过这样的模式,外加第三方支付平台,"数据分析结论"这种商品就会悄然而生,这种商品不占用物流资源、不污染环境、快速响应,但是却有"供"和"需"双方巨大的市场。而且通过这种平台可以保障基础数据安全,大数据定向采购服务平台交易的不是底层的基础数据,而是通过清洗建模出来的数据结果。所有卖方、买方都要实名认证,建立诚信档案机制并与国家信用体系打通。

第九,非营利性数据征信评价机构。在国家将公民信息保护纳入《刑法》范围之前,公民个人信息经常被明码标价公开出售,并且形成了一个"灰色产业"。为此,2009 年 2 月 28 日通过的《刑法》修正案(七)中新增了出售、非法提供公民个人信息罪,非法获取公民个人信息罪。该法条中特指国家机关或者金融、电信、交通、教育、医疗等单位的工作人员,不得将公民个人信息出售或非法提供给他人。而公民的信息在各种考试中介机构、房产中介、钓鱼网站、网站论坛依然在出售,诈骗电话、骚扰电话、推销电话在增加运营商话务量的同时,也在破坏整个社会的信用体系和公民的安全感。虽然数据交易之前是交易所规定的经过数据清洗的数据,但是交易所员工从本质上无法监控全国的海量数据。数据清洗只是对不符合格式要求的数据进行清洗,主要有不完整的数据、错误的数据、重复的数据三大类。因此,建立非营利性数据征信评价机构是非常有必要的,将数据征信纳入企业及个人征信系统,作为全国征信系统的一部分,避免黑市交易变成市场的正常行为。除了征信评价机构之外,未来国家公共安全部门也许会成立数据安全局,纳入网络警察范畴,重点打击将涉及企业商业秘密、公民隐私的基础数据进行数据贩卖的行为。

二、大数据的六大商业模式

大数据商业模式的创新并非一蹴而就的事情。具体来说,1.0时代是分析自身业务,2.0时代是重视外部应用,3.0时代是集成关联数据。即大数据商业模式创新的趋势是分散→整合。具体来说,大数据商业模式有如下六种:

第一,租售数据模式。简单来说,就是售卖或者出租广泛收集、精心过滤、时效性强的数据。这也是数据就是资产的最经典的诠释。按照销售对象的不同,又分为两种类型:第一是作为客户增值服务。如销售导航仪的公司,同时为客户提供即时交通信息服务。广联达公司为其客户提供包年的建筑材料价格数据。仅此项业务,年收入就超过1亿元。第二是把客户数据有偿提供给第三方。典型的如证券交易所,把股票交易行情数据授权给一些做行情软件的公司。

第二,租售信息模式。一般聚焦某个行业,广泛收集相关数据,深度整合萃取信息,以庞大的数据中心加上专用传播渠道,也可成一方霸主。信息指的是经过加工处理、承载一定行业特征的数据集合。

第三,数字媒体模式。这个模式。具备培育千亿级公司的土壤和成长空间。这类公司的核心资源是获得实时、海量、有效的数据,立身之本是大数据分析技术,盈利来源多是精准营销和信息聚合服务。

第四,数据使能模式。这类业务令人着迷之处在于,如果没有大量的数据,缺乏有效的数据分析技术，这些公司的业务其实难以开展，如以阿里金融为代表的小额信贷公司。通过在线分析小微企业的交易数据、财务数据，甚至可以计算出应提供多少贷款、多长时间可以收回等关键问题，把坏账风险降到最低。

第五，数据空间运营模式。从历史上看，传统的 IDC 就是这种模式，互联网巨头都在提供此类服务。但近期网盘势头强劲，从大数据角度来看，各家纷纷嗅到大数据商机，开始抢占个人、企业的数据资源。海外的 Dropbox、国内微盘都是此类公司的代表。这类公司的发展空间在于可以成长为数据聚合平台，盈利模式将趋于多元化。

第六，大数据技术提供商。从数据量上来看，非结构化数据是结构化数据的五倍以上，任何一个种类的非结构化数据处理，都可以重现现有结构化数据的辉煌。在语音数据处理领域、视频数据处理领域、语义识别领域、图像数据处理领域都可能出现大型的、高速成长的公司。

三、跨越：3.0 时代大数据模式创新

谈论大数据时代的到来，绝不是几个人或者几家公司能用大数据就可以，而应该是每一个科研团队和创业企业都能从中获益。如何做到？唯有集成。以集成为关键词的大数据商业模式创新 3.0，也由此成为迎接大数据时代至关重要的一步，应协同 1.0 时代的内部资源控制管理和 2.0 时代的外部资源布局利用，建立一个开放、动态性的系统，吸纳融合更多的企业，建立大数据共享机制，以合作式竞争的态度共同迎接 3.0 时代大数据模式的跨越。但是在建立生态系统的过程中，必须要关注三个问题：

第一，能否在有效保护隐私和信息监管的情况下，建立所谓的"数据淘宝"，在这个平台上可以自由地上传和下载数据，同时实现自由定价。针对科研数据和一些非敏感数据，一家名为"数据堂"的企业已经基本实现了上述设想，并且通过众包的方式生产出了很多高质量的数据。

第二，能否产生相关的大数据运营商，提供存储和计算功能，以及一些必要的分析工具和软件。整体来看，大数据运营商可以说是数据管理平台（提供基本分析工具）、数据交易市场（提供分权限的数据交易）、数据创新工场（提供数据深度加工的能力）和大数据创新生态环境（通过数据、能力和资本吸引"数据客"进行创新）等多项集成的发源者。很多人以数据供应商提供的数据为基础开

发相关产品,甚至在数据产品基础上进一步开发更好的数据产品。如果数据产品以下载或者 API 的形式售卖,那么数据运营商、数据提供者、数据开发者等各方,都可以从客户为使用数据产品所支付的费用中获益。目前,RapidMiner 和 DataMiner 等初具数据创新工厂的雏形,而软交所北京大数据交易服务平台则有一点数据交易市场的雏形,但这些仅仅只是大数据运营商的一个侧面,没有组合起来,因此也没有办法发挥创新驱动的力量。

第三,能否形成数据挖掘竞赛的平台,把问题、人才和方案三者集中起来。在一家名为数据城堡的平台上,曾有一个总奖金额度仅为 5 万元的"学生成绩预测"比赛,但是一个月内就吸引了 488 支队伍、近 2000 人参加比赛,其中还有来自海外的代表队。在比赛才进行到 1/3 时,就有 6 支代表队的成绩超过了目前文献报道的最好结果。

可以预见,要实现 3.0 时代大数据商业模式的跨越并不容易。一方面,企业需要有更好的 IT 架构、更好的分析工具;另一方面,政府和业界应对数据的质量、价值、权益、隐私、安全等出台量化的管理措施和方案。但当大数据的生态环境形成之后,那些交叉关联的跨领域数据,其发挥的价值将永远是一加一大于二,而且任何一个科研团队和创业企业使用起来都像平时的"小数据"一样方便。

此外,大数据商业模式在经历了分析、外化和集成三个阶段的创新后,一直萦绕在大数据时代的如何解决"信息过载"问题,如何从非结构化的数据中挖掘出价值,以及如何在保障数据隐私和安全的前提下,从关联的数据中挖掘出更多价值的三个挑战,也必将迎刃而解。

【大数据专栏 4】

高德地图:大数据服务智能生活

高德地图是国内一流的免费地图导航产品,也是基于位置的生活服务功能最全面、信息最丰富的手机地图,由国内最大的电子地图、导航和 LBS 服务解决方案提供商高德软件提供。高德地图采用领先的技术为用户打造了最好用的"活地图",不管在哪儿、去哪儿、找哪儿、怎么去、想干什么,一图在手,统统搞定,省电省流量更省钱,堪称最完美的生活出行软件。

一、无处不在的位置服务

作为中国技术领先的地图 LBS 服务提供商，高德地图开放平台拥有先进的数据融合技术和海量的数据处理能力，日均处理定位请求及路径规划数百亿次。目前，包括新浪微博、神州租车等 3 万多家知名互联网厂商采用高德地图开放平台的服务来支持其位置业务（同时还有超过 30 万家第三方开发者调用高德地图 API 服务进行应用开发）。据统计，平均每 10 部手机中有 9 部在使用高德的位置服务。出行场景可能只占每人每天时间的 10%~20%，但实际上高德地图的位置服务却时时刻刻陪伴着大家。

2015 年，高德开放平台为上百万名快递员平均每日提供了 2300 万次智能路径规划服务；目前国内 85% 的车行 APP 使用高德的地图、导航和路径规划服务，平均每晚帮助出租车、快车和专车师傅导航 2400 万公里，通过智能路径规划每晚为司机师傅们躲避拥堵超 500 万公里；同时，高德地图开放平台已累计为市场中超过 60% 的外卖 APP 提供地图和定位服务；此外，高德地图还为市场中超过 65% 的社交软件提供精准定位及地理围栏服务。

二、有数据、智决策

高德观景台致力于为开放平台开发者提供基于位置数据的大数据分析服务。通过深度挖掘海量用户行为，协助开发者完成产品评估、定向运营推广等商业决策。2015 年 4 月，高德地图开放平台发布了"LBS+"开放平台战略，面向用车软件、O2O、智能硬件、公益环保等多行业推出"工具+数据+服务"的一体化 LBS 解决方案。高德的"LBS+"在 LBS 开发工具之上，整合了地图大数据和地图云计算，能够帮助合作伙伴进行自有数据管理、分析、预测，并基于此进行智能商业决策，更好地构建开放共赢的 LBS 生态。

目前，高德地图观景台推出的行业解决方案已经涵盖了出行、O2O 和智能硬件等领域。高德观景台可以通过位置热力图大数据来分析某一区域每天的人流量，某时间段的人流走向，从而得知这一区域的市场是否还有提升空间，线下人员的配备是否合理，从而更有针对性地改善服务。2016 年高德地图开放平台将持续携手广大开发者合作伙伴，做出垂直应用服务创新，利用 LBS 打造更智能、更高效、更具想象力的移动产品和服务，为真实世界的一切打上位置标签。

三、高德在手，拥堵躲走

高德地图是国内首个提供实时路况信息和躲避拥堵服务的手机地图。作为国内唯一一家同时拥有海量地图数据和交通信息大数据的互联网企业，高德地图在数据采集、生产、发布以及用户反馈方面已经形成完整闭环。基于5亿高德地图导航用户生成的众包数据和全国几十万辆出租车及几百万辆物流车的行业浮动车数据，经实时交通后台汇总、处理后，高德地图不仅可为用户提供实时路况信息查询，更可根据信息在导航过程中实时调整路线规划躲避拥堵路段，帮助用户尽快到达目的地。目前，高德拥有超400种道路属性信息，横跨61个城市、超13000平方公里的三维模型数据，以及庞大的交通大数据云服务平台。

资料来源：作者根据多方资料整理而成。

第五节　大数据的未来发展：新生产力要素

如今，我们站在了IT产业变革的节点上，感受着巨浪的侵袭：云计算和大数据的发展促使IT产业生产力发生重大变革；生产力的变化让许多技术和模式拥有了新的血液；同时，互联网和社会也面临着重构……此时此刻，谁能看清变化趋势，谁能抓住变革先机，谁便能拥有更大的筹码。

一、生产力之变革：系统架构+数据+人

IT产业生产力变化，在百度大数据首席架构师林仕鼎看来，可以从四个时间段来分析——大型机时代、PC时代、互联网时代、云计算时代。

"在大型机时代，硬件是主要的生产力"，现任百度首席架构师林仕鼎道出了他的观察与思考，"到了PC时代，软件是主要生产力"。而进入互联网时代后，IT产业生产力变为了软件+人。"一个软件开发出来后，很多工程师会去不断地升级、完善这个软件。"

那么，云计算和大数据让生产力发生了什么样的改变？林仕鼎直言："在云时代，IT产业生产力变革成了系统架构+数据+人。"

云计算带来的计算、存储资源集中化效应，以及数据量的激增，都使得系统架构在IT产业发展中发挥着越来越关键的作用——因为支持云计算和大数据的基础就是系统架构。大数据时代的到来，也使得数据更多地参与到了系统和各种服务的构建中。

"在这个新的时代，软件和系统架构可被看成一整个系统，更多的人参与进来修改、维护、升级这套系统，同时，依靠海量数据来完善这个系统，提升系统性能"，林仕鼎点出了新生产力三个要素间的关系。

以百度搜索为例，林仕鼎介绍说："用户输入一个搜索请求，有时一开始我们很难确定在搜索结果页面，以什么样的排序呈现给用户合适。那么，我们就会分别依照一定的算法，制定两个排序方法，并在用户中随机选5%的用户使用排序方式A，5%的用户使用方式B。之后，将海量的对比结果和数据反馈回机器学习平台，去分析、挖掘相关算法的优势，进而制定出更优的排序方式，完善百度搜索系统。这样，会使用户在百度搜索中更好地获得想要的结果。"

【大数据专栏5】

微步在线ThreatBook：数据安全我来护

"数据为王"对于当下的企业来说是很重要的，没有了数据，企业可以说就是"蛮人"，若是数据被窃取倒买倒卖，则会造成企业极大的损失，尤其对于中小企业来说。近日，光明网报道亚洲黑客组织盯紧中国企业，利用视频攻陷高管获取大量价值数据。针对目前的数据安全痛点，微步在线秉持"聚焦威胁，情报驱动"的宗旨，与盗窃数据、损害企业的黑客组织及不当行为抗争到底。

一、层层防御，安全防护

微步在线第一款产品Virusbook已上线公测，致力于为用户提供全方位、快速和低成本的互联网安全分析基础服务。公司聚合全球多家顶级杀毒软件优势，为用户提供全类型可疑文件（包括可执行程序、移动APP、文档等）的动静态分析和检测服务，在提供更全面检测能力的同时，还可以清楚地展现恶意软件的网络及主机行为，让用户对其危害及影响有更详细的掌握。Virusbook目前已与20家左右国内外顶级杀毒软件建立了授权合作关系，并

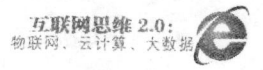

建立了移动互联网和云计算时代的文件信誉服务。在此基础上,微步在线还会推出网络安全威胁情报和业务安全威胁情报领域的数据服务,携手安全厂商和云计算平台,帮助客户清晰地感知威胁,从而可如凌波微步般应对自如。

不仅如此,微步在线还从以下方面进一步提高安全防护能力:

广度:全球范围的威胁情报收集能力,包括千万级实时更新的全球失陷主机数据、数亿 IDC 服务器及代理、数十亿动态 IP、十亿级存量域名和每日千万新增域名等。每日处理样本 300 万以上,5 亿白名单累积。

深度:长时间跨度的数据积累,包括五年的 pDNS 数据,三年以上的域名 Whois 注册信息数据。由于拥有坚实的数据基础,以及团队在安全分析、大数据处理上的人才优势,微步在线推出的多款产品颇受用户认可。

威胁分析平台:作为国内首个综合性威胁情报分析平台,提供鉴别分析(IP、域名、样本等)、关联数据拓展线索、掌握 IOC 上下文、溯源攻击者身份等功能。

IOCfeed:以 C&C 控制服务器为主,可下发到 IPS、NGFW、SIEM 等设备中,及时发现失陷主机并阻断控制通信,以控制实际危害发生。结合威胁分析平台,可以完成从检测到响应再到溯源的闭环过程。

资产发现:通过逆向 Whois 和子域名查询功能,全面掌握黑客组织的所有对外业务,可结合漏洞扫描器以分析安全风险,并监控新上线业务。

二、苦修内功,创新安全防护

微步在线勇于创新,不仅能提供生产环境安全、企业内部安全等主流领域的安全服务与解决方案,而且已经能够将基础的分析能力与多领域的业务安全产品相结合,如金融、通信、制造、信息服务等,并根据行业特性,提供针对行业业务安全的专业解决方案。这种跨行业多元化的发展方式有助于丰富数据积累,提升产品的适应性,积累行业经验,提升和完善威胁分析能力,从而更好地运用数据和情报分析能力解决网络社会方方面面的安全问题。

凭借全球化的威胁情报分析能力、广泛的业务合作能力和在众多国际安全事件中起到的重要作用,如 XcodeGhost 事件溯源、Darkhotel 针对国内 APT 攻击行为溯源等,在国际安全大会 RSA 期间,微步在线受到了国内外专业人士的充分认可和媒体的广泛好评。

> 2016年6月,微步在线(ThreatBook)宣布完成A轮融资,本轮投资由如山创投领投,北极光与华软投资共同参与,投资规模达3500万元。其中,北极光为天使轮领投方,本轮继续跟投。短短一年内,能够再次得到专业投资人的青睐,表明了行业与资本市场对威胁情报的密切关注和高度认可。未来在资本的推动下,微步在线将苦修内功,扩大在威胁情报领域的领先优势,进一步加深与安全产品和解决方案厂商的合作,共同创造价值,服务行业客户。
>
> 资料来源:作者根据多方资料整理而成。

二、计算范式之变革:数据中心计算

实际上,IT产业生产力变革也就意味着计算范式的变化。如前文所述,计算、存储资源集中化效应,以及海量数据的存储与处理需求,使得系统架构具有了越来越重要的地位,而这一现象也代表着计算范式的变化。"计算范式正逐步从桌面系统(即单机计算)向数据中心计算发展",林仕鼎表示。

范式的变化同时引发了软硬件设计原则、思路的改变——整个IT产业的技术根基都在发生着剧烈变革。

根据林仕鼎介绍,数据中心计算与单机计算相比,在系统设计理念上的一大改变就是对容错的处理思路。"在单机设计理念中,系统一定是越可靠越好,原因很简单,你只有一台机器,坏掉就没了。所以,在设计时,要在系统里面加很多冗余信息和校验逻辑,这样在出现错误后还可恢复。在数据中心计算中,主要是分布式系统。分布式系统假设所有的设备最终都会发生故障,所以它可以容忍任意一台设备出现问题。这使得两者在系统设计上拥有很多差异。"

另外,单机计算和数据中心计算的应用场景也不同,前者是单用户多任务,而后者则是多用户单任务,因此系统设计要更多地考虑并行性问题。百度自主研发的SSD就是这种理念下的产物。

在传统的SSD架构中,是由一个总的SSD控制器来控制下面的Flash存储单元,这样的优势是黑箱化、层次化,不利之处是SSD往往读取较快、写入较慢,容易形成瓶颈。而百度根据应用需求,取消了SSD架构中的写缓冲、擦写平衡等复杂逻辑,大幅简化SSD控制器的设计。通过将一个大的SSD划分为N个单元,每个单元都有独立的控制器和存储单元,这些信息和控制接口暴露给上层存储系统后,形成了多个管道,使并行读取、存储效率可以大幅提升。

这种设计上的创新,使得百度自研 SSD 相对 SATA SSD 性能提升 6 倍、成本降低 10%,相对 PCIE Flash 性能提升 2 倍、成本降低 40%。

三、社会之变革:重构互联网

云计算和大数据已经带来了像 IT 生产力、计算范式、开发方式这样偏架构和技术的变革,但在林仕鼎看来,它们最大的价值在于让社会得以革新与升级。"技术只有当真正能够去改变人的生活时才会更有意义",林仕鼎坚持着这一信条。而要让社会变革,就需要依靠云计算和大数据重构互联网。

想象一下这样一个场景:当你在公司系统里确认完出差事宜,你手机上的某个订飞机航班的 APP 就推送给你几个符合你喜好的航班供你选择。当你在手机上一键选择完后,相关租车 APP 就跳出来让你直接预约出租车,提供往返机场或异地开会时的接送服务。

要实现这一切,需以云计算为基础,并融合、联通来自各种渠道的海量数据。但目前的情况是,数据和资源都是分散的。"现在的互联网有很多问题,如每个用户的数据是分散的,这些数据被割裂在不同的设备上、不同的应用间,同时,计算资源也很分散",林仕鼎表示。所以,互联网需要重构。

林仕鼎描述了重构互联网的关键:搭建统一的云操作系统。"真正的云平台实际上是一个人人共享的统一操作系统,所有数据、服务、用户的 ID、业务系统本身都聚合在一个平台上,形成一个大规模、合作创新的平台。由于有了全局的数据,大数据算法可以发挥作用,这个平台在工程师和用户以及大数据的推动下不断进化,最终会变成一个超大的、囊括性的统一智能系统。这本质上就是对互联网的一次重构。"

人与机器合一组成的这个"生命体",实际上是把最终的结果和产生这个结果的原因连接在一起,在林仕鼎看来,这个"生命体"将会快速进化,最终重构整个社会。

据悉,百度也在努力地促进各种数据融合、串联,以推动百姓生活乃至整个社会的变革与发展。

【大数据专栏6】

元宝铺：数据驱动的第三方电商卖家信贷平台

一直以来，小微商家的融资需求都难以得到回应。很多小微商家常常会遇到这样一个尴尬的困境：在急需资金的情况下却发现自己不符合在银行申请贷款的条件。其实，不仅仅是线下大量的小微商家，小型电商卖家同样也会遇到这样的问题，它们想从银行获得贷款的难度很高。

另外，银行也并非看不到这些电商卖家的资金需求，一些银行已经开始进行放贷尝试，不过，这些贷款产品仍是沿用了传统的抵押贷款模式，但拿出足值抵押物对小微电商来说仍是个难题。因此，银行的电商信贷发展也很缓慢。

两者相互矛盾，小微商家规模小，缺乏信贷抵押物，银行也要考虑到风险，相当纠结。然而随着大数据的应用，小微商家的信贷问题可以被较好地解决，元宝铺就是这样的一家企业，站在大数据征信的风口上，做由数据驱动的第三方电商卖家信贷平台。通过为银行提供信贷解决方案，促使银行放款推动小微商家的发展，实现双方共赢。

一、收集数据，严把风控

作为"数据驱动型"的信贷平台，如何采集数据，严把风控，对于元宝铺来说相当重要。首先是数据收集。①行业数据。元宝铺首先会监测最近36个月内的行业数据，以评估某一行业的成长性、稳定性、规模性。众所周知，客户未来的增长性在一定程度上会受制于行业环境，当然行业的风险性也是如此。目前，元宝铺的行业数据覆盖16大类目，200个二级类目，900多个三级类目。②商户数据。元宝铺会接入商户的后台数据，以了解它们的销量、流量、转化率、收藏率、客单价、回头客占比等数据，以及这些数据间的勾稽关联性。随后，元宝铺从这些数据中划分出200多个明细指标，并将之转化为店铺的运营能力、市场能力、盈利能力、偿债能力和成长能力，形成一份评估报告。

总的来说，元宝铺处理的数据包括行业数据和商户数据两大类，并自己研发了数据模型。创始人之一的陈瑞贵提到，他们的团队在电商领域浸淫多

年,对行业数据有着比较深刻的理解,并且,他们钻研数据模型的团队大多来自阿里和各家银行。

根据以上风控措施,元宝铺大约会过滤掉 10% 的不合格申请者。而银行在进行二次风控的时候会进一步进行筛选,最终能够获得授信的商家约为申请总数的 60%~70%,被筛除的大部分都是因为个人征信记录不合格。

二、两端对接,数据连接

元宝铺作为一个第三方电商信贷平台,其两端分别是各个电商平台上的商户和各类资金提供方。在商户端,商户提交借款需求后,需要向元宝铺进行授权,使后者能够接入商户在电商平台上的后台账户,获取经营数据。随后,元宝铺将根据这些数据形成一份评估报告,并将这份报告提交给资金提供方。资金提供方在报告的基础上进行自己的二次风控(主要是调取央行征信报告审核),并对其授信、放贷。整个过程需要两天时间。元宝铺提供的贷款上限为 100 万元,还款期限均为 6 个月,按日计息,随借随还,不使用不计息。

目前,能在元宝铺上贷款的卖家来自天猫、京东、亚马逊、eBay、聚美优品等电商平台。但是,元宝铺并非与平台方合作,而是与电商平台上的卖家直接合作,这在一定程度上减小了合作的阻力。另一端的资金提供方目前主要是银行,包括平安银行、招商银行、浦发银行和杭州银行四家。未来,元宝铺将纳入更多的 P2P 平台作为资金提供方,如宜信、拍拍贷等,它们自己也可能成为自己的提供者。不过,元宝铺不会考虑与传统的小贷公司合作,这主要是出于对贷款效率的考虑。需要指出的是,由于是与银行合作,因此贷款商家的准入门槛相对比较高:经营时间超过 12 个月,年销售额超过 100 万元。在纳入 P2P 平台等资金提供方后,元宝铺会向更小微的长尾市场延伸。

三、创新模式,优势比较

阿里早早地便已经布局了小贷业务,京东等其他电商平台也纷纷入局,元宝铺这样的第三方电商信贷平台有机会吗?这取决于第三方电商信贷平台会有哪些优势存在。下面看看元宝铺的一些优势:

面对全网卖家。元宝铺只需在技术上实现数据接入,理论上,只要开放了数据接口的电商平台上的商户都可以成为其贷款客户。

利率低。元宝铺按日计息,日息为万分之4.2,折算成年化利率约为15.3%,这与目前电商平台信贷业务的利率相比偏低。这主要是因为元宝铺的资金提供方是银行,资金成本更低。未来,若元宝铺开发更多资金来源,将能更灵活地控制成本。

贷款的使用不受限制。对于在多个电商平台上开店的商家,它们在元宝铺上所借的钱可以用于其在任何一个电商平台上的经营活动。与之相比,若天猫商家在阿里小贷贷款,则款项只能用于其在天猫上的业务经营。

跨平台累积授信。第三方贷款平台的开放性更好,元宝铺可以考察一个卖家在多个电商平台上的经营数据,对其进行累加,有可能让贷款卖家贷到更高额度的款项。

可见,第三方电商信贷平台面对的是一个更广阔的潜在市场,并且其针对卖家的服务也更灵活、开放。

目前,元宝铺已与招商银行、平安银行、浦发银行、杭州银行、南京银行、南粤银行、浙商银行等多家金融机构建立了深度战略合作关系,服务覆盖城市超过50个,通过元宝铺授信的小微企业超过20000家,金额超过20亿元;另外,元宝铺的业务已经拓展至酒店、餐饮、零售、物流、电商等多个行业。元宝铺作为一家为中小微企业和银行提供金融数据解决方案的大数据公司,很好地解决了小微企业想贷不能贷、银行能贷不敢贷的痛点,随着资本的注入、战略关系的稳固,元宝铺将成为更多中小微企业和银行的桥梁。

资料来源:作者根据多方资料整理而成。

四、大数据的主要发展趋势

大数据带来了重要的战略机遇,第一是新一代信息技术融合应用的新焦点,未来会创造比较大的商业价值、社会价值、经济价值。第二是信息产业持续高速增长的新引擎,大数据将对数据存储产业包括整合设备产生巨大推动,同时数据挖掘市场也会得到很好的发展。第三是行业用户竞争力得到不断提升,可以更好地定位到自己的目标市场,更好地扩大企业未来市场份额,这时候企业具有更强的竞争能力,市场会发展更快。

第一，成为重要战略资源。在未来一段时间内，大数据将成为企业、社会和国家层面重要的战略资源。大数据将不断成为各类机构，尤其是企业的重要资产，成为提升机构和公司竞争力的有力武器。企业将更加钟情于用户数据，充分利用客户与其在线产品或服务交互产生的数据，并从中获取价值。此外，在市场影响方面，大数据也将扮演重要角色——影响着广告、产品推销和消费者行为。

第二，数据隐私标准将出台。大数据将面临隐私保护的重大挑战，现有的隐私保护法规和技术手段难以适应大数据环境，个人隐私越来越难以保护，有可能会出现有偿隐私服务，数据"面罩"将会流行。预计各国都将会有一系列关于数据隐私的标准和条例出台。

第三，与云计算深度融合。大数据处理离不开云计算技术，云计算为大数据提供了弹性可扩展的基础设施支撑环境以及数据服务的高效模式，大数据则为云计算提供了新的商业价值，因此，从2013年开始，大数据技术与云计算技术必然进入更完美的结合期。总体而言，云计算、物联网、移动互联网等新兴计算形态，既是产生大数据的地方，也是需要大数据分析方法的领域。

第四，分析方法发生变革。大数据分析将出现一系列重大变革，就像计算机和互联网一样，大数据可能是新一波的技术革命。基于大数据的数据挖掘、机器学习和人工智能可能会改变小数据里的很多算法和基础理论，这方面很可能会产生理论级别的突破。

第五，网络安全问题凸显。大数据的安全令人担忧，大数据的保护越来越重要。随着大数据的不断增加，对数据存储的物理安全性要求会越来越高，从而对数据的多副本与容灾机制提出了更高的要求。网络和数字化生活使得犯罪分子更容易获得关于人的信息，也有了更多不易被追踪和防范的犯罪手段，可能会出现更高明的骗局。

第六，大数据学科诞生。数据科学将作为一个与大数据相关的新兴学科出现。同时，大量的数据科学类专著将出版。

第七，催生数据分析师等职业。大数据将催生一批新的就业岗位，如数据分析师、数据科学家等。具有丰富经验的数据分析人才成为稀缺资源，数据驱动型工作机会将呈现出爆炸式的增长。

【章末案例】

美亚柏科：大数据保卫者和继承者

随着科学技术的进步，特别是计算机、互联网和各种电子产品的运用，计算机犯罪、网络犯罪层出不穷，而对于这些犯罪行为，靠以往的技术手段很难对其进行预防和打击，因此，电子数据取证产品和技术应运而生，让网络犯罪及计算机犯罪无所遁形。然而，进入大数据时代以来，信息量的爆发式增长，对数字取证工作形成了一个巨大的挑战，如何从大量数据中获取所需要的信息，并进行分析、鉴定，是数字取证工作者面临的主要问题。目前，国内在这一领域获得较高成就的企业，即坐落于美丽海滨城市厦门的美亚柏科。其产品及服务不仅只有电子数据取证，还有信息安全、云服务、无人机等几百种产品和服务，而且电子数据取证的运用亦不仅仅局限于犯罪证据的获取上。

一、公司介绍

美亚柏科信息股份有限公司成立于1999年，是一家专业从事电子数据取证和网络信息安全的技术研发、产品销售与整体服务的国家级高新技术企业，并于2011年3月16日在深交所创业板正式挂牌上市（股票简称：美亚柏科；股票代码：300188），是全球电子数据取证行业仅有的两家上市企业中的一家（另一家为美国的Guidance公司）。2013年，美亚柏科荣登《2013福布斯中国潜力上市公司100强》榜单第39位。

目前，美亚柏科已经形成涵盖电子数据获取设备、电子数据分析系统、电子数据销毁设备、互联网内容安全搜索、网络数据防护等系统的共100余款成熟产品，一直从事信息安全行业中电子数据取证和网络信息安全的技术研发、产品销售与整体服务。同时，通过内引外联与厦门大学、中国刑警学院等院校结成研发合作伙伴，形成了自己的研发和培训中心，在电子数据取证行业中成长为龙头企业之一，市场份额逐年提升。

二、从原有的CS PRO商业模式向如今的大数据商业模式转型

自成立以来，美亚柏科一直从事信息安全行业中电子数据取证和网络信息安全的技术研发、产品销售与整体服务，其主营业务由"三大产品、五大

服务"组成。三大产品包括电子数据取证系列、刑事技术产品系列及网络信息安全系列；五大服务依托"云计算中心"，面向全行业客户主要提供取证云服务和搜索云服务，而面向民用及其他行业则提供公证云服务、电子数据鉴定服务和数字知识产权保护服务。

1. 原有的商业模式

自成立以来，公司一直以政府、执法机关、司法部门等为其主要客户。依靠先进的技术创新和人才优势，美亚柏科建立了以客户需求的快速响应和提供优质持续服务为核心的 CS PRO 商业模式，即专业的 Customer Satisfaction（客户满意）综合性营销方法，使美亚柏科在数字取证领域一直处于国内领先地位。经过多年的发展，美亚柏科已经在信息安全领域取得巨大的成就，在技术和人才资源上均处于行业领先地位，形成企业的核心优势。同时，融合换位思考、客户参与、建立信任、顾问咨询、快速响应和品牌及口碑效应等多种行销方法，以客户需求为导向，极力强调客户满意。以垂直客户为基础，依托企业技术、人才优势，秉承以客户满意为核心的营销理念，以"聚零为整"的销售模式，美亚柏科建立了 CS PRO 商业模式，如图 4-7 所示。

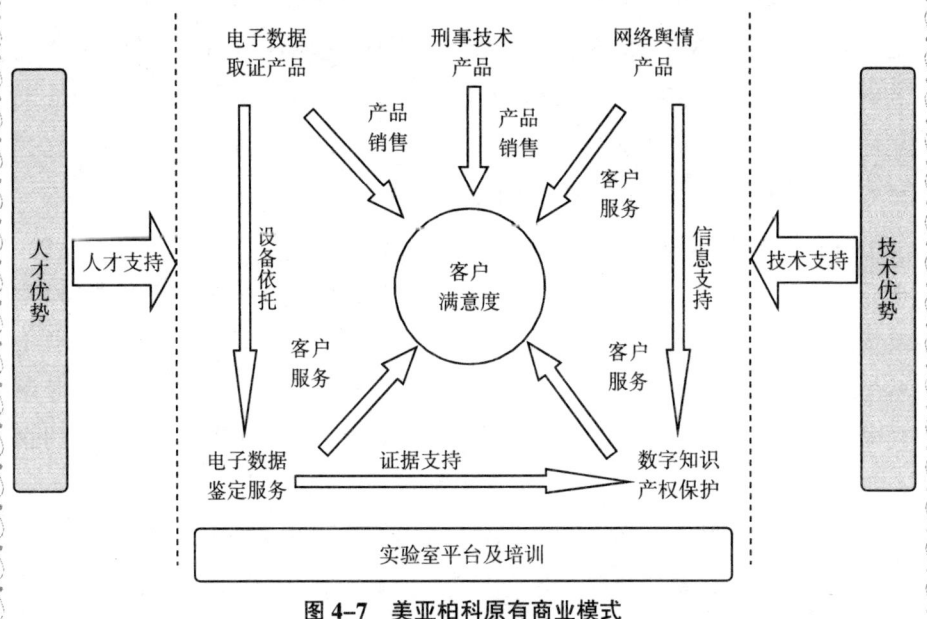

图 4-7 美亚柏科原有商业模式

2. 大数据商业模式

继计算机互联网后，人类正在进入大数据时代的现代信息社会，大数据正在开启一次重大的时代转型，在诸多领域，大数据浪潮正在引致颠覆性创新。在大数据时代，以利用数据价值为核心，新型商业模式正在不断涌现。能够把握市场机遇、迅速实现大数据商业模式创新的企业，将在 IT 发展史上书写出新的传奇。美亚柏科顺应市场要求，在原有的商业模式基础上，加入了云计算和大数据元素，如图 4-8 所示。

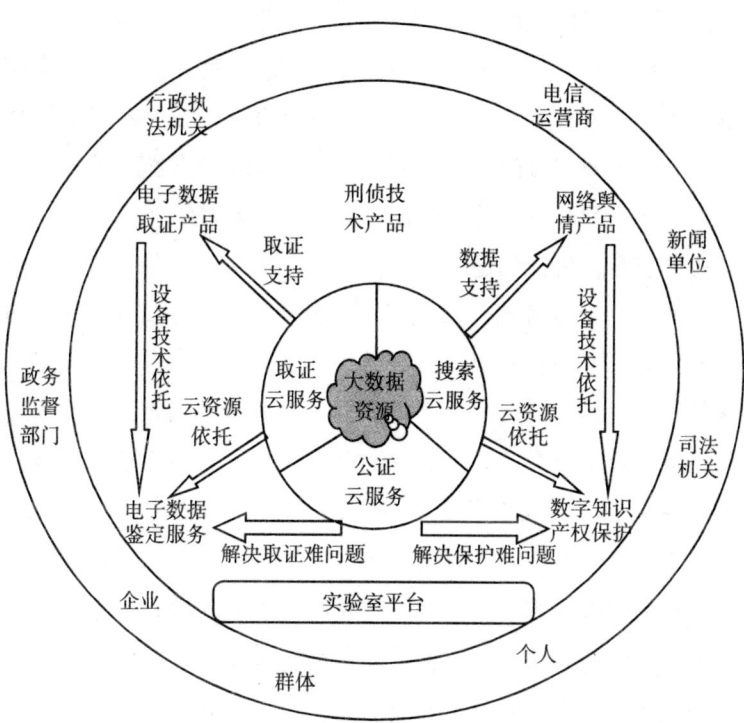

图 4-8 美亚柏科大数据商业模式

美亚柏科是一个大数据技术提供商和大数据分析服务提供商，也是一个大数据分析平台。在大数据产业链中，美亚柏科是一个专业提供数据收集、分析、鉴定服务的第三方企业。

作为大数据技术提供商，美亚柏科业务围绕着数字取证和网络舆情产品的技术和工具，并运用于数据收集、存储、检索、挖掘。大数据技术提供商模式迎合了大数据时代对海量数据进行挖掘整合的需求，而且移动互联时代的海量消费数据为其发展带来了巨大的市场空间和成长机会。

作为大数据分析服务提供商，美亚柏科通过多种渠道获取数据，并进行分析或鉴定，以作为数字证据，或者运用专业的分析工具和分析方法，对数据的特点、规律、未来变动趋势进行分析与判断，并把分析判断结果提供给客户。例如，美亚柏科的网络舆情产品能够有效提升企业利用数据的能力，帮助企业快速掌握市场变化、深入洞察客户需求，从而迅速做出决策。同时，通过计算平台，客户还可以随时随地进行数字取证分析、网络舆情监测，而无须通过专门的终端设备。

而作为数据分析平台，美亚柏科通过弹性租赁的方式为用户提供集数据存储能力、运算能力与分析能力于一体的平台服务。用户不需要为数据的处理分析配置任何软硬件IT基础设施，只需要通过浏览器上传数据到分析平台，调用平台提供的分析工具，就能对数据进行各种统计与分析。

三、业务整合，价值创造

美亚柏科的主营业务由"三大产品、五大服务"共100多种产品组成，产品分为数字取证、刑侦技术产品、网络舆情、云服务、数字鉴定、数字知识产权保护等系列，种类繁多。然而，虽然美亚柏科有着八大业务、上百种具体产品，但是产品与产品之间、业务与业务之间并不是毫无联系。公司秉持"硬件产品装备化，软件产品平台化，小产品大服务"的理念不断创新、不断发展。五大服务是三大产品的衍生业务，八大业务之间既相互独立又相互关联，而进入大数据领域之后，这种联系变得更加紧密。

以大数据为核心，运用云计算平台，逐渐融合各项业务，提升业务之间的关联度和综合竞争力。例如，通过大数据模式，让网络舆情业务和产品变得更为智能、更为精确、更为完善，而通过云计算，又可以让网络舆情业务变得更为便捷、更为简单、更为有效。在美亚柏科的业务整合中，大数据与云计算为其他产品和业务提供了强有力的资源和技术支持，三大产品为电子数据鉴定和数字知识产权保护提供了设备技术支持。

业务之间、产品之间相互联系，相互补充，形成了一个完善的产品体系，并通过大数据的链接构造出一个互生共融的生态圈，这对于公司而言可以创造出更大的经济价值，为大数据的效益和保密带来更多的保障和诚意。

四、大数据时代带来的启示

毫无疑问,大数据在未来社会中起着革命性作用。无论是个人、企业还是国家,谁能更好地抓住数据、理解数据、分析数据,谁就能在下一波的社会竞争中脱颖而出。大数据的意义并不仅仅在于容量之大,其更大的意义在于:通过对海量数据的交换、整合和分析,发现新的知识,创造新的价值,带来"大知识"、"大科技"和"大发展"。

第一,大数据带来的新商机。大数据开放的商机在哪里?答案是人。在大数据时代,人的行为都以数据形式存在,这里面就有很多商机。例如,通过研究消费者习惯,可以找到很多市场商机。在企业运营中,优化可以提高效率,减少成本,但优化要基于数据。产品也离不开数据,产品质量控制就是以数据为支持的。大数据最根本的就是促进经济的发展,在大数据时代,只有通过信息和数据的整合分析产生新的价值,才能在红海中杀出重围。

第二,大数据不是万能的。每个企业在发展转型的过程中,都急于寻求数据的支撑,特别是初创公司,为了获得资本的青睐,不得不动用"刷单",伪造数据,可最终的结果可想而知,反而被数据误导,陷入失败的泥潭之中。然而没有数据是万万不能的,但是创业者也要客观地意识到,大数据并不是全能的,数据的价值在于参考,在于自身对市场或产品的判断和定位,好的产品和服务、真正的付出与投入,才能使数据更有参考价值,获得倍增效益,而不是依赖、盲从,被大数据所奴役。

资料来源:作者根据多方资料整理而成。

|第五章|
移动互联网（Mobile Internet）：真正的"以人为本"

移动互联网（Mobile Internet，MI）是一种通过智能移动终端，采用移动无线通信方式获取业务和服务的新兴业务，包含终端、软件和应用三个层面。终端层包括智能手机、平板电脑、电子书、MID等；软件层包括操作系统、中间件、数据库和安全软件等；应用层包括休闲娱乐类、工具媒体类、商务财经类等不同应用与服务。随着技术和产业的发展，未来，LTE（长期演进，4G通信技术标准之一）和NFC（近场通信，移动支付的支撑技术）等网络传输层关键技术也将被纳入移动互联网的范畴之内。

移动互联网快速发展，不仅能为企业带来商业模式的革新，更重要的是推动经济社会的创新变革。

【开章案例】

大唐电信：中国移动互联网的先行者

伴随着国家工业化、信息化、城镇化和农业现代化发展战略的深入落实，战略性新兴产业将呈现良好发展态势，泛信息通信技术的产业穿透和引领作用将进一步增强。随着产业融合的加深和移动通信技术的普及，移动互联网产业呈现移动终端芯片集成化、移动终端智能化、移动应用与服务多样化的趋势。而大唐电信充分利用移动互联网的发展机遇，并将其应用于自身

第五章 移动互联网（Mobile Internet）：真正的"以人为本"

的企业改造，最终成为移动互联网的先行者，在电信行业脱颖而出。

一、公司介绍

大唐电信科技股份有限公司于 1998 年在北京海淀区注册成立。同年 10 月，"大唐电信"股票在上交所挂牌上市，股票代码为 600198。公司控股股东电信科学技术研究院（大唐电信科技产业集团）是国务院国资委管理的大型高科技中央企业，拥有无线移动通信、集成电路设计与制造、特种通信、战略性新兴产业和产业金融五大产业板块。通过成功推动自主创新的 TD 产业化，大唐电信集团探索了一条"技术专利化、专利标准化、标准产业化、产业市场化、市场国际化"的自主创新发展之路，实践了全新的"中国创造"发展模式。近年来，为适应新的市场形势，大唐电信进一步明确了"以国内领先的集成电路设计、软件开发应用、终端设计为核心竞争力，积极拓展移动互联网等新兴产业业务，使公司成为细分行业综合领先的解决方案和服务提供商"的发展定位，建立了面向移动互联网、物联网等新兴产业的业务体系，以及面向市场以客户为核心的运营模式。面向政府、行业、企业及个人，大唐电信在公共服务智能信息化、行业信息化、个人移动生活等领域，为客户提供稳定、安全、高效的整体解决方案。

二、迎接移动互联网，全产业布局

作为国内信息通信领域的领军企业，大唐电信主要从事微电子、软件、终端、接入、通信应用与服务等领域的产品开发与销售。随着信息产业整合不断深入，传统以语音业务为代表的通信行业正在向以移动互联网、物联网、"三网"融合为代表的大通信范畴演进。面对信息通信行业的变化，大唐电信结合自身优势，确立了由提供单一产品向整体解决方案转型的目标。从公司产业发展来看，在物联网和行业信息化发展战略上，大唐电信既做关键产品，如 RFID、M2M 模块与终端、业务控制平台等，同时还关注整体解决方案的交付；既做行业与智慧城市的应用，又与运营商拓展合作，为实现面向未来的、泛在化的服务应用打好基础。在物联网和行业信息化解决方案领域，大唐电信已经成功打造出感知矿山、智能水利、智慧农业、智慧环保、感知核电、智慧油田、智能交通、智慧城市、智慧医疗等完整的且实际应用的行业解决方案，并成功中标多省市智慧城市试点项目和行业信息化项目。

此外，在金融与安全领域，作为国内为数不多的自主研发智能卡芯片的企业，大唐电信陆续推出了支持SSF33、SM1等多种国密算法的接触式和非接触式一系列高安全产品，为我国身份识别、社会保障、银行卡、信息安全、特种安全、电子商务等行业提供了相关芯片及配套的安全模块。2012年，大唐电信成功实现了重组并购，并入联芯科技、优思电子，为大唐电信在集成电路设计产业、终端设计产业注入了新鲜血液。同时，大唐电信还通过合作、并购等方式开拓了高速公路、车联网、医疗信息化等业务市场，为大唐电信完成向"整体解决方案提供商"的转型打下了基础。

三、布局成效明显，企业转型升级

伴随着"互联网+"的提出，大唐电信进一步加快其在移动互联网的布局。大唐电信将移动互联网领域应用与服务的延伸作为重要发展方向，并确立了以需求为导向、以运营为目标、以平台为核心、以服务为手段的市场策略，对各种应用进行汇聚，形成了包括芯片、终端、网络支撑、行业应用、增值服务及服务运营在内的移动互联网体系架构，最终将打造"应用服务+平台架构+网络支撑+终端系统"的完整移动互联网产业布局。通过产业链资源整合，大唐电信推出了老人机、家庭信息机等产品，并形成规模销售，将终端与移动互联网服务相结合，推动了由单一产品向整体解决方案的转型。

此外，在2015年，大唐电信继续加大研发力度，投入资金约9.73亿元，较2014年增加1.07亿元，同比增幅12.36%。得益于研发资金的增加，大唐电信加快了移动应用开发平台的建设，成功打造了移动互联网研发生态圈"369CLOUD云服务平台"，为移动应用开发者提供一体化解决方案，探索形成了"一体两翼"项目孵化模式，相继孵化出几十个项目。在游戏业务方面，成功开发了多款精品手机游戏和网页游戏，通过与国内外合作伙伴长期稳定的合作，建设了多元化的游戏推广渠道。

为加快公司转型升级步伐，大唐电信围绕"云—管—端"布局（见图5-1），逐步构建了相对完善的覆盖集成电路设计、软件与应用、终端设计、移动互联网等环节的信息产业全产业链，为政府、行业、企业及消费者提供整体解决方案和服务。集成电路产业是整个电子信息产业的基础，是保障国家安全，支撑软件、终端、互联网等产业的战略性和先导性产业；软件、移动互联网产业可为前端产业提供市场需求信息与产品创新动态,拉动终端设计产业的产品与服务升级;而终端设计产业可作为开展软件移动互联网业务的基础与载体,拉动移动互联网业务的发展。通过上述这种产业互动的模式,产业之间达到高效协同,以点带面,将公司资源高效整合与合理分配,资源投入产出效能得到进一步提高。

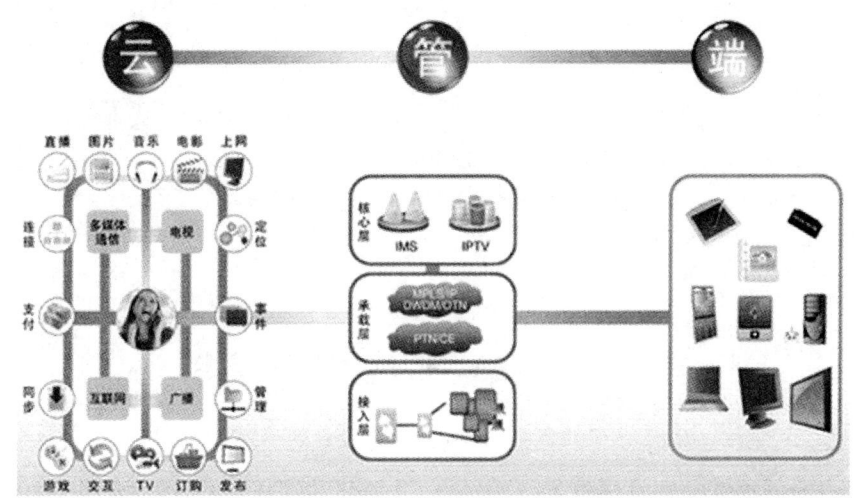

图 5-1　基于"三网"融合的大唐移动互联网布局

四、结论与启示

布局成效的显著,也为大唐电信带来可观的利润。2015 年大唐电信实现营业收入 86.03 亿元,同比增长 7.75%,其中通信设备行业平均营业收入增长率为 21.51%;全年实现净利润 2844.39 万元,同比 2014 年的 2.17 亿元,下降 86.89%。2015 年四季度营业收入环比上季度增长 82.47%,其中通信设备行业平均净利润增长率为 41.42%,四季度净利润环比上季度增长了 461.76%。

第一,走正向创新之路带动产业链更新升级。无论是初创企业还是央企,都必须走由技术创新到管理创新进而形成企业系统创新的发展路径。大唐电信的成功转型已经验证了这一点,即利用移动互联网技术,走正向创新之路,从一个产业链的高端切入,并坚持开放、创新和合作的精神,在内部推动组织变革,推动现代企业制度的建设。此外,在推动企业改革的过程

中,要实现技术专利化、专利标准化、标准产业化、产业市场化。具体来说,即技术研发创新成功形成专利,参与国际国内标准化组织使核心专利成为标准,通过产业化将技术标准转化为商用产品,并利用对核心技术的理解优势,在产品市场竞争中取得领先地位。

第二,管理系统创新提升企业发展信心。企业在发展的过程中可借鉴大唐的发展模式,即以核心技术为基础、以产业转化为主线、以移动互联网协同升级为导向,提升技术创新优势、资源要素优势以及制度协同优势。并且,同高等院校及研究所共同搭建创新开放平台,建立创新智慧体系,从而推动企业核心竞争力以及行业地位的不断提升。

资料来源:作者根据多方资料整理而成。

第一节 移动互联网的时代之舞

《中国移动互联网发展报告(2016)》以"移动互联网+:信息创造价值"为主题,围绕移动互联网发展新阶段,在新闻、政务、经济、社会等领域信息服务创造新价值的新业态、新挑战、新前景,发布"转折·重塑——移动互联成就新价值"的研究报告。作为对国内移动互联网年度发展状况进行全面观察和研究的行业蓝皮书,《中国移动互联网发展报告》已连续多年出版。2016年的报告全面梳理了2015年中国移动互联网的发展状况,指出经过2011~2015年的高速发展,中国移动互联网进入稳健发展期,从粗放扩张转向深耕细作,如何提升价值将是下一阶段发展的主题。

一、无"剁手"不欢乐,移动电商新玩法

随着互联网渗透到我们生活的方方面面,移动互联网占据了用户大量的碎片化时间,也带来了用户购物习惯的改变。电商结合移动互联网已经是当下常见的一种模式,"口袋购物"一词已经变成了现实,移动电商市场规模加速扩大。根据艾瑞咨询数据显示,2015年中国移动网购市场交易规模达2.1万亿元,同比增长123.8%;从移动端、PC端占比来看,移动端占比达到55.5%,同比增长21.7%,

第五章 移动互联网（Mobile Internet）：真正的"以人为本"

渗透率持续提升；从移动网购市场份额来看，阿里无线占比84.2%，继续领跑中国移动网购市场，国美在线发展迅速，移动端市场份额紧追苏宁易购。

第一，消费者与电商的移动互联网化。在移动互联网的变革下，电子商务产品变得越来越工具化、渠道化、多样化，因为卖产品越来越不赚钱，移动互联网企业的产品极其低价，甚至是免费的，但质量还非常好，这是传统企业靠卖产品盈利生存所不能承受之重，其在惊讶之余，只能活生生被颠覆。对于消费者而言，在移动互联网的影响下，呈现出四大特点，即消费移动化、碎片化，消费需求呈现个性化，消费入口呈现多元化，消费决策逐渐理性化，想要买买买，只需要一台智能手机＋一个APP＋钞票即可享受指尖上的"剁手"快感，满满的成就感，多快好省，尽情享受购物。

第二，不只是特卖，更要你"剁手"。移动互联网的本质特征是碎片化、移动化，粉丝化的用户思维正在颠覆传统电商企业；平台化改变了商业的合作方式与盈利模式；产品的极致思维最大化体现了对用户的服务理念；体验感是移动互联网创新性营销的根基；让用户尖叫是口碑化传播的起点；开放化是移动互联网商业模式与经营理念的核心，消除信息在时空上的不对称，去中间化、去中心化；品牌则是移动互联网业务运营的核心，品牌意识更加强化。

唯品会就是一家成功进行移动互联网转型的电商之一。在种种举措下，特卖电商唯品会移动端的表现可谓十分抢眼。2014年以来，唯品会移动端连续荣登各大APP排行前列甚至榜首，更被权威移动互联网数据提供商Talking Data评为2014年"中国电商移动覆盖量增长最快的企业"。近年来，唯品会在移动端用户体验上不断优化，对移动产品进行"深度化"跃进，包括持续细分移动端类目、增强与会员的互动、推出超级品牌日，以及持续创新图像识别、"千人千面"等个性化技术的研发及运用，更加贴合了用户的扁平化使用需求，时时带给用户"网上逛街般"的场景化惊喜购物体验，充分调动了用户在这个"求新求变"时代的敏感购物神经。得益于移动端业务的发展，唯品会"逛街式"特卖模式手机端业务得到长足发展，2016年第一季度唯品会移动端销售占比已达87%，成为移动交易额占比最大的电商平台，稳居国内电商前列。此外，唯品会在物流方面采用更精准的GPS定位、移动支付等技术，通过"最后一公里"标准化管理平台，实现物流追踪、移动刷卡支付、服务质量评估、营销推广等功能，不断提升配送的服务质量，降低物流支付成本，实现资金流、商品流、信息流"三流合一"，从而继续提升用户体验。

第三，O2O——电商移动互联网的营销利器。无论是网购剁手党还是专柜扫货族，BEATUY＝BUY＋EAT：生活之美在于买买买和吃吃吃。正如精明的"吃货"总能一边大快朵颐，一边在朋友圈大晒马甲线拉仇恨；而真正精明的购物狂也总能比别人逛得轻松，买得潇洒，还能享受深度折扣和一流服务。

2015年9月，特卖电商唯品会联手国际时尚集团GRI，共同打造了"9·19 GRI集团超级品牌日"，如图5-2所示，为1亿注册会员带来全新的O2O购物惊喜体验——"线上下单、专柜取货、快速送达"。眼疾手快的精明消费者当天在唯品会不仅以五折起的低价抢购到了NINE WEST、STEVE MADDEN、EQ：IQ等时尚大牌的专柜秋冬热卖同款服装、鞋包，更享受到唯品会从品牌专柜直接取货、极速送达的贴心服务。此外，亲临GRI集团旗下品牌全国56家指定专柜门店的消费者，通过手机扫描店内热销产品专区二维码，同样能够体验到本次"专柜同款、五折开抢"的超值优惠；更有高颜值的时尚型男导购员，全程提供贴心服务。

图 5-2　唯品会"9·19 GRI集团超级品牌日"

O2O是移动互联网去中心化、去中间化最好的产物，也是从工厂到消费者直销思维的体现，会员制则创造了一种全新的消费模式，其中的分享分销理念，内容、信息、社群营销社交化，更是让广大会员在消费的同时也能成为经销商，获取相应的利润，聚合属于自己的粉丝，让用户也有了创业的机会。这种全新的模式正在颠覆传统的电商模式，引领新的商业发展潮流。作为O2O营销模式的电商"脑残粉"，唯品会通过用户细分，成功增强了用户黏性，为自身的发展带来巨大的收益。

二、风口上的猪：移动互联网金融

移动互联网金融从属于互联网金融，但从实际效果来看，其优于互联网金融，因为移动互联网金融和互联网金融虽然都是基于互联网平台，但是有线互联网是人随网走，网线在哪儿，就只能到哪儿上网，而移动互联网是网随人动，人在哪儿，网络就到哪儿，就能够在哪儿上网。移动终端的高度便携性让移动互联网金融具备了更多的优越性，并且使之成为传统金融机构与互联网企业等多方市场主体在移动互联时代生存和发展竞相抢夺的制高点。

移动互联网金融是传统金融行业与移动互联网相结合的新兴领域。移动互联网金融是以平板电脑、智能手机和无线POS机等各类移动设备为媒介工具，实现资金支付、股票交易、基金买卖、保险购买等业务的新兴金融模式。相较于传统金融行业，其呈现出操作更便捷、参与度更高、中间成本更低、协作性更好、透明度更强、灵活性更高的特点，可以说是传统金融行业的强大竞争对手。

随着智能终端的发展和普及、移动通信技术的日新月异以及移动安全技术的进步，移动互联网金融服务范围、金融产品创新和内涵不断拓展，各种移动互联网金融模式不断涌现。概括起来，移动互联网金融主要有四大模式：

第一，移动支付。移动支付作为一种快捷、高效的支付手段，能够克服地域、空间、时间的限制，极大地提高交易效率，为商家和消费者提供便利。特别是在现代支付中，小额、多笔可能成为一种常态，移动支付更为方便快捷，深受广大用户的欢迎。如今，手机支付、互联网在线支付发展十分普及，随时随地随身的支付模式成为更能体现移动互联网金融的重要内容，发挥了移动互联网金融在便利社会公众支付、提高零售效率、推动完善金融服务方面的重要作用。从支付宝手机钱包，到微信支付，再到微博支付，移动支付新产品层出不穷，发展渐入快车道，推动O2O市场加速形成。

第二，移动理财。如今利用手机，不只是简单地进行手机充值、购物支付、信用卡还款等，而且可以在手机上打理自己的资产，进行金融信息的查询、理财产品的认购等，移动理财正被越来越多的投资者关注。各大银行的手机银行除了

简单的手机充值、转账汇款等功能外,还加载了更多的金融服务,如理财计算器、银行网点查询、黄金、理财产品、基金资讯等。为了推广手机银行业务,农行、建行、光大银行、浦发银行、民生银行、招商银行等多家银行均发力移动客户端,推出了手机银行的专属理财产品。除了银行,越来越多的公司进入移动理财市场。例如,阿里巴巴在推出余额宝后,开始介入理财市场;腾讯推出微信理财平台,进入移动理财市场;京东也创立京东白条,开展自身的金融产业,发展势头强劲。

第三,移动交易。以第三方支付、P2P网络贷款、电商金融、众筹及金融机构线上平台为代表的互联网金融模式发展较快。如今,只要有一部智能手机,一切金融交易都可在瞬间完成,可以随时进行投资、融资、贷款、理财。互联网金融交易便利,资金运用快捷,可帮助人们大大提高存款资金利用率,也可帮助人们快速贷款,提高资金周转率。

第四,移动金融的O2O模式。移动金融O2O模式的盛行表现在两个方面:一是几乎每个金融服务领域都涌现出大量的O2O模式,这主要包括移动支付、基金、信托、理财、融资(众筹)、投资、金融资讯、租赁等;二是进入移动金融O2O模式的企业覆盖面广,进入的企业多。移动金融O2O模式的快速发展引起了行业的广泛关注,如今越来越多的银行、基金公司、互联网公司、运营商和创业公司积极推出移动金融O2O服务新模式。

支付宝与上品折扣联手推出商场O2O购物服务,腾讯将微信和财付通捆绑在一起,依托微信的摇一摇、二维码扫描等功能,针对性地开发出各种支付方式,实现O2O线上支付与线下商务的整合。如今,通过手机扫描二维码实现O2O模式十分普及,从而拉近了商家和消费者之间的距离。除此之外,百度、腾讯、平安银行、广发银行、浦发银行、利得财富管理集团、合众人寿、有利网、中国联通等众多企业推出移动金融O2O平台,实现互联网金融模式创新,旨在抓住O2O机遇,提高企业适应移动互联网时代的竞争力。

对于推进移动金融O2O模式的企业来说,要获得成功,就必须大力发展线下体系,在客户体验上下功夫,开展广泛合作,打通线上线下的通道,打造良好的O2O生态圈,唯有如此,移动金融O2O模式才能迎来美好的未来。

总之,随着移动互联网的快速发展,以云计算、大数据、社交网络等为代表的新一代互联网技术的迅速崛起,以及智慧城市、智慧产业、智慧家居、可穿戴设备的发展，传统金融领域迎来了新的变化，新的金融应用场景将更多，移动互联网与这些场景相结合，将会产生更多的移动互联网金融新模式。

三、政务"互联"，便民亲民

移动政务（M-Government）是基于移动互联网的政务应用。它随着移动通信的普及和电子政务的发展应运而生，是政府在其电子政务的建设和运营中，充分运用现代移动通信技术在终端功能、接入速度、接入安全性、移动互联网等方面的优势，通过移动通信的终端、相关的接入、认证和应用协议技术等，实现电子政务的可移动化。与传统电子政务相比，移动电子政务使得公务员可以随时随地处理公务，企业和社会公众可以随时随地获取政府信息和服务。

目前，随着移动互联网的发展和移动智能终端的普及，移动政务发展所需的受众基础和网络条件已经具备，移动政务大发展的时机已经成熟，移动政务已掀起新一轮电子政务和新兴信息服务业发展的浪潮。并且，移动政务已在我国多个城市得到成功应用，逐渐渗透到省、市、县各级政府，逐渐深入到税务、海关、公安、工商等多个部门。

日前，中央人民政府网最新发布国务院客户端。用户下载使用后的最直观感觉是内容生动有趣、性能强劲、使用方便快捷以及服务的多元化。同时，整合大量的部委服务窗口，公众可以及时了解到各部委发布的最新政策和服务指南。国务院带头进行移动互联网化，公开政务，问政于民，还政于民。

在移动政务领域，最成功也是最经典的就是浙江政务服务。浙江省人民政府发布的"浙江政务服务"客户端是目前国内省级政府整合政务服务最全的客户端，如图5-3所示。经过几年的持续运营和不断迭代，浙江政务服务网已经成为了浙江省深化政府自身改革的重要抓手，实现了省市县三级政务服务统一导航、统一认证、统一查询、统一互动、统一支付、统一评价，同时将省内热门应用服务进行了整合，包括诊疗挂号、水电煤缴费、机动车违法、空气质量和出入境办证等。

该客户端是目前"互联网+政务"水平较高的一款移动端政务应用，不仅实现了数据统一、用户统一、服务统一，在主动服务和改善服务等方面也制定了相关标准。同时，将"互联网+政务"理念渗透到公共管理、公共服务和公共政策等各个环节，一个足不出户、"移动"办事、24小时"不打烊"的浙江网上服务型政府离人们越来越近。

图 5-3 "浙江政务服务"客户端

目前，移动政务应用模式主要集中在政府网站模式、政府 APP 应用模式、政务微博应用模式、政务微信应用模式四大方面。在飞速发展的移动互联网时代，应开发设计新的融合协作应用模式，即综合应用现有的应用模式，建设一个系统化、全方位的电子政务网状结构，主要包括三个方面：第一是同一单位要由统一的团队负责，使用不同的电子政务平台协作；第二是同一单位的不同部门之间要相互协作，建立跨部门的联合集群；第三是需将企业内部的业务部门流程进行细致化梳理、规范，或是适时引入一些先进专业的集成技术及相关人才，委托一些专业公司进行管理，以此确保系统集成的规范有序化，实现其作用的最大化发挥，从而更好地适应未来的移动互联网发展趋势，真正做到移动政务服务利民亲民。

第二节 大话移动互联网

移动互联网，就是将移动通信和互联网二者结合起来成为一体。在最近几年里，移动通信和互联网成为当今世界发展最快、市场潜力最大、前景最诱人的两大业务。我国已拥有全球最大的移动终端用户规模，根据国内移动数据服务商

第五章 移动互联网（Mobile Internet）：真正的"以人为本"

QuestMobile 发布的《2015 年中国移动互联网研究报告》，截至 2015 年 12 月，国内在网活跃移动智能设备数量达到 8.99 亿，其中，苹果设备与安卓设备比例为 3∶7，设备用户的男女比例接近 6∶4，设备用户年龄构成中 80 后接近八成；第三方手机应用商店活跃用户规模已达 4.40 亿，环比增长 0.92%。它们的增长速度都是任何预测家未曾预料到的，所以可以预见移动互联网将会创造怎样的经济神话。

一、移动互联网

在我国，认可度较高的移动互联网定义是由中兴通讯公司在《移动互联网技术发展白皮书》中给出的："移动互联网是以移动网络作为接入网络的互联网及服务，包括三个要素：移动终端、移动网络和应用服务。"该定义将移动互联网涉及的内容主要概括为三个层面，分别是：①移动终端，包括手机、专用移动互联网终端和数据卡方式的便携电脑；②移动通信网络接入，包括 2G、3G 甚至 4G 等；③公众互联网服务，包括 Web、Wap 方式。移动终端是移动互联网的前提，接入网络是移动互联网的基础，而应用服务则成为移动互联网的核心。

《移动互联网技术发展白皮书》指出，移动互联网有广义和狭义之分。"狭义的移动互联网是指，用户能够通过手机、PDA 或其他手持终端通过通信网络接入网络。广义的移动互联网是指，用户能够通过手机、PDA 或其他手持终端以无线的方式通过各种网络（W-LAN、WiMAX、GPRS、CDMA 等）接入互联网。"

移动互联网是互联网与移动通信网的融合概念。移动互联网可细分为移动和无线互联网。无线互联网是室内电脑以无线方式接入互联网，而移动互联网主要基于移动设备（主要是手机）接入互联网，是真正的移动的概念，更加体现了网络无处不在的需求满足。

【移动互联网专栏 1】

一点资讯：VIP 移动互联网专属客户端

一点资讯是一款为兴趣而生、有机融合搜索和个性化推荐技术的兴趣引擎，团队致力于基于兴趣为用户提供私人订制的精准资讯，并成长为移动互联网时期的内容分发平台。一点资讯通过提供个性化的自定义频道，并以顶

尖算法不断学习用户偏好，帮助用户从浩瀚的新闻资讯中抽身而出，每天只读一点关心的新闻即可。

一、个性推荐，创新营销

众所周知，在 PC 时代，人类获取信息经历了门户、搜索引擎以及个性化推荐时代。个性化推荐作为时下最受推崇的模式，其商业模式还停留在展示类广告阶段，转化率并不明显。而搜索引擎虽然能够提供最为精准的信息获取模型和关键字广告，但由于手机屏幕的限制，无法平移到移动端。

"如何将用户与广告主相结合产生最佳效果？一点资讯会在两个方向进行拓展，一个是精准广告，另一个是品牌广告。"据付继仁透露，目前一点资讯的精准广告使用小米广告平台，结合人群特征提供点击及行为营销解决方案。而基础的品牌类广告未来会整合一点资讯开屏、信息流、小米视频开屏及小米电视画册广告，组成高质量品牌传播矩阵。"我们已经开始了漫长的测试，在用户总点击率波动低于1%的情况下，才会开始规模化广告。"

对于品牌广告，付继仁表示，除了常规的品牌广告产品，一点资讯独创了基于兴趣引擎的兴趣营销。一点资讯的兴趣引擎支持用户通过"搜索+订阅"任意订制兴趣频道，其拥有超过 200 万个长尾频道，囊括了品牌频道、美食、健康、明星名人等众多方面，可以基于广告主的产品及人群做精准的兴趣营销。同时，围绕媒体特点打造的原生广告也是一点资讯品牌广告的计划之一，通过建立品牌原生频道、文章页原生关联推荐、原生搜索以及原生事件，在用户人群中产生积极影响，为广告主带来最高效的转化率。

二、资讯黑马，场景消费

作为一个典型的移动互联网产品，未来一点资讯将充分发挥链接资讯与生活服务的价值。付继仁认为，现在是一个场景化消费的时代，越便捷地连接用户，越能激发转化。"我们已经联合广告主在做一些尝试，如通过技术的手段将关注面试技巧的人与招聘结合，将关注时尚美妆的人与O2O服务结合，将关注健康饮食的人与生鲜电商结合，将关注旅行信息的人与旅游产品结合等"，付继仁表示。

权威机构 Talking Data 报告显示，2014 年一点资讯用户量增长 1950%，成为增长速度最快的资讯类 APP。并且，在 2015 年一点资讯已拥有超过

1200万日活跃用户,且用户互动性普遍较高。在高质量用户群体的背后,是一点资讯年轻化、科技化的服务团队在品牌客户服务实战、需求策划、营销传播的各个环节都有成熟且富有朝气的强执行力。正如付继仁所讲,"互联网+"指时代的很多行为都将被移动互联网的拇指时代所重新定义,商业模式也不例外。一点资讯基于兴趣引擎的商业模式将在移动互联网时代更大限度地提升广告转化率,为广告主提供最佳营销平台。

一点资讯的飞速成长归功于其移动互联网基因,从传统人工编辑到机器学习,从主动搜索到被动推荐,从关注共性到关注个性等,造就了业务模式的迭代及升级。这一基于移动互联网的商业模式,对于在资讯行业急于寻求突破的企业来说,是一个很好的借鉴。

资料来源:作者根据多方资料整理而成。

二、移动互联网≠互联网

移动互联网与PC互联网是两个不一样的概念。目前,移动互联网正在快速驶入真正属于它的时代,而不是成为PC互联网2.0的衍生。其中一个重要的标志就是我们在手机和平板电脑这些移动终端上使用的应用和服务,正在以从PC互联网迁移过来的为主,过渡到主要是为移动端设计的应用和服务,包括微信、UC浏览器、陌陌、滴滴打车等。

第一,操作系统平台不同。PC互联网是基于几乎全球唯一的Windows平台,移动互联网则要面对iOS、Android、WP、黑莓等多种系统平台,各类应用需要开发适配不同OS的版本;而且Windows系统收费、封闭不开放,Android系统则免费、开放,还因此诞生了手机ROM这个产业,著名的小米MIUI就是基于开放的Android系统开发了UI系统;Windows系统几年才升级一次版本,移动操作系统的更新换代则以月为时间单位,移动互联网应用乃至整个生态系统的升级换代都要快得多。李开复指出,移动互联网成长速度约是PC互联网的6倍。

第二,硬件平台不同。移动互联网的地盘面积是三到六寸大的移动终端屏幕,PC互联网所依附的PC则通常是十几寸到二十多寸的大屏幕,这导致应用的使用、显示内容、输入方法等都很不一样。PC有非常便捷的键盘鼠标输入设备,以及U盘、移动硬盘、打印机、投影机等各种输出设备,而移动终端目前则通过

一个小小的软键盘或手写来输入，效率非常低，主要通过屏幕和耳机输出文字、图片和影音内容，以及进行简单的应用交互。

第三，终端特性不同。与PC设备相比，移动智能终端具有定位、位移、距离、重力、压力、影像、语音、NFC、二维码、支付、便携等特性，终端与使用者个人信息和使用特征紧密关联，甚至成为用户身体的一个"器官"，从而可以产生与PC非常不同、更丰富的互联网应用和商业模式。

第四，使用条件和应用场景大不相同。移动终端的使用不受时间、地域的限制，多数是在碎片时间使用，但电池容量、网络覆盖、上网速度、上网资费等因素也制约了移动终端的使用。而PC则通常在办公室或家里使用，时间相对固定和持续，网速和资费相对限制较少。这使得手机和平板电脑上的应用不可能与PC上一样，要更多地考虑到用户使用时间上的零碎性、流量消耗、电量消耗等因素，还要有交互性、更加轻巧、简单易用、好玩。

第五，入口不同。浏览器是PC互联网最重要的入口，APP是移动互联网的主入口。PC浏览器提供商网景公司曾经盛极一时，但遭到微软狙击而衰落。微软没有抓住IE垄断入口的巨大机遇做大互联网业务，所以机遇就给了做二级入口的互联网公司——做门户的雅虎和做搜索的谷歌，中国则诞生了做搜索的百度，以及新浪等门户网站公司。移动互联网时代，APP成为用户进入互联网的主要入口。苹果APP STORE模式取得巨大成功，因此做大的移动互联网公司都是APP服务商，移动搜索依然是重要入口，但浏览器却沦为几百万个APP中的一个，没有催生大型互联网公司。

第六，产业格局不同。在PC互联网时代，芯片厂商英特尔和IBM、HP、联想等PC厂商负责硬件系统，微软负责OS，运营商提供网络，谷歌、腾讯等互联网企业负责相关互联网应用的提供。大家各司其职、各发其财，相处颇为和谐。而在移动互联网时代，终端厂商、OS提供商、应用服务商、互联网企业和运营商大肆争夺产业主导权，都向对方领地渗透，试图占据价值链的顶端，如谷歌、微软这样的软件公司也开始做终端，硬件厂商做OS和应用，运营商做应用，可谓群雄争霸。虽然目前苹果占据了有利位置，但这场争霸赛还远未结束，产业主导权会被哪个产业环节或哪家公司占据，尚无定论。

第七，变现方式不同。传统互联网讲究流量变现，而移动互联网则讲究用户变现。在移动互联网上，单个APP的大流量变现价值会被缩小，但是其所积累下来的用户体系却会成为最重要的财富。流量和用户的区别在于,流量是每天有许多的人从你的产品上经过,但是你根本不知道他们是谁,你不知道他们是男还是女。而用户是有名有姓,可以定位出他们行为特征的一群人。如果通过一些数据算法加以定位,你可以对这些用户进行精准分类,这些数据将是一家互联网企业最宝贵的财富。

第八,商业模式不同。PC互联网主要通过广告、网络游戏、电商等方式盈利,如互联网巨头谷歌几乎所有盈利都来自于广告,而盛大、巨人、腾讯等网络公司也大发游戏财。各种类型的文字、图片和视频广告充斥着PC互联网页面,而巴掌大小的手机则难以容纳此类型广告。移动互联网商业模式尚不明确,虽然有移动互联网公司(如UC)通过游戏、广告等方式实现盈利,但不具普遍性和可复制性。背靠腾讯、拥有近几亿用户的微信虽然最近在朋友圈发了几则试探性的广告,但这种盈利模式能否被用户可持续接受尚无定论。

【移动互联网专栏2】

看呗:看着数钱,能赚钱的移动互联网广告平台

看呗是一款由成都了不起科技有限公司开发运营的移动互联网广告平台。看呗APP是一个提供移动广告营销解决方案的平台,免费为中小企业、电商商家、创业公司和个人提供广告技术。它跳出了传统广告业的商业模式,去掉了传统广告传媒中间商,让广告主直接面对用户。普通用户通过看呗APP浏览、下载、分享广告内容均可获得相应奖励,有广告投放需求的用户通过实名认证、广告内容审核、设置奖励形式后,也可在APP上发布广告内容。

一、"钱"力大的移动互联网广告

广告市场目前每年实现5973.41亿元产值,其中移动互联网广告产值1589亿元。传统广告的市场规模在逐渐缩小,移动互联网广告大幅增长。随着互联网从2.0到3.0时代的过渡,移动互联网广告快速增长。2015年超过半数的中国手机用户拥有或每个月使用智能手机。2014~2018年中国将有1.84亿新增智能手机用户,使得智能手机用户在人口中的比例从38.3%增长至51.1%,可见,未来广告投放将更加倾向于数据化、场景化。

传统广告的痛点是无效广告、成本高昂、受众模糊、低频次,用户对广告的接受方式非常被动,广告主在使用高昂的广告投入成本投放广告之后,没有清晰的受众,导致至少一半的广告费被浪费。在此情况下,除了巨头型企业外,受制于高价格的因素,中小品牌、企业、创业公司只能以低频次的方式进行广告投入,不能对品牌进行连续性传播。因此,移动互联网广告一旦运作得当,不仅能解决传统广告的痛点,还能为自身带来巨大的收益,潜力巨大。

二、广告随心看,痛点轻松解

看呗是一个移动互联网广告平台,主要服务的用户有两类:第一类是广告主,主要是互联网创业公司、房地产商、汽车营销公司、消费服务类企业等;第二类是普通用户,主要以大学生、工作白领、全职妈妈等人群为主。广告主可以通过看呗进行自助广告投入,并根据用户属性、地理位置等特性对用户进行筛选投放。

普通用户可以通过看呗APP浏览自己感兴趣的广告信息,并且可以获得现金收益,从而实现在线转化和品牌传播,让用户对广告从被动查看转变为主动浏览。

对于用户,通过浏览主页的广告,进行点赞、分享或下载就可获得最少0.4元的现金奖励和相应积分,现金满50元可提现。看呗建立了严格的数据审核机制,致力于保障用户数据安全。看呗创始人表示,"对于一个创业公司,看呗希望从品牌上逐步建立与用户的相互信任"。

目前,APP上广告的奖励形式和奖励金额都由广告商自己决定,用户目前暂时看到的是图文广告形式,随着马上上线的1.1版本,更多的广告场景会接踵而至,团队希望通过不断丰富的广告形式增加用户的参与度,提高用户体验。

看呗的口号是"人人都投得起的广告发布平台",负责人表示,哪怕100元也可以投放广告。这是一个共享经济的时代,看呗希望提供一个告别低频次和高价格的广告服务平台。

未来,看呗会深耕移动互联网广告平台,通过多种场景化的方式将广告主的广告展示给用户;与此同时,看呗将为用户打造一个从赚钱到花钱的生活场景,接入更多的第三方合作商,共同为用户提供服务。

资料来源:作者根据多方资料整理而成。

三、移动互联网与 PC 互联网的 PK

既然移动互联网与 PC 互联网如此之不同，按理 PC 互联网应用不可能"平滑过渡"到移动互联网平台上，但为何我们现在还在大量使用 PC 互联网平台上的应用呢？因为移动互联网产业主要由硬件厂商和电信运营商的大力推动而迅速发展起来，而移动互联网发展如此之快，以至于专业的移动互联网服务商和应用都还没有成长起来，于是 PC 互联网服务商凭借着它们的影响力顺势占领了大部分领地。但这并不意味着移动互联网的未来就自然属于 PC 互联网企业；相反，它们很可能会从移动互联网阵地上败下阵来。

第一，移动互联网是大势所趋。正如微软、英特尔这两个 PC 时代霸主，被以 ARM、苹果、谷歌为首的移动互联网阵营无情地打在了沙滩上一样。大部分的 PC 互联网厂商受累于在原有平台上的丰厚收益，并无太大的动力开发移动互联网应用。虽然一些 PC 互联网公司口口声声要"全力进军移动端"，但移动互联网的商业模式并不像 PC 互联网那样成熟，可以给服务商迅速带来大量收益，导致 PC 互联网服务商（尤其是上市公司）并不愿意将公司资源大量转到移动互联网平台上来，否则可能使他们的 PC 互联网业务下降，而移动互联网收益却不能弥补其下降幅度。而且 PC 互联网企业在商业模式、管理、人才、技术和产品上的积累优势，并不能全部带到移动平台上，反而是限制它们前行的累赘，更重要的是 PC 互联网企业管理者和研发人员在过去形成的 PC 思维模式，已难以适应更开放、竞争更激烈、发展更迅速的移动互联网。他们做得更多的是将原有的应用进行一定改动后，再移植到移动互联网平台上去，天真地希望能将 PC 互联网平台上的用户平滑导入到移动平台上去。而这些应用有着深深的 PC 互联网烙印，都是以 PC 为主平台、手机为子平台的应用模式，包括 QQ、百度搜索、淘宝、360 安全卫士等。而对于新兴的专业移动互联网企业来说，它们是移动互联网原住民，它们就是为移动互联网、为手机和平板电脑而生，移动互联网就是它们的一切，不必考虑 PC 的事，没有任何负担和拖累。因此，它们全力以赴聚焦到移动互联网平台上。

当为移动互联网而生的移动终端平台产品和服务商真正崛起时，PC 互联网企业根本不是对手。例如，智能手机专业浏览器公司——UC 优视公司，虽然公司成立时间比百度、腾讯这样的 PC 互联网公司更晚，公司规模远逊于它们，但

其浏览器应用在中国的市场份额超过50%，并成功进入国际市场（海外用户超过6000万），用了不到两年时间，Android月活跃用户数（MAU）从10万跃升至1亿，成为全球第一个在Android平台用户过亿的第三方浏览器，从而成为全球用户最多的手机浏览器之一，且公司已经实现了盈利，让PC互联网巨头推出的同类产品——QQ浏览器、百度浏览器相形见绌。

第二，互联网大市场谁主沉浮？PC互联网还是移动互联网？从微软、谷歌和苹果三巨头在PC互联网和移动互联网上的战略和实施效果也可看出二者的巨大差异。微软公司漠视PC互联网与移动互联网之间存在的巨大鸿沟，欲以Windows系统一统天下，Windows10更是将PC平台与移动平台彻底融合，试图打造一个万能的操作系统，无论是桌面PC还是移动设备，一套Windows即可解决所有问题，以为这样可以大大提升用户的黏性。但笔者认为这种以微软自我为中心，而不是以用户为中心的设计思路必将失败。实际上，谷歌也抱有微软这种试图统一天下的帝王思想，一开始谷歌承认微软在PC端的霸主地位，推出了移动终端专用的操作系统：Android。而随着谷歌和Android的强大，谷歌开始觊觎PC互联网的庞大领地，于是基于Chrome浏览器打造Google Chrome OS操作系统，但迄今为止，这个系统是失败的，市场份额非常小。相比微软和谷歌，苹果很早就洞察了PC互联网与移动互联网之间的巨大差异，从一开始它就面向iPhone推出了专业的移动端操作系统：iOS系统，为PC互联网和移动互联网设备与用户提供两种不同的平台和用户体验。也因此，苹果在移动互联网取得巨大成功，甚至还促进了其PC产品的畅销。

第三，中国互联网大市场，微信为何独领风骚？多数中国的PC互联网厂商似乎并未意识到，移动互联网并非它们的天然领地，将PC上的应用照搬到手机上去，意味着它们并未尊重移动互联网的独特性和使用者的独特需求，也意味着它们未对这个规模可能超过PC互联网的市场表现出足够的敬畏。它们的"手机版PC应用"迟早会被移动互联网用户抛弃。当然，并非所有PC互联网企业都会反应如此迟钝。

腾讯在这方面继续表现出其敏锐的嗅觉。微信是中国PC互联网公司开发出来的第一款"完全为移动互联网而生的"真正意义的移动互联网主流应用，腾讯公司对微信的支持如此之大，以至于默许它的功能可以涵盖、超越甚至干掉它的命根子——QQ。这是腾讯内部相对独立、相互竞争的业务体制的产物。微信已经全面取代 QQ 在中国移动互联网的地位。

马化腾认为,"从 PC 转移动的产品,会有很多历史包袱,很多体验不能适应移动互联网新形态的环境,必须设计全新的"。正如微信产品路线所预示的,移动互联网并不是 PC 互联网的新大陆,只有为移动互联网而生的产品才能有机会在移动平台上生存下来,当它们在移动平台上站住了脚时,甚至有可能反攻 PC 互联网领地。PC 互联网公司如果希望拿到移动互联网的"船票",不想被革命,就必须主动革自己的命,否则不但不能在移动互联网领域分得一杯羹,还将可能失去在 PC 互联网的原有领地。传统 PC 互联网服务商的移动互联网团队必须抛弃原有的 PC 互联网思维,认识并尊重移动互联网在技术、应用和商业模式等方面的差异性和独特性,为移动平台开发专业应用,并探索新的商业模式。

综上所述,移动互联网和传统互联网之间是对立统一的,智能手机的普及、4G 乃至 5G 技术的开发应用以及基础设施的配套完善,都为移动互联网的发展奠定了坚实的基础。虽然传统互联网跟不上人们"快节奏"的生活,但是并不是一无是处,还是可以起到促进移动互联网发展的作用,但论发展速度和发展轨迹,移动互联网的想象空间和发展潜力更大,其实效性相较于传统互联网更胜一筹。

【移动互联网专栏 3】

驿氪:移动互联网的营销达人

驿氪是一家消费者营销一体化的服务公司。它致力于为品牌商和零售商提供完善的会员运营和营销互动产品,与合作伙伴创建零售新科技生态系统,让其以前所未有的方式进行销售、提供服务、组织营销,与传统零售企业携手共迎未来。

一、聚焦零售,服务营销

驿氪创始人闵捷认为,O2O 从本质上来说是零售升级,但这不仅仅是把货搬到线上,因为随着移动互联网化,通过技术可以采集到更多用户的 ID,如支付 ID、微信 ID,所有 ID 背后都是人,加上移动端信息定位系统应用,我们对人的识别和感知比以前更强。

对零售业来说,同样可以利用移动端来提高对客人识别的效率,但原来的零售能够抓取的数据非常有限,并且这些数据都不是建立在对人的识别的

基础之上。这也是驿氪成立的目的：满足商家对于门店移动化工具的诉求，增加实体体验价值。

驿氪的目标客户主要集中在品牌零售商（自己拥有品牌和零售渠道）以及百货和购物中心上，但以门店数在几十家以上的品牌零售商为主。目前，驿氪已经同卡宾服饰、九牧王、Fossil 等 30 多家品牌商进行合作。闵捷说，原来的品牌零售商只管做品牌，通过订货会把商品批发给零售商，但现在它们会更加关注目标人群和渠道的掌控等方面。所以中国品牌零售商越来越倾向直营化，也就是说零售商只负责开店，商品的所有权在品牌商，零售商不需要再担心库存问题。

因此，品牌商会越来越重视会员，因为原来的人口红利去掉之后，单纯靠新渠道带来的新客流增长越来越少，更多的还是要关注如何找到老客户，通过老客户的重复购买和其他数据的获取提高对整个消费市场的感知，这就为它们提供了客户基础。在行业的选择上，驿氪侧重于服装、化妆品等领域。

二、商业模式创新：提供解决方案+场景抽象化

在商业模式上，驿氪根据门店数量向品牌商收取一定的服务费，而产品的使用者既包括品牌商总部，也包括具体的各个门店。闵捷说，品牌商除了目标基数之外，也需要了解会有多少人和品牌产生活跃的连接，而这种连接并非只是在购买行为，更多时候是在社交和线下门店的行为，或者独立 IP，来获取新的客户，增加日活用户和留存用户。

驿氪可以为品牌商提供移动端的接入及微信解决方案，对于门店，驿氪还提供 APP，用户进店后，只需扫描二维码，就可以和用户建立起连接，用户绑定手机号码后，还可以获取一定的折扣，从而实现用户精准绑定。目前，驿氪平均粉丝的绑卡率（绑定手机号）接近 70%。通过驿氪后台，可以进行存量会员数据分析，从而通过老会员的唤起，实现复购率的增长。客观上说，进店的人都是品牌的资源，但传统的做法是，客户需要单笔消费满额或者累计消费满额，才能成为会员，但这会失去很大一批客户，而在驿氪，入会就变得很容易，这也进一步保证了会员的数量，为日后用户变现奠定基础。

在设计上，驿氪非常注重场景的抽象化，也就是将粉丝用户在移动端的操作场景进行抽象，再根据这些场景设计技术功能。目前，驿氪已经同人脸识别公司 Face++进行合作，想把这项技术应用到线下门店的老客户识别上，从而更有针对性地为他们提供服务。未来，驿氪还希望通过同相关方进行合作，进行前端流量的获取和对接，进行精准投放。

资料来源：作者根据多方资料整理而成。

第三节 移动互联网的商业模式

商业模式决定了企业的不同命运，成功的企业必然有成功的商业模式。平台是移动互联网的最大特征，能打造出成功的平台，必然说明其商业模式的成功。那么接下来一起看看移动互联网商业模式。

一、移动互联网的商业模式内涵：平台+整体+联系

成功的移动互联网商业模式，需要提升平台价值、聚集客户，针对其目标市场进行准确的价值定位，以平台为载体，有效整合企业内外部各种资源，建立起产业链各方共同参与、共同进行价值创新的生态系统，形成一个完整的、高效的、具有独特核心竞争力的运行系统，并通过不断满足客户需求、提升客户价值，建立多元化的收入模式，使企业达到持续盈利的目标。

移动互联网商业模式应满足三个必要条件：第一，以打造平台为目标，建立价值网络至关重要；第二，商业模式是由多种要素组成的整体，并具有一定的结构；第三，各组成要素之间具有内在联系，相互作用，形成良性循环。从商业组织的角度来看，商业模式是企业为客户、合作伙伴、第三方开发者创造价值的活动，企业通过准确界定自己在价值链中的位置而获得应有的收益，为了获利而建立一定的组织结构，与合作伙伴共同组成价值网络，维护能够产生效益的客户资源。

二、移动互联网商业模式七要素

从移动互联网商业模式的内涵出发，结合移动互联网的特点，笔者提出了移

动互联网商业模式七要素（见图 5-4）。可以看出，战略定位是商业模式成功的先决条件，打造开放平台是业务平台运营系统的核心，构建良好的产业生态系统是商业模式创新的关键，盈利模式是商业模式的输出结果，同时也是商业模式成败的重要判断标准，它们相互联系、相互影响，共同构成移动互联网商业模式这个整体。

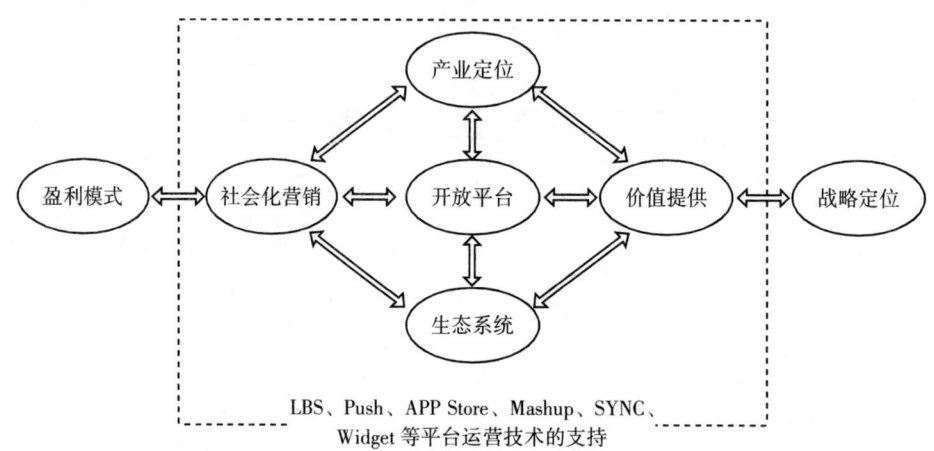

图 5-4　移动互联网商业模式七要素

第一，战略定位。面对移动互联网的诸多机会，企业应确定其市场定位，明确企业为哪些客户服务，提供什么产品；坚持有所为有所不为，聚焦重点、集中资源，使企业能够在移动互联网市场竞争中获得成功。战略定位关键在于企业做好内外部市场环境分析，做好市场细分并充分发挥资源优势，使企业能在市场竞争中保持优势。

第二，价值提供。移动互联网企业要找准目标市场以及客户尚未满足的需求，通过其产品和服务向消费者提供独特的价值。价值定位和需求创新就是帮助客户解决问题，满足客户的需求。做到这一点，关键是要洞察客户需求，充分利用互联网，深入挖掘并分析客户数据和信息。

第三，产业定位。移动互联网产业链构成主要由 SP、CP、终端生产商和电信运营商占据。电信运营商提供信息通道，并且牢牢把控对用户的收费环节；终端厂商目前有直接向用户销售和运营商定制终端两种销售方式；内容提供商是移动数据业务内容提供商，或者叫移动增值业务内容提供商；服务提供商是移动互联网服务内容应用服务的直接提供者,负责根据用户的要求开发和提供适合手机用户使用的产品和服务。

第四,开放平台。打造开放平台是移动互联网的重要特征,也是移动互联网商业模式创新的核心内容。开放平台的本质就是构建围绕主导企业的生态链,通过 API 能力开放,将自己不擅长的事情开放给合作伙伴们来做,通过丰富的应用来吸引用户,最终将用户黏在自己的平台上。打造开放平台不能一蹴而就,而要遵循移动互联网平台开放规律,对于如何开放、开放哪些能力、自己要做什么、什么由合作伙伴来做等问题做出明确的回答。

第五,生态系统。移动互联网的竞争已从单一技术、产品和服务的竞争演化为整个产业链上下游生态系统的竞争。平台所涵盖的终端数量、用户数量、应用数量和开发者数量,基本上决定了一个平台的前途。围绕一个平台所建立起来的生态系统的经济价值,则是一个平台的活力与市场竞争力的直接反映。移动互联网企业应围绕打造开放平台、为客户创造价值为中心,打造良好的产业生态系统。

第六,社会化营销。移动互联网企业利用互联网、微博等新媒体进行产品分销,与客户开展互动,向客户进行产品推广和品牌传播,建立和维护客户关系。同时,还可通过社会化媒体了解客户需求和反馈,从而更好地为客户创造价值,最终达到获取客户、保持客户、提高客户收益的效果。

第七,盈利模式。主要是指企业的收入模式,就是企业通过为价值链各方创造价值并满足客户需求而获得的收入。成功企业的收入来源应多元化,收入流可以是一次性的,也可以是长期的。盈利来源主要有:终端销售收入、内容收费、专利费、交易分成、广告收入、会员费、数据咨询服务费等。

三、移动互联网时代商业模式特征:"四化"

第一,去中心化。在移动互联网时代,每个人都是一个连接点,都是一个网状网,这个网即关系网,也是消费网。一个"个人"与一个"企业"的价值,是由连接点的广度和厚度决定的,连接越广越厚,连接的价值越大。

第二,平台化。当平台能够满足最终用户需求的时候,它的价值就体现出来了。互联网好比铁路,铁路本身贡献不大,但是对整个经济体的影响是不可估量的。移动互联网时代将开放、共享、共赢的思维推崇到极致,所有的你都让我变得更强,所有的我都让你变得更加有效。

第三,社群化。产品的本质是联接的中介,过去承载具体功能,现在承载趣味与情感。相似的文化、频繁的互动、共同的利益,激励社群的成员们互动并建立友谊,融入品牌并成为左右品牌发展的有生力量。依托于移动互联网的社群将是未来商业的核心,也是一个巨大的机会。

第四,数据化。移动互联网时代企业的经营策略从以产品为中心转向以用户为中心。清晰地掌握用户的喜好、行为习惯等特点,了解用户的真实需求与潜在需求,且一切都将被记录,一切都将被数字化。

【移动互联网专栏4】

钓客——渔具"侠客"

2014年到2015年,不到一年的时间,钓友从9000万人达到了11000万人,渔具行业的市场前景可见一斑。渔具行业前景如此广阔,但个中滋味也只有老板自己才清楚。渔具代理商面临渠道狭窄、传统电商卖不动货的困境,好品牌代理权千金难求。钓友在网上交易,一方面害怕挨宰,另一方面没有售前售后服务,体验较差。就在这个时候,钓客利用互联网+渔具的姿态横空出世。

一、渔具渠道"脏乱差"

根据钓客CEO张敏提供的数据,中国国内渔具行业生产厂家约为5000家,店铺数量约为10万家,市场规模在500亿元左右,而这5000个厂家、10万家店铺在进销存方面存在的问题就是钓客的渔具O2O模式瞄准的痛点。

一般来说,渔具厂家出货方式主要通过代理的形式在线下实体店一级级铺开,最终到达终端消费者手中。国内渔具市场高度分散化,国内目前5000多家厂商绝大部分规模相当。无论是商业模式、产品形态和渠道拓展,整个行业都面临着同质化严重和管理混乱等特点,这也在一定程度上造成了厂家之间把竞争重点放在产和销上,忽视了产品研发和模式方面的创新。国内厂家普遍采用的区域代理形式也有明显的不足:首先,渠道天花板明显,一般来说好点的品牌进驻到几百至一千家左右的店铺就难以继续。其次,拓展速度慢,由于实体店铺以夫妻小店为主,合作关系就只能一家家去谈。最后,因为前面两个原因造成库存和资金回报方面的压力。

网上商城目前也成了一些渔具厂家的销售渠道，但是商品本身有体验先行和高单价的特点，网店的低流量、低单价（针对钓鱼人群来说）并不能带来多少回报，反而是现金的垫付以及与区域代理之间的利益冲突使品牌陷入两难境地。在店铺这端，主要存在的问题是店铺规模小、开店成本高、产品结构单一和单店覆盖范围有限。同样是来自钓客的数据，全国10万家渔具店鲜有成规模的品牌，80%是夫妻小店。尽管利润高，但先垫钱后拿货的规则让开店成本高企，这又在一定程度上影响到了店铺的SKU丰富程度，降低了购物体验，对本身并无多少运营经验的店主来说又增加了进货和囤货的难度。

二、渔具O2O：用移动互联网改良传统分销渠道

钓客将钓鱼人群分为初、中、高三个级别，他们对应的需求分别是提升渔具鉴别能力、增加购买渠道和从长年的巨额投入中获得实际回报。针对这些问题，钓客给出的是APP+微信+SaaS系统的解决方案，把B端的品牌商和厂家、小B端的渔具店以及C端的消费者整合到一个平台，用一套颇具创造性的分销体系变相解决了三方对应的渠道拓展、店铺运营和购买消费需求。

B端采用邀请制，在入口保证货品质量。钓客会有选择地邀请业内优秀厂商，一般是具备一定品牌口碑或者已有较多线下渠道的合作伙伴。通过其解决方案将供货方与小B和个体消费者直接对接，结合线上线下，把实体店变成一个体验场所，减少其库存而增加品类，再通过线上下单购买，SaaS后台则实现对订单和商家等关系的统一管理。

小B端突破原有代理模式的局限。首先，由于没有了库存压力，店铺资金和库存压力被大大缓解。再加上评价体系的介入，店铺从卖产品转向卖服务，体验也得到加强。其次，商城入驻的大量优质品牌可直接向小店供货，相比传统模式，单店所能代理的品牌也大大增加，并且成本变化不大。

钓客最大的创新则体现为对末端消费者在整个链条里的角色进行了改造。在钓客的平台上，除了通过APP和微信公众号购买渔具之外，每个消费者都可以开设自己的钓客小店并在货源上享受与小B端同等的待遇。通过分享产生的订单，以上下两级按一定比例分成的形式分得利润，如我将自己

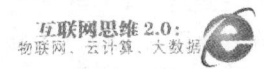

购买的鱼竿分享到钓友圈，有人购买之后，我就可以获得其中30%的分成，具体比例根据商品种类变化。但此人再分享形成的购买就与我无关了，利润分成的范围不会超过两级。将传统小店和消费者的购买方式变成一种社交+推广的行为，这也是钓客敢说自己突破了传统渠道天花板的原因。二级分销的模式也存在于店铺和消费者、店铺和店铺之间。同时为了解决电商化和原有代理渠道之间的矛盾，钓客还设立了区域独代资格，一般情况下这些独代资格都归品牌原有的代理商所有。区域独代自动享受其代理范围内品牌销售产生的利润分成。

创新型的移动互联网渔具渠道，将会提高整个渔具行业的发展水平，钓客也将在渔具市场闯出一片天地。

资料来源：作者根据多方资料整理而成。

第四节 移动互联网商业模式的创新趋势

对于传统企业而言，不要轻易尝试做平台，尤其是中小企业不应该一味地追求大而全、做大平台，而是应该集中自己的优势资源，发现自身产品或服务的独特性，瞄住精准的目标用户，发掘出用户的痛点，设计好针对用户痛点的极致产品，围绕产品打造核心用户群，并以此为据点快速地打造一个品牌。

第一，超级移动应用对移动操作系统的冲击。伴随着移动互联网的快速发展，超过一亿级别用户规模的移动应用已不在少数，移动社交应用Facebook的用户规模甚至已经突破10亿，这使得移动应用提供商的市场影响力日益逼近操作系统提供商。以移动互联网主要收入源之一的广告市场为例，拥有安卓系统的谷歌公司在该领域的主导权出现下滑。未来越来越多的终端厂商和电信运营商将合作重心转向Facebook等应用服务提供商，通过预装软件、免流量等合作获取收益，这类合作将成为未来产业合作的重点。

第二，运营商在市场中角色的演变。4G时代，电信运营商与移动互联网企业由直面竞争转向合作共赢。伴随着移动互联网业务的快速发展，移动网络与业务协同的难度和重要性都显著提升，这客观上要求业务提供商与运营商建立新的合作关系。以美国AT&T公司的赞助数据套餐为例，该套餐基于后向流量理念，允许应用提供商替用户买单移动终端产生的流量费用，使用户随时随地免费使用该公司的应用。凡是带有赞助数据图标的网站或应用，用户均可以随意访问而不必再担心产生流量费用。面向合作的赞助商，AT&T提供了功能强大的统一服务平台，该平台支持不同终端、操作系统，可以为赞助商提供计费、管理及分析工具。可见，赞助数据套餐代表了一种全新的产业合作模式。

第三，更多的异质企业进入移动互联网产业中。移动互联网向O2O方向发展的步伐不断加快，这将吸引大量的传统企业进入这一市场，生态系统将日益复杂化，形成新的供求模式。根据思科公司的统计，尽管移动互联网近年来发展迅猛，但全球99%的物体仍没有建立起网络连接。对于数目有限的垂直平台运营企业来说，要通过自己的平台满足规模庞大、需求分散的传统企业的信息化需求仍存在困难。而对于多数传统企业来说，它们的确需要发展移动互联网，但出于资金效率、技术能力和战略的考虑，它们中的大多数没有必要去建立移动互联网创新中心，它们需要的只是满足企业需求的一些移动互联网产品。为了满足这一新兴的、庞大的市场需求，应用开发者（应用提供方）与传统企业（应用需求方）之间开始出现供应平台和需求平台，典型企业包括SWELL、Xively等。这些企业与传统市场的大型企业建立合作关系，了解其在移动互联网应用市场的需求，并根据其需求寻找具备相应技术实现能力的创业团队，在应用开发、推广过程中为开发团队提供支持，并通过多个项目竞争的方式优胜劣汰，选拔出该传统企业需求的应用，提供给传统企业。这一模式在未来具有巨大的商业潜力。

第四，O2O与物联网融合。未来O2O与物联网的融合将成为移动互联网发展的新方向。近两年，与之相关的硬件设计和软件开发成本迅速下降，O2O、物移融合类应用的开发门槛日益降低。然而，移动互联网产业在进入第二波发展浪潮前，仍欠缺两个先决条件：一是应用服务提供商需要与网络运营商建立起新的合作模式，以保障移动网络与应用在资源和能力方面的有效协同。二是在新的市场环境下，需要建立更加包容、多元的商业发展模式以推动整个产业的发展。除上述提到的商业模式，我们也希望能涌现更多的创新模式，驱动移动互联网产业迎来新一轮的大发展。

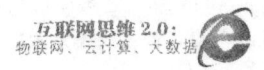

【移动互联网专栏5】

咕咚：用移动互联网做全民运动生态系统

咕咚是全国首款GPS运动社交手机软件，可以追踪运动路线，邂逅运动好友，发现运动资讯与趣闻，和2000多万咕咚用户一起分享运动心得，提升运动能力。

一、体育圈运动生态系统

伴随着国务院发布46号文件，体育产业开始快速发展，体育总局发布的全民健身计划希望把2016~2020年中国每一周运动的人次达到7个亿，基本上占中国总人口的50%。中国现在运动人群的比例并不是那么高，只有15%~20%，在五年规划里这个数字具有很大发展空间。

咕咚将体育圈划分为三个世界。体育圈可以比作金字塔，金字塔最顶端叫看运动的世界，即类似观赏性的体育，基本上是巨头在这个领域重金购买了赛事版权；第二个是场馆相关的世界；第三个世界类似于广大发展中国家，人数很多但是潜力最大，这就是参与运动的人群。运动人群越高端，周边的消费就会快速增加，所以最核心的是参与运动人群，快速打造参与运动的人群才能完成咕咚的目标。因此，随着移动互联网的渗透，咕咚通过移动互联网改变了这个生态，打造了运动生态系统，包括数据、内容、赛事服务、增值服务四个方面。此外，所有的运动工具都具有数字化的特点，而且具有社交、娱乐、碎片化的特点。

二、运动也疯狂，线上线下新玩法

以前很多赛事包括马拉松都是在线下举办的，北京和上海的马拉松报名都很困难，还要摇号才能报上名，怎么满足这些用户的需求，参与到北京马拉松或者上海马拉松来？而且任何线下赛事都有地域限制，不可能让很多人去同一个地方参加一个赛事，但是通过互联网可以，大家可以在线上参加比赛，在全球任何地方可以参加同一个赛事，而且还可以排名，这就是通过技术手段彻底改变赛事玩法。

2015年咕咚举办过35场线上马拉松，经过一系列运作之后，大家觉得现在举办线下赛事没有线上服务支撑还叫时尚的运动比赛吗？这是移动互联网对体育市场的重大改变：把线下技术和线上整合，彻底改变赛事的玩法，这就是一个证据。此外，还有线下落地活动，线下选拔帅哥美女在线上评选再投票，像快乐女生选出前三名时大家共同参与，这些就是我们的尝试，那怎么把这个事情做得更好玩、更有趣，让更多人参与到运动中来？其实，无论是健身、跑步还是骑车等体育锻炼都是反人性的事情，要克服一种生理上的不适去达到一个目标，咕咚 CEO 认为应该把事情做得好玩有趣，吸引更多人参与，甚至建立跑团、骑行团，搞一系列有趣的活动，把体育娱乐化。

三、要运动，找咕咚

目前，咕咚通过移动互联网技术改变了赛事，加上丰富的线下体育赛事的举办经验，可以跨越地域、跨越时间参加同一个赛事，这样形成了全民运动健身的大风潮，并融合成为整体的变革力量。包括一个个优质内容，所有的一切必须有消费者，参与运动的人群就是运动的内容消费者，不仅仅是看，更多的是参与。

资料来源：作者根据多方资料整理而成。

第五节 移动互联网的未来发展

伴随移动智能终端的快速普及，我国移动互联网应用服务迅速形成巨大规模。我国已拥有全球最大的移动终端用户规模，根据国内移动数据服务商 QuestMobile 发布的《2015 年中国移动互联网研究报告》显示，截至 2015 年 12 月，国内在网活跃移动智能设备数量达到 8.99 亿。我国互联网企业发挥原有优势，在我国移动互联网的主要领域都占据了主导地位，构建了本土的移动互联网应用体系，我国企业已成为应用服务发展的主要推动力。

一、移动互联网的大渗透

移动互联网浸入了人们生活的各个角落。发一条微博或者微信可以成就一门生意，一个应用可以集合一个群体，人们从陌生到熟悉，因为时间、地点以及兴趣等各种维度聚合到一起，信息流通的渠道无限丰富，信息流通的门槛被无限拉

低……这些意味着，对信息控制、传播和解释的垄断权被消解之后，信息按照更有效率、更容易传播的方式进行重构，从而更便利人们的工作和生活。观察近几年传统产业的发展，无一例外都受到互联网的强烈冲击。传统产业中的美食、旅游、租车、房产、教育和医疗六大典型产业，它们或者已被互联网和移动互联网侵入很深，如美食和旅游；或者浸入刚刚开始，如教育、房产和医疗。或者在拥抱移动互联网的时候遭遇了传统行业中处于垄断地位的企业的强烈抵抗，如出租车打车软件在刚刚兴起即遭遇政策方面的"红牌警告"。

第一，租车行业。在移动互联网的变革大潮中，变化最为深刻的当属出租车行业，引发了一次新势力与传统势力暗流涌动的激烈交锋。可以说，在博弈中颠覆了传统。众所周知，出租车行业是公立机构占主导的行业。长久以来，中国大中型城市饱受打车之苦。一方面，打车市场的需求庞大，许多人在高峰时期"一车难求"；另一方面，出租车师傅往往载着空车堵在长长的马路上，信息不对称，成为城市出租车病症的重要原因。反应速度慢，等待时间长，而出行者最终是否能够打上车，其概率可以参考扔硬币猜正反面，这一切的原因都在于呼叫中心这种传统的服务方式并没有适应现代社会快节奏的需求。但是，随着移动互联网的发展，打车应用软件的出现对电话叫车这一模式产生了颠覆式的影响。只需要安装一个应用软件，就能够将司机与乘客无缝连接起来，乘客与司机能够实时知道对方的信息，并且能够在最短时间内达成交易，而这一颠覆式工具的成本，相对于传统出租车公司呼叫平台的成本，几乎可以视为零。

以打车应用Lyft为例，如图5-5所示。作为美国第二大打车应用软件，自2015年5月以来，该公司在纽约的司机总数增长了4倍，而周活跃乘客数达到了6倍。2016年2月，纽约Lyft司机完成的订单总数是2015年5月的6倍。在美国，Lyft拥有31.5万名活跃司机，每月完成700万次出行订单，为500万名活跃乘客提供服务。但是我们也应看到，在租车行业，传统势力仍有强大的资源以及行政力量。模式可以被颠覆，但是参与者可以被融合。

第二，餐饮行业。俗话说"民以食为天"，餐饮在我们的日常生活中占据了非常大的比重，"下馆子"已经成为了我们生活中很平常的一个组成部分。但事实上，餐饮行业的整体信息化水平非常低。例如，随处可见的小餐馆以单据形式进行收银买单，甚至一些我们经常光顾的大型连锁餐厅也无法保证其从前端排队点餐到后台的烹饪，以及供应链整个流程能够通过信息化方式完成，跑单、漏

第五章　移动互联网（Mobile Internet）：真正的"以人为本"

图 5-5　Lyft 打车应用

单、错单仍层出不穷。造成这种问题的根本原因有两个：一是餐饮系统缺乏有效的整合，业务流程无法贯通；二是餐饮品牌的生命周期短，管理层不重视。而移动互联网则为餐饮行业现存问题提供了较为完善的解决方案，即立体决策和整合营销。当下，人们摇一摇手机就可以找到餐馆，扫一扫微信二维码就可以打折，传统的会员卡变成了存在手机上的虚拟卡片，移动互联网让人们的饮食消费决策变得立体而更精准。此外，诸如点评、团购、微博、微信等社交化媒体渠道的全方位整合营销，越来越为餐饮从业者所采用，贯穿着整个消费者的餐饮消费周期。以新美大为例，作为 O2O 餐饮领域团购市场份额超 85%、用户数近 6 亿的超级"独角兽"，其利用移动互联网技术，对传统的餐饮进行改造升级，让餐饮信息充分流通对接，使其透明化，并打造"3.7 女生节"、"5.17 吃货节"等节日开展营销活动，实现线上线下的融合，也让其价值愈发凸显。

第三，旅游行业。旅游业是中国传统行业中最早与互联网融合的产业，移动互联网的兴起使得这一领域的信息化变革显得尤为复杂和深入。去哪儿网副总裁谌振宇就曾提到，"移动互联网的创新给传统在线旅游业带来以流量分流为主要形式的冲击，用户行为习惯的改变对原有产业链也产生了很大的影响"。也就是说，移动互联网推动旅游行业产业链的分解与重塑。在线上，携程主攻机票和酒店；去哪儿网定位于综合的信息服务提供商；途牛主打定制化、个性化旅游；蚂蜂窝则致力于众包旅游和旅行攻略等。在线上这类型的旅游企业很多，通过进行用户细分，重新定位市场，运用移动互联网技术，打造自身的核心竞争力，完善旅游产业链。此外，线下旅游行业也在求变，以酒店为例，锦江酒店集团、布丁酒店、速 8 等连锁酒店，加快了信息化进程，保证能更好地在技术上和各类移动客户端对接；包括如家、锦江在内的不少酒店也都开发了自己的客户端，希望通过官网、客户端进行直销，圈住核心用户。同时，旅行中的消费者服务也越来越重要，旅游景区、出租车、旅行社等不同行业也在纷纷对接这样的变化趋势，以消费者在旅行中遇到的各类场景来提供个性化的服务。

第四，教育行业。目前，线下学校教育模式是一种由专家教师和行政人员把控的体系，那么在线教育将要重新定义知识的控制权问题。在教育这个曾经以垄断、制度化和权威化为特点的体系里，新的消费需求让用户掌握了更多自主权。不同于传统教育模式，用户需要的是以兴趣为基础的、更自由的学习模式。以 Coursera（见图 5-6）为例，作为美国在线教育产品的典型代表，2015 年 7 月宣布其在中国大陆已拥有 100 万注册用户，中国取代了印度，成为了其全球第二大市场。研究豆瓣"Coursera Learning Platform"的小组可以发现，Coursera 的中国用户不仅仅是学生，其中还包括已经工作的程序员、创业者甚至对某一领域感兴趣的中老年人。

图 5-6　Coursera 在线教育

这群用户在 Coursera 小组中的讨论反映了一种新的学习模式：学习时间更短、更紧凑。学生注册网络课程后，按照课程进度，看到的是分成各个知识点的十几分钟视频教学，互动性、学习积极性更强。与以往仅仅是把老师讲课搬上网络不同，这里的学生需要应对课程要求的所有任务，除了通过测验来反馈自己的学习成果外，一些文科性的课程甚至要求学生之间互相为作文打分并提出意见。另外，论坛模式提升了学生之间的交流，和在相关课程的教学论坛上，学生可以

第五章 移动互联网（Mobile Internet）：真正的"以人为本"

共同讨论自己学习中遇到的问题或提出观点。老师们也会在以后的教学中，针对学生在论坛里提出的问题进行讲解。可以说，移动互联网引发了一场学习革命——兴趣式学习，冲破功利教育边界。

第五，医疗行业。移动互联网的发展带给我们的想象空间正在呈几何倍数增长，越来越多的人意识到，与我们联系更紧密的生活领域正在受到实质的影响和冲击，而医疗健康也在其列。随着智能手机普及、手机传感器技术升级、应用开发成本降低，整个移动产业加速发展，移动医疗也得到了足够重视，向更深更广的传统产业领域渗透，取得了更多的实践经验积累和沉淀，也出现了崭新的有生命力的商业模式。在国内，越来越多的药品代理商纷纷加入电子商务行业，包括腾讯QQ商城引入健客网、京东牵手九州通、际通宝携手信谊医药等，还有丁香园、春雨医生等APP应用逐渐成熟起来。在国外，在旧金山和硅谷成立了专门针对医疗健康创业的投资俱乐部和孵化器——Rock Health；芯片公司高通成立了高通生命公司，设立规模为1亿美元的高通生命基金，用来扶持相关的移动应用创新与设备研发；美国耐克公司也在大力宣传自家产品"燃烧手环"，进行Nike+产品的大规模营销等。不难看出，移动医疗作为一种新型模式和工具，将改变人们传统的监测、看病、保健的医疗方式，并逐步形成一条新的产业链。

第六，房地产行业。互联网已经在房地产领域烙下了深深的印记。最典型的是在网上发布新盘、二手房买卖、租房等信息，这种信息发布催生了一大批网站，如搜房网、新浪乐居、搜狐焦点房产和安居客等。而现在，移动互联网让这一过程变得便捷而高效。如果想在北京买一套新房或二手房，用户打开手机上的一款购房APP，就可以查询房价及走势。输入想要买房的区域，APP会按照位置信息为你推荐三位代理业绩前三的置业经纪人。继而可以查看经纪人所代理的房源，和经纪人接洽。或者将所要购房的需求告诉经纪人，请经纪人提供有针对性的房源信息等。在同一个应用中，用户还可以根据自己的实际情况计算房贷还款情况等。近年来，移动互联网的渗透在房地产更加明显，如易居中国推出了"口袋乐居"、"口袋经纪人"、"口袋家居—装修钱管家"三款房产家居类移动客户端APP产品。以"口袋乐居"为例，它具有房价评估、税费计算、房贷计算、找房源、看房团、实景看房等功能；房产经纪行业开始有了移动互联网应用，如房产中介链家地产已经推出"掌上链家"；二维码也广泛运用于房地产展示交易会，用手机扫描楼盘二维码，就可以获得该楼盘的地理位置、报价、销售电话、户型实景图片等相关信息。但是，客观来说，移动互联网介入房产领域基本还停留在提供服务的层面，处在培育平台和积累用户的阶段，而广告价值和商业价值尚在培养期。

正如百度李彦宏提到的，移动互联网正史无前例地对各个领域进行着"大渗透"。应顺势而为，采取开放式的态度迎接移动互联网，进行改造、重构甚至颠覆，而不是"逆流而上"，坐以待毙。

二、移动互联网的发展方向

移动互联网带来的第一个改变就是"永远在线"，"上网"概念最终会被忘掉。举个例子，PC互联网时代，我们有一个常做的事情——下载，很多人会在晚上睡觉的时候，开着电脑、挂着迅雷下电影。这时候你会发现，你拥有"在线"和"非在线"两种使用场景，你需要"在线"时把"非在线"的需求满足。在移动互联网"永远在线"这一大背景下，我们要思考一天24小时里有哪些需求是用户还没有被满足的痛点，这就是未来我们要寻找的机会。今天移动互联网已经在很多时间节点上对用户使用的场景和行为产生了影响，但还没有到24个小时。移动互联网实际上带来了第二次信息化革命。PC互联网最重要的一个建设方向是什么？是实现了产品的信息化。在中国，电子商务有非常大的发展，很多我们在实体店里没有见到过的产品，都可以在网上购买了。但这10年有一件事情解决得还不够好，那就是服务的信息化。因此，移动互联网主要表现在以下五个方面：

第一，手机上网生活化。手机成为日常生活中最重要的连接纽带，终端厂商的战略地位提升，手机的使用比例上升，更多平板电脑可实现的功能正被大屏幕手机所取代，用户日常生活中越来越多的场景开始与手机关联，手机已成为重要纽带。当前，移动设备的性能明显改善，表现出价位更高、网速更快的特征，推动了移动端使用体验的提升，为更多传统线下场景在手机端的实现创造了条件。不论是苹果手机独霸iOS市场，还是三星、小米、华为等新老终端分食安卓市场，终端厂商的渠道优势显著，并开始抢占应用侧的流量入口，未来应用开发者与终端厂商的合作将更加紧密。

第二，用户结构年轻化。年轻一代主宰移动互联网，越来越多的用户来自经济欠发达地区。移动互联网迈入全民时代，截至2015年底，移动设备规模达

12.8亿部，用户规模趋于饱和，人口红利时代结束；"90后"与"00后"年轻一代用户崛起，整体份额已超移动网民的1/3，且比例持续上升，"80后"用户占比37.1%，三个年龄段用户合计占比超过七成，迎合年轻人生活场景的需求成为应用开发者需考虑的核心问题。伴随着人口迁移，用户继续向一线城市集中，三线及以下城市的移动端渗透在加速，形成潜力市场；中部省份用户规模虽不具优势，但用户的移动端活跃度更高，价值不容忽视。

第三，应用场景多样化。生活场景开始广泛触发移动应用的使用，只有超级应用才能充分占领市场。移动应用已突破固有工具、娱乐、消费等功能性触发使用阶段，进入生活场景化全时服务使用阶段。2015年排在前30位的高成长应用之中，生活服务相关应用占一半，Uber、滴滴出行、美团外卖等服务于日常生活场景的典型应用快速兴起，用户逐渐习惯于通过手机获取线下的便利服务。用户应用使用习惯趋向"少而精"，每台设备每天打开应用款数稳定在25款左右，细分行业的应用仅在1~3款，应用开发者面临"一屏之争"，细分行业领先地位的角逐将更加激烈，应用市场推广压力加剧。资本市场关注点开始转变，对生活服务领域的投资趋于理性，面对资本注入收紧、新兴应用不断出现与消费者需求日益提升的三重压力，细分行业内的同类型竞争者纷纷通过"联姻"站稳行业内寡头地位。

第四，移动广告精准化。移动广告行业发展迅速，大数据在移动端精准营销中将发挥更大作用。目前，移动端广告的点击量与激活量显著增长，更多广告主投入移动营销领域，暑假、国庆、"双十一"、圣诞等成为移动端广告投放的高峰时段。移动端实现了线上和线下复合数据的采集与聚合，丰富的数据维度助力移动营销产生更多、更灵活的解决方案，而提供数据服务的DMP平台在移动广告产业链中的重要性日益凸显。目标人群洞察更纵深与多维，通过对用户人口属性、移动应用使用行为、线下生活轨迹与消费偏好等多维度数据的分析，综合分析用户特征，目标受众的筛选更精准，媒介与营销时间的选择更科学，移动广告效果显著提升。

第五，跨界融合常态化。各行业与移动互联网的融合加速，传统企业与政府机构开始向移动互联网时代迈进，房产、零售、航空、酒店等传统行业加速拥抱移动互联网，借助移动客户端拓展业务模式，利用移动终端丰富获客渠道，通过移动数据深入了解客户诉求，挖掘更深层次的商业价值。在"互联网+"战略引导下,政府应用不断涌现,用户对关乎民生的服务型应用需求强烈,相应应用的用户覆盖量增长较快,从民生角度切入,是政府部门推进"智慧政务"转型的更好选择。BAT(百度、阿里巴巴和腾讯)、超级应用等行业内巨头加速在不同新兴应用领域或智能硬件领域的布局,加速业务的跨界与整合,构建各自的移动端业务"生态圈"。

三、移动互联时代,共享和社交更配

社交是人类的本能,是人们日常生活的基本需求之一,特别是在移动互联网时代,一切都是社交,社交已经成为人们痛点、痒点、沸点的集结体,无社交无生活,无社交不商业。现在我们看到很多行业,包括互联网媒体、电子商务,各类软件和新兴产业的变化都与社交有关。社交的移动互联网化,又产生了共享经济这个产物,不仅是从经济方面的共享,更是建立在社交基础上的价值共享。

第一,移动互联,方便共享。作为一家提供叫车服务的创业公司,优步(Uber)的出现对于传统的出租车行业可以算得上是一个颠覆,如图 5-7 所示。更重要的是,在移动互联网技术的应用下,Uber 的社交属性明显,可以说是社交、共享出行两不误。Uber 的司机不同于一般的出租车司机,他们也有自己的事业,很多人并不指着 Uber 赚钱。开着豪车做 Uber 司机的有很多都是公司白领、创业老板、富二代等,有些个体私营老板只是在下班回家的时候接单,为了能更多地接触到不同的人,通过沟通交流,在这个过程中了解潜在客户或用户的需求,从而为自己的产品和服务升级提供帮助。而对于 Uber 乘客来说,大部分都是公司的在职白领、写字楼里的上班族,每天忙于工作,下班后又疲惫不堪,自由社交的时间被压缩了很多,尽管移动互联网的碎片化社交为他们提供了更多

图 5-7 出租车行业颠覆者——优步

的机会,但是这种只存在于虚拟世界里,显然不如面对面的交谈更加情真意切。

而 Uber 很好地解决了这一问题,借助共享出行这个载体,从线上虚拟社交转移到了线下场景社交,实现了线上线下的社交融合,很好地满足了人们对真实这一需求的渴望。

无论是乘客还是司机,双方一直生活在熟人圈子里,也就是强连接,信息大多数是互通的,信息的新鲜度就会降低,有效信息的价值就会丧失很多,而且只了解自己业内的事情,视野也会变窄。由于 Uber 的司机中多数都是有自己事业的人,他们或许是你的同行、你的合作伙伴,或许是跟你的事业毫不相干的人,这样的交谈就不会显得那么乏味,了解对方的行业或许就会有意想不到的启发,也使得陌生的个体之间建立了值得信任的关系。

第二,社交分享、价值共享。随着移动互联网的发展,处处有社交的时代已经来临,外出旅游住在别人家里,听起来有点匪夷所思,但是有了移动互联网,就没有想不到的。住百家就是这种假日房屋短租模式的践行者。还有途家,也是这类假日房屋短租模式的先行者。

【章末案例】

Faceui:传统企业移动互联网入口的"探路者"

在智能手机、平板电脑等移动设备风靡全球的今天,各种类型的 APP 也迅速发展起来,越来越多的网民将视线从传统电脑桌面转移到移动端。APP 作为移动互联网的关键入口具有极高的黏性,一个移动端口就能够让企业迅速接轨移动互联网,抓住日益壮大的移动用户群。看到早已走在前面的互联网企业,传统企业岂能无动于衷?但是,传统企业缺乏经验,心有余而力不足,不敢贸然变革也是客观事实。现在有了 Faceui,想转型找它准没错,因为 Faceui 是移动互联网入口的"探路者"。

一、公司简介

Faceui 是移动智能界面设计专家,中国交互设计专业委员会荣誉成员。公司秉承"用心体会,用心设计"的理念,将创意方向扎根于调研数据,以用户最切实的需求实现交互,追求最出色的视觉表现,实现设计作品在各自领域的差异化,为客户提供专业可靠的人机交互 UI 解决方案,业务涉及手

机系统UI设计、APP应用UI设计、智能家居UI设计等多方向的移动互联网生活领域,通过绝佳的用户体验获得使用者的认同。

二、专注用户体验,着力推动体验创新咨询

相较于耳熟能详的"用户体验",Faceui的"体验创新咨询"概念对很多人来说还有点陌生。"用户体验意味着对产品品质的追求,体验创新咨询则在此基础上加入了对产品市场环境、目标人群以及整个产品模式的研究与创新。"Faceui联合创始人朱佳明解释:"因为产品并不是一个独立的概念,产品成功的前提是精细的评测与研究,我们作为外脑型公司在为客户提供服务的时候,这些活儿虽然在表面看不到但是也决不能浮躁。"一般而言,Faceui的创新咨询服务可以分为创新导向的服务设计咨询、产品模式导向的互联网化模式战略咨询、用户体验导向的用户体验设计咨询以及帮助客户将用户体验更好落地为Faceui的服务。

"我们主张从用户体验出发,所以我们会去了解产品目标人群的真正想法。"因此,用户心理成为了Faceui的重点,并利用深度访谈、焦点小组、问卷调查等手段对用户的角色特点、生态系统、痛点需求进行深入分析研究。朱佳明以之前为必胜宅急送进行的Mobile Web创新咨询为例介绍,在概念原型阶段邀请了多组用户进行操作测试,从而发现主要驱动用户行为的三大动机:有明确餐品目标的目的型用户,需要快速完成选择下单;乐于尝鲜、随性选单的浏览型用户,在意翻看菜单的体验和餐品的视觉效果;以及容易受优惠条件影响的利益型用户。通过对这三类用户的进一步解读,Faceui的咨询团队帮助必胜宅急送对整个APP的构架流程做了梳理优化,提高了客户成单率。

三、挖掘客户需求,做精做细咨询服务

随着移动互联网的兴起以及"互联网+"概念的火热,传统企业无论大小都对互联网革命的严峻性有所重视,但是企业之前的互联网化程度并不相同,这也是Faceui将创新与咨询提升为主要服务点的缘由之一。朱佳明认为,转型对于传统企业来说并非一蹴而就的事情,"如果将互联网化转型比作长跑,有的企业才刚刚踏上起点,它们明白要做的事情却不知道前面会有什么困难、需要哪些准备;有的企业则已经跑了一半,虽然路途辛苦但是已

经对互联网有所认知，明白对自身模式改造的重要意义；在终点的企业已经熟悉互联网的玩法和规则，它们会有的放矢地寻找差异化突破口。"所以，Faceui 针对互联网化程度与需求有所差异的传统企业设计了不同导向的咨询服务。

2015 年，Faceui 完成与青岛服装企业红领集团的 O2O 创新合作。通过对企业的整顿和对移动互联网发展趋势的把握，Faceui 为红领设计的新型电商平台将用户塑造为造物主的形象，引导用户在设计师专业款式的基础上进行修改，也允许更高阶的用户像设计品牌一样进行高自由度的服装定制。平台的背后是从预约量体、制版、裁剪到成品物流的完整工业化生产链，将红领集团优势和资源充分整合为新型平台的品质后盾。另外，因为一改"订单—生产—销售"的传统流程，将企业的库存压力降到了最低。这次成功的合作让 Faceui 意识到消费者并非讨厌等待，情愿选择成品，而是因为目前这种模式不够成熟，他们没有别的选择。而且，个性化定制的模式进一步提高了平台的用户黏性，这对于一个平台来说至关重要。

四、出奇制胜——构筑传统企业与移动互联网之间的桥梁

"用户体验创新，是我们一直追求的哲学。"在 Faceui 专注的服务领域中，车联网是其不断践行体验和创新结合的领域。作为较早引入互联网思维的车联网，包含着整车厂、设备提供商、信息服务商、汽车后市场等多样的上下游企业，车联网的体验和创新前景与这些环节息息相关，汽车产业在国内的蓬勃发展也带动了企业对车联网的热情。"我们听到车联网业界提到最多的关键词就是用户体验、大数据、本地化服务。"在谈到车联网本身的特点时，朱佳明认为："跟移动互联网有非常多的相似处，我们甚至猜测汽车会成为继电视、电脑、手机后的第四屏。"但朱佳明也表示，车联网背后产业的复杂性、整车厂自身的严格限制、车型的更迭周期，都让汽车这个大宗消费品有别于手机、电脑的互联网化进程。"所以如何实现移动互联网的体验品质，同时进行符合车联网领域本身特点的创新，是 Faceui 一直在努力的事情。"

五、Faceui 启示——用户体验创新

移动互联网的出现对于传统企业来说是绝佳的机遇，也是巨大的挑战，

传统企业互联网化的过程是很痛苦的，需要对生产流程、管理制度等方面进行重构和改革，成功则皆大欢喜，但失败的辛酸又有几人知晓。传统企业亟须寻找"导师"来引领它们进行革新。Faceui的成功就是抓住了传统企业和移动互联网之间的"鸿沟"，也就是抓到了一个核心——用户体验创新，从而及时地发现用户转型中出现的问题，对症下药，促成传统企业互联网化的转型成功。

第一，要强要详更要全。无论是Faceui这种咨询公司也好，还是传统企业也罢，首先必须具备强大的硬件设施，保证自己的生存，而没有核心技术和过硬的团队，想要互联转型，只是徒劳，这也是Faceui能成功的基础。Faceui在对企业提供咨询服务的过程中，不仅对企业本身进行诊断，还关注其目标人群，保证咨询服务的准确性和有效性。Faceui不断补充相应的知识，了解行业发展的最新动向，关注移动互联网的最新应用及商业模式的创新，厚积薄发，从而为客户提供最为合理的、实效性最强的解决方案。

第二，要专业更要简单精练。Faceui在提供咨询的过程中，发现很多企业不理解其改革方案，根本原因在于存在认知断代。因此，在保持自身专业设计、专业咨询的过程中，要站在客户的角度去思考自己的阐述，加强和客户的沟通，以更为简单精练的语言向客户阐述解决方案，保证客户听得懂，从而进一步提升客户的体验感受。

第三，以己之长补彼之短，树立互生共融的思维。补齐传统企业与移动互联网之间的缝隙，是Faceui这样的外脑型公司的生存之机，从前期调研、咨询到设计开发以及后期的迭代和产品落地，Faceui以无缝衔接的形式，将最终顺手、易用的产品推给用户。外脑型的公司从用户出发去衔接产品，与传统企业自上而下的行事风格有着巨大的互补性，这也要求外脑型公司要从思想上与企业互补，共同成长进步。

资料来源：作者根据多方资料整理而成。

| 第六章 |

共享经济，分享未来

互联网，这个 20 世纪最伟大的发明，在现代人的生活中已绝不仅仅是"重要"，而升级成了"必需"。这种改变在某种程度上是由于整个互联网行业作为新兴产业最有活力，想要野心勃勃地积极尝试各种可能性，从最初单一单向的发布信息，到 2.0 时代更多地注重用户的交互体验，时至今日 3.0 时代，将触角更广泛地深入到与其他媒介的合作。

互联网思维，互联网思维 = 精神思维模式 + 价值思维模式 + 技术思维模式，是修炼"物云大"神功的内功心法，已悄然进入 2.0 境界，不仅指导着是互联网企业"接地气"的俯冲，也驱使着传统企业"接天线"的攀登。

再度审视互联网思维，再思考这样几个问题：

（1）银行为啥这么怕支付宝？

（2）移动想到过微信会是他的竞争对手吗？

（3）支付宝的终极目标是银行吗？

（4）马云又为何如此忌惮"微信"？

（5）小米手机为啥卖这么便宜？

（6）为啥马云对阿里巴巴的无线团队说：你们的职责就是灭了淘宝？

（7）为啥 ROSEONLY 创业仅仅两年却被估值上亿美元？

（8）小米、乐视以市场 1/3 的价格卖液晶电视，创维、康佳怎么活？

（9）小米雷布斯是怎么产生的？

拥抱或者颠覆不是潮流，而是世界观跨越式的改变，是互联网思维的奠基，

是我们未来"物云大"时代生活的起点。

【开章案例】

猪八戒网：从技能共享到资源共享

一、公司简介

重庆猪八戒网络有限公司，作为中国领先的服务众包平台，自2006年成立以来，始终立足于服务交易，致力于让天下人享受诚信服务，助力中小微企业的成长与发展。

猪八戒网络的服务内容涵盖平面设计、开发建站、营销推广、文案策划、动画视频、工业设计、建筑设计、装修设计八大主打类目，六百细分品类，为创业者提供一站式的企业全生命周期服务。目前，拥有500万家中外雇主，1000万家服务商，2015年平台交易额75亿元，市场占有率超过80%。

2016年，挟十年积累的海量交易数据，猪八戒网全面创新商业模式，以"数据海洋+钻井平台"为战略，先后拓展八戒知识产权、八戒金融、八戒工程、八戒印刷等钻井业务，同时猪八戒网在各地设立猪八戒众创空间，积极推动"百城双创"，不断完善服务生态体系。目前，公司估值达110亿元。

2005年，《重庆晚报》首席记者朱明跃以500元发帖悬赏外包开发猪八戒网初始版；2006年，CCTV《新闻联播》报道猪八戒网威客模式，猪八戒网开始商业运作；2007年，被评为"中国最佳商业模式100强"，获得博恩科技集团500万元天使投资；2009年，启动"腾云计划"，业绩实现跨越式增长；2010年，注册用户规模列同行业第一名，举办了首届"全球威客大会"；2011年，获IDG 666万美元A轮投资，进军国际服务众包市场；2013年，注册用户超过1000万，被评为"国家电子商务示范企业"；2014年，获IDG和重庆文投集团1750万美元B轮投资，成为中国领先的服务众包平台；2015年，获赛伯乐投资集团和重庆两江新区产业投资引导基金26亿元C轮投资，"数据海洋+钻井平台"战略全面推进。

二、商业模式：从佣金模式走向"数据海洋+钻井平台"的商业模式

猪八戒网面向的服务对象有两个端：一端是兼职者，另一端是渴望得到高性价比服务的中小企业主，但他们都可以说是创业者，所以猪八戒网的使命是：为创业者服务。它也的确做到了为创业者服务——猪八戒网被誉为"服务业的淘宝"，小到用什么样的创意逗女朋友开心，大到为自己的公司设计一个 Logo，都可以在猪八戒网上发布任务，会有人接受任务，提供服务。多年的服务商和雇主积累让猪八戒网成为双边交易的连接，在这个过程中，猪八戒网实际上是一个以撮合服务交易为主的平台，成功对接两端后，待到双方都满意，猪八戒网从每一笔成功的交易中收取 20% 的佣金。在 2015 年之前——猪八戒网的双边交易时代，项目成交佣金、会员费和广告费是其作为一个交易平台最主要的盈利来源。其中，佣金收入曾一度占到了网站总收入的 40%。

但依赖广告与佣金的盈利模式也给猪八戒网后期的发展制造了瓶颈。佣金收得越高，平台上的服务商就越想逃单，甚至逃离平台。因为佣金永远在切用户的蛋糕。用户好不容易赚到一笔钱，你却去切他的蛋糕，他不逃才怪。用户的逃离势必会给网站带来极大的损失，如何走出原有发展模式和盈利模式的困境，成了摆在猪八戒网面前的一大问题。

2015 年，猪八戒网获得赛伯乐和重庆市政府总共 26 亿元的 C 轮投资后，宣布放弃收取佣金。那么，猪八戒网怎么盈利呢？

用猪八戒网 CEO 朱明跃的说法，从 2012 年猪八戒网只有 10 亿元估值到 2015 年的百亿元估值，短时间内估值 10 倍暴涨背后的本质原因在于商业模式发生了根本改变：从过去的佣金年代，变成了"数据海洋+钻井平台"的商业模式。

"数据海洋+钻井平台"的商业模式，即通过猪八戒网这个平台海量的交易获得数据，形成数据海洋。在数据海洋里挖掘客户的需求，为客户提供服务，这个服务要收费，猪八戒网提供的服务称为"井"——深挖客户需求，在满足客户需求的基础上收取服务费。

"数据海洋+钻井平台"的商业模式，其核心在于从小微企业客户中发掘二次服务的空间。根据猪八戒网提供的数据，目前其平台上聚集了 300 万

家微型企业和1100万创意设计、营销策划、技术开发等文化创意服务人才，后者中不少已孵化成为创意类公司。这些用户数据就是一个富含宝藏的海洋，而挖掘分析小微企业的实际需求，猪八戒网就能在产业链中找到切入点，搭建"钻井平台"获得"石油"。

如商标注册，就是在猪八戒网原有的Logo设计对接服务上自然发展出的需求，却迅速成为了一个"富矿"。2015年初，猪八戒网上线"猪标局"网站，为小微企业提供商标注册代理。"传统的商标服务行业小而散，每单收费2000元，失败还不退款，但我们只收1300元，失败退全款。"通过提前审核和规模优势，猪标局能够提高成功率、降低成本。

仅仅半年时间，猪标局就成为中国商标总局里平均单日注册量最高的公司，网站累计成交3万多单。同类的"钻井"还有包装设计后自然产生的印刷需求、工业设计后的开模、生产制造、推广销售等产业链流程等，这一类的市场可以通过合作拿下。

猪八戒网拥有用户、数据，而细分领域的传统行业拥有专业能力，两者结合就是典型的"互联网+"。目前，猪八戒网已与多家细分领域上市公司展开合作，之后将会拿出一部分资金成立一只投资或者并购的基金进行产业布局，从而成为一个公司集群，每一口"钻井"都是一个独立的公司或者事业部，做成围绕中小微企业的一站式综合服务生态体系。

三、从技能共享到资源共享

"佣金时代"的猪八戒网，共享的是专业人士的技能，如PS技能、创意服务等。而"数据海洋+钻井平台"商业模式下的猪八戒网，除了共享专业人士的技能和创意服务外，更有了无限想象的空间。

如专业的财税服务。要做好财税服务共享，第一，需要专业的人来做；第二，效率必须要得到提升。因此，在财税领域猪八戒网投资慧算账，慧算账是一个财税的SAS平台，把记账、报税这些事情的效率提升了3~5倍。通过慧算账，一个稍微懂点财务知识的会计一个月可以做300家企业的账，效率提升了6倍。更重要的是慧算账能够实时让中小微企业的老板在手机终端上对记账、报税进展进行全程监控。在慧算账这个平台上，通过猪八戒网而来的财税专业人员可以服务上千万家中小企业。到2016年底，猪八戒网

> 将能够为超过 30 万家中小微企业提供专业的财税服务。
>
> 又如八戒印刷,仍然采取共享经济的理念。共享的是中国千千万万家印刷厂闲置的、产能过剩的、机器转动时间不足的印刷机,八戒印刷要把闲置的印刷机、印刷厂共享起来。通过猪八戒网这个数据海洋的入口,会有巨大的印刷需求,通过八戒印刷,把产能严重过剩的印刷机运作起来,印宣传单的就只印宣传单的,印画册的就只印画册,印名片的就只印名片,从而提升它们的工作效率。所以,八戒印刷就是典型的资源共享。
>
> 猪八戒网乘着共享经济的风口,成功转变商业模式,努力构建自己的互联网+生态圈,深度挖掘平台大数据,从单一的专业人员专业技能分享走向更广阔的社会资源共享。
>
> 资料来源:作者根据多方资料整理而成。

第一节　跨界:不跨界无融合

2015 年产业互联网大会形成了一个共识:中国正大步迈向"+"时代。已经高速发展了近 20 年的中国互联网产业,正在将自己的"破坏力"更全面、更深入、更彻底地渗透到整个国民经济的各个层面、各个角落。绝大多数我们曾经习以为常的传统产业,正面临新一轮的颠覆和基因再造,以及行业竞争格局的重塑。很多先行者早在数年前就已经开始了面向互联网进行全面转型的若干尝试。在大多数先行者看来,"互联网+"并非只是选择之一,而是唯一选择,也是应对"+"时代巨变的必由之路。

一、跨界是"互联网+"的新常态

"互联网思维的导入与否将决定着企业未来的生与死!"
"在未来不用互联网方式来思考问题,就没办法在社会展开竞争……"
"不懂 O2O 的企业就没有未来!"
"传统行业必须进行颠覆式的创新!"
……

不知道从什么时候开始，"颠覆"、"彻底改变"、"退出历史"、"没有出路"、"传统=等死"这样一些观点开始充斥着互联网江湖，并冲击着我们脆弱的大脑。一时间，有些人趋之若鹜，有些人茫然无措，有些人视之为洪水猛兽，也有些人每一谈及必豪情万丈。

十几年前，英特尔董事长安迪·格鲁夫说："未来只有一种企业——互联网化的企业。"如今，"跨界"这个词在资本市场与实业界出现的频率越来越高，如苏宁转型电商，万达要做O2O，互联网公司、电信运营商纷纷进军互联网金融领域，传统金融机构纷纷"触网"。一场由技术创新引发的商业和社会变革已经到来，全新的商业生态正在重塑。在"互联网+"时代，行业之间的界限变得模糊，跨界、跨行业成为社会经济发展的新常态。互联网企业也好，传统企业也罢，都必须适应跨界的大趋势，以跨界推进企业互联网化转型。

互联网产业链正在进行更广泛的垂直整合，电信运营商、内容服务商、系统集成商、终端厂商、设备制造商纷纷将自身业务快速向产业链两端延伸，打造硬件、软件、应用服务一体化，抢夺互联网入口。这种趋势在互联网手机、互联网电视领域尤为明显。如小米既做手机，又做互联网电视，还做路由器、智能家居、汽车、净水器和手环，力图通过垂直一体化整合，打造小米生态圈，如图6-1所示。

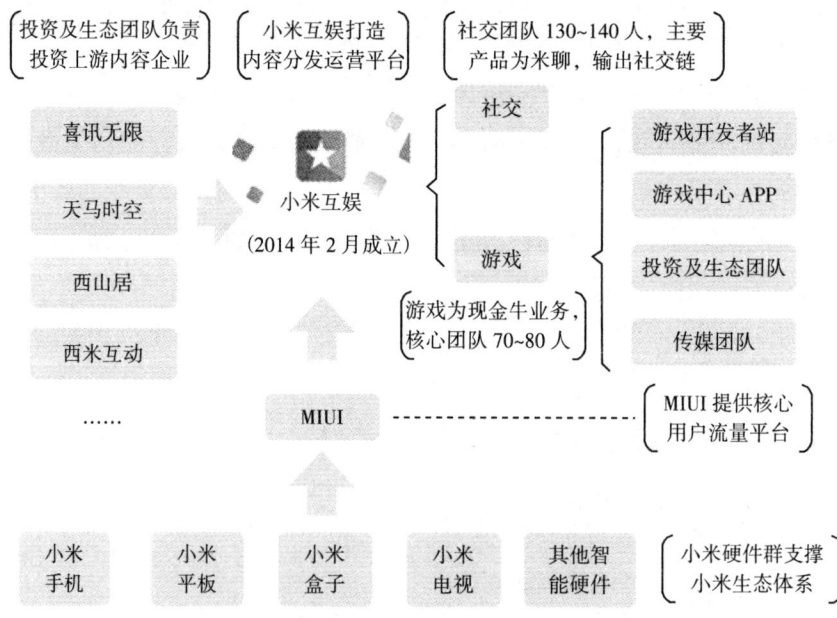

图6-1 小米互娱架构与跨界布局

"互联网+"的本质是跨界，利用互联网技术和平台，使互联网和各行各业实现深度融合。例如，小米入股美的，万达与腾讯、百度合资成立电商公司，乐视与北京汽车开展战略合作，阿里巴巴入股海尔电器，绿地集团与阿里巴巴以及平安集团共同推出专业地产金融服务平台"地产宝"……如今，以互联网为纽带的产业跨界融合正在加快，跨界合作、结盟、并购十分活跃，成为传统企业和互联网公司进行产业布局、打造生态系统的重要手段。

二、跨界不是越位，如何跨出水准

互联网给我们的生活、工作都带来了很大变化。在互联网尤其是移动互联网迅猛发展的今天，借助互联网实现商业模式创新，从而促进企业提质增效，是企业发展的重要选择。促进经济持续增长，必须由投资驱动转向创新驱动。互联网技术的应用，能够提升实体经济的创新力和生产力，"互联网+"成为实现经济转型升级的重要力量。如今，传统的应用、服务、产业互联网化进程不断加快，成就了一大批成功的产品和企业。如传统的广告加上互联网，成就了百度；传统的集市加上互联网，成就了淘宝、京东；传统的银行加上互联网，成就了支付宝；传统的出租车加上互联网，成就了滴滴、快的。"互联网+"必将带动产业的跨界，实现产业转型升级。

第一，跨界的基本原则。应主动顺应跨界趋势，把握跨界的规律，善于利用跨界手段，使跨界真正成为推动企业互联网化转型的强有力手段。在推进跨界融合上，运营商要使其真正成为企业持续发展的新引擎，千万不能为跨界而跨界，应遵循六大原则：一是开展战略联盟合作、资本经营和跨界合作一定要围绕打造生态系统，而不能为合作而合作；二是合作一定要以拓展新的业务领域、积极寻求新的业务增长点为目标；三是合作一定要围绕弥补企业短板、增强企业竞争力而有效开展；四是合作一定要为企业未来发展进行布局，要着眼未来；五是应有专门部门和专业人员从事战略联盟、资本经营和跨界合作工作，要培养一支熟悉资本经营、善于并购重组、懂法律、了解市场、谈判能力强的专业队伍；六是要制定战略联盟、资本经营、跨界合作规划，明确跨界合作的目标、路径和关键举措，指导企业有序推进跨界合作。

同时，应加强跨界合作的过程管理，确保跨界合作有效推进。在合作过程中，运营商要坚持"真诚合作、优势互补、利益共享、风险共担"的原则，制定

战略联盟合作管理制度和办法，规范员工在合作中的行为，对合作过程中遇到的新问题要在沟通的基础上加以解决；对在合作过程中给企业造成严重损失或不良社会影响的，要按照约定，进行赔偿或终止合同；要以供应链、战略联盟、企业并购等理论和方法为指导，不断提高跨界合作管理水平。

第二，建立综合评价体系。要建立一套战略联盟合作综合评价体系，对结果类指标和过程类指标进行跟踪，重点对合作企业发展的贡献度、信息的流动、合作双方人员的行为、战略合作协议执行情况、双方的企业文化差异性等方面进行监控，广泛收集合作过程中的各类信息和数据，运用科学的方法，对跨界合作进行及时、有效、科学的评价，以利于企业及时发现问题，采取有针对性的措施，确保战略联盟、资本经营和跨界合作有效推进。

第三，跨界的模式与策略。要积极探索多元化的跨界合作模式，围绕打造产业生态，根据不同业务发展需要和战略要求，选择相应的合作模式；除了战略联盟合作这一形式外，还要更多地采用股权投资、战略入股、成立合资公司的方式，实现强强联合；也可以收购对企业业务发展有着重要互补作用的公司，从而补足短板。从合作模式来看，战略投资和兼并收购是众多企业采取的主要方式，运营商要强化运用资本经营的手段推进跨界合作，更多地利用战略投资、兼并和收购以及成立合资公司的方式，以打造产业生态为目标，实现跨界合作，拓展新的业务领域。

在跨界合作策略上，应做到积极主动，有效应对。从"合作伙伴对企业的重要性"、"合作伙伴对企业的竞争性"这两个方面来考察，应选择竞争性低、重要性强的合作伙伴。同时，为防止在战略联盟合作中处于被动地位，可以选择两家或两家以上的同类合作伙伴，也可以选择大公司开展强强联合；运营商尤其要加强与互联网公司的合作，一方面可以实现优势互补，做大新兴业务；另一方面要不断学习借鉴。对于互联网公司、传统优势企业跨界合作的成功模式，关键是要学习这些企业为什么要跨界、如何跨界和怎么跨界，这无疑对企业更好地推进跨界合作具有重要借鉴意义。

三、界是融合的基础：转型、升级、创新

可以说，传统企业正在被互联网企业所颠覆与重构，互联网企业也在不断涉足原有的传统领域。其中有些比较醒目的传统企业，如房地产、家电制造、餐饮

等企业都开始进行跨界思维,去主动拥护互联网。以下分享几个以前在各自业内做得非常好的传统企业是如何去拥抱互联网的经典案例,希望能有所启发、借鉴。

1. 转型:且看少林和尚的"智慧改造"

原以为出家人身居深山寒寺,不问世事。然而,作为寺庙届的领军者,少林寺正在拼命打破这一流传千百年的传统,忙着扩张,忙着拍电影,忙着"触网",如图 6-2 所示。

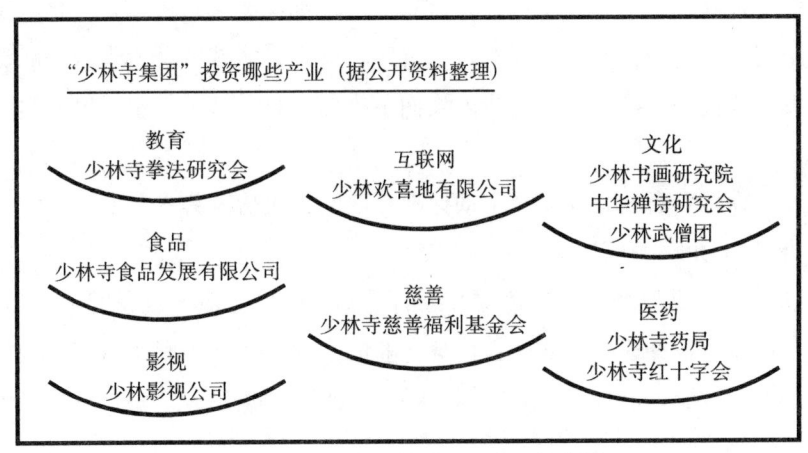

图 6-2　少林寺:触网、扩张、拍电影

在阿里巴巴的一个电子商务峰会论坛上,来了一位"不速之客"——河南登封市少林寺主持释永信,他来可不是给马云捧场,而是取经学习,未来少林寺准备开发一款功夫手游,实现互动式武术教育。这款手游真的能做成吗?可能性极大。释永信虽然不懂技术,但他背后代表着流传上千年的神秘文化,虽然这种文化和倡导开放、透明的互联网文化是相背离的,但其蕴含的宁静致远的精神气质又是互联网人所欠缺的,自然相互吸引,走到了一起。

近几年来,少林寺动静很大,建立海外文化中心也好,在淘宝上开店也好,背后都是释永信积极的入世心态,更是对互联网情有独钟,有某种不解之缘。释永信 16 岁出家,22 岁就成为全国最年轻的主持。1996 年,当许多国人还不知道网络为何物的时候,少林寺就创办了自己的网站。为此也有很多人感叹世风日下,千年古刹沦为赚钱机器。这种想法也有一定道理,毕竟出家人理当好好修行,弘扬佛法,为何还要在万丈红尘、花花世界中摸爬滚打。而释永信的反驳也很淡定,他早就说过,他的目标是把少林文化打造成为中国文化的一个强势符号,与之匹配的应该是像红学那样的显学,如"少林学"。两种观点针锋相对,暂时获胜的恐怕是释永信。因为无论质疑声有多大,否定的人有多少,少林寺的入世之路还在不断向前推进,而不是一棍子被打懵。这也恰恰说明了进入互联网时代后,价值观更加多元化,连有着1500年历史的少林寺都要拥抱互联网,其他行业又该如何面对,是坚持传统,任沧海变化我自岿然不动,还是随行就市,小心试探步步为营,其间只有价值取向不同,而没有高低贵贱之分。

尽管少林寺已经 Wi-Fi 全覆盖,所有僧人也都配有手机,但是对僧人上网有严格的限制,所谓用之有度,不执着与沉迷,特别是游戏。释永信曾说,游戏会让人上瘾,电视剧会把人锁住,所以我们不许僧人玩游戏、看电视剧,这是一种戒律。

看来,少林寺真的是在积极主动拥抱互联网,成功搞跨界。

2. 升级:"中国制造"到"中国智造"

"互联网+"成为企业寻求转型升级的重要突破口。但"互联网+"只是一种方法论,还需要各种连接互联网与传统企业的中间介质或工具来落实,包括移动互联网、人工智能、云计算、大数据、物联网等。而机器人,则被视为其中的核心要素。

在 2015 年 10 月的 TPCA 展会上,迅得展出了面积 81 平方米的动态无人智能工厂,描绘了未来智慧工厂的蓝图——自动仓储管理系统(见图 6-3),使站与站之间实现自动传递,工厂资讯流实现整合,上下料更具灵活与弹性,并导入智慧制造单元,工厂的生产真正实现智能制造,无须过多的人力介入。

图 6-3　讯得自动仓储管理系统

成立于 1988 年的迅得机械，以经营 PCB（印刷电路板）产业自动化设备起家。在过去近 30 年时间里，其深耕自动化设备制造，开拓了多个产业的自动化市场。然而，前几年迅得敏锐地嗅到市场环境和需求正在悄然改变，少量多样客制化订单日益成为客户的主流需求，升级各个环节的智能化水平，提高生产效率，势在必行。迅得由此开启了其"未来工厂"计划，走上智慧制造的升级转型之路。

第一，让"哑巴"机器"开口"。让原有的"哑巴"设备能"开口"，让机器与机器之间实现互通，是实现智慧工厂的第一步，却已经是不小的挑战。由于不同机台感测接口的多样化，所读取的数据难以统一，这就对资料的收集造成障碍。让一个不开口的"哑巴"设备，能够实时报告它的运行生产状况；让一个"没有睁开眼睛，盲做瞎做"的设备，可以看到它自己所在做的事情；把一个不会判断的机器，变成有"思维"的智慧的机器，这项工作颇具挑战性，必须要有好的平台和开发工具。研华产业应用云服务软件平台 WISE-PaaS 提供了 RMM (Remote Monitoring and Management)、Data Flow Management 等开发工具，让生产现场不同数据的管理变得简单，节约了 2/3 的开发时间。通过 WISE-PaaS 建立开放与标准的信息化架构，让原本各自独立运作的设备，在自动化整合之后，可以实现跨设备数据采集和设备联动，传统人力与纸张处理的作业流程管理升级为数字化与信息化，降低了成本，大大提升了效率。

第二，走向智慧生产。真正的自动化和智慧工厂，不是一味地追求全新的设备，智慧化生产的背后一定有一个智慧化的企业。迅得的智慧工厂战略将分步进行，目前所做的是第一阶段，在工厂的应用场景中，把一些非自动化的设备升级为自动化；第二阶段，则要针对已有自动化设备做一个通信，即让设备间实现串接互联；第三阶段，则是资料的收集，采集截取所有实现串联的自动化设备的数据资料，并对这些数据资料进行转换整合；第四阶段就是要建立起数据库，形成大数据的算法，对数据资料进行分析，从而可以进行一定的预测和监控。迅得的智慧转型正在逐步推进，近两年，首先致力于投入开发智能自动化设备，并整合智能化仓储系统、智能自走车（AGV）、智能轨道车（RGV）系统与机器人及信息流搜集整合的产品服务，随后提出生产力 4.0 方案，开始积极布局 PCB 4.0 智能化系统整合应用。

以"智能化"、"网络化"为核心概念的工业 4.0，是全球制造业面对物联网时代来临，前赴后继投入的新典范。但工业4.0并不是简单地以机器人取代人力，而是运用人机协同走向智慧生产。在未来的智能工厂中，制造端上的每个机器都能够通过物联网相互对话，甚至能和上游的供应原料单位实现数据互联，让企业团队成员能够轻松了解原物料供应状况并实时调整，这是智慧工厂的精髓，如图6-4所示。

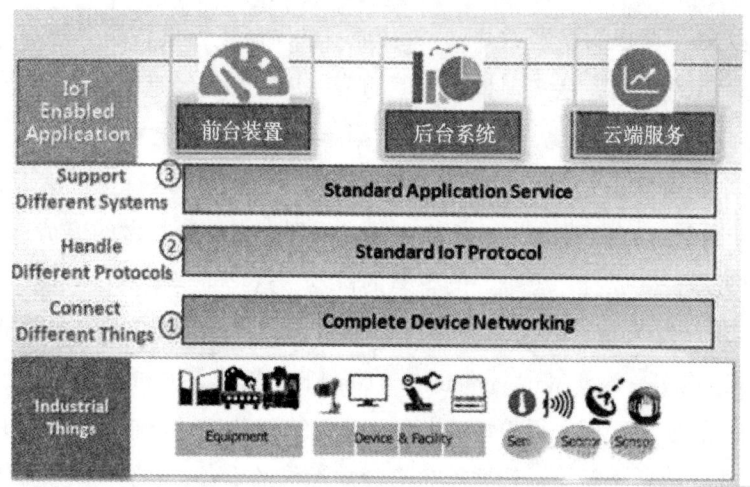

图6-4 实现工业4.0的三个关键策略

3. 创新：不只是O2O跨界，而是商业模式创新

"互联网+"行动计划自2015年两会写入了政府工作报告后，立即引起了社会各界的强烈反响。我们每个人都亲历着"互联网+"在各行各业掀起的转型变革浪潮，如"互联网+金融"、"互联网+出行"等。在这个过程中，云计算、物联网、移动互联网、大数据等从端到云的技术创新发挥了重要作用。

第一，"互联网+交通"，智能交通触手可及。汽车是都市生活中谁也离不开的交通工具，在技术融合来势汹汹的背景下，汽车正演变成"互联网+"时代更加智能、实时互联的新型硬件，既能接收数据，也能将数据发至云、交通基础设施以及其他车辆。汽车行业也将迎来历史级的大裂变，专业的汽车企业、互联网公司、能源企业、地图导航企业，智能芯片/平台/技术企业正一起制造推动整个产业转型的变量。越来越多的汽车制造商面向包括英特尔在内的领先IT公司，寻求技术合作、探索各种创新应用，以有效地为消费者提供更加强大的信息功能、娱乐功能、更加安全的行车环境和愉悦的驾乘体验。不远的将来，作为继

TV、PC、手机之后的"第四中心",智能汽车对人类生活的影响将是翻天覆地的。

第二,"互联网+教育",规模化因材施教不是梦。教育关乎民生大计,教育也是互联网最早涉入的行业之一。然而,从我国在线教育的发展现状来看,互联网尤其是移动互联网对于教育的重要价值,仍处于开发的初始阶段。"互联网+"带给教育的深刻影响,源自其不断创新的数字技术。例如,利用数字化平板设备,能够记录个体学习过程、学习场景,分析个体学习特征和学习效果;并在数据挖掘的基础上,沉淀不同特征和类别的个体的最佳学习过程,完成个性化学习和个性化成长。又如,结合大数据、人工智能、机器学习等最新技术,通过采集学习过程、分析学习者的反馈和状态,实时动态地推送有针对性的学习方案,可以实现更加个性化、规模化的因材施教。"互联网+教育"的核心价值已经开始释放。例如,通过部署英特尔一对一数字化学习项目,不仅来自北上广这些大城市的孩子们获得了更好的教学体验,在教学资源欠缺、教学水平相对落后的偏远地区,数字化教学的应用也在快速改变教学方式。"互联网+"可实现的另一个重点突破则是获取教育资源的无边界化。学习者随时可以在移动设备上联入全球性的教育资源系统中,获得任何一种成熟课程体系里最先进、最受欢迎的讲课视频及学习资料等。另外,各种寓教于乐的辅助学习移动 APP,也可以让用户随时利用碎片时间展开学习。这也是我国促进教育公平发展和质量提升,加快偏远地区实现教育标准化,解决教育资源不均衡难题的有效途径。

第三,"互联网+医疗",迈向精准医疗。互联网对医疗服务行业的加速重构与推动,从 2015 年"互联网+医疗"在资本市场引起的投资旋风就可感受一二。而这其中,围绕移动医疗展开的细分领域投资风速最为强劲。一方面,在救护车上和医院病房里,医疗工作人员通过运用智能移动设备,传递急救信息、下达医嘱,不仅可以实现急救前移,为患者赢得宝贵的"黄金 5 分钟",还可以实现院内院外无缝衔接,提高诊疗效率。另一方面,移动医疗创新应用也遍地开花,由线上咨询入口向线上问诊、医药电商、预约挂号等 O2O 模式深化,促进患者与医生的线上线下互动。目前,移动医疗应用按功能与受众的不同,可分为预约挂号(挂号网)、问诊咨询(好大夫在线)、医药服务(1 号药店)、资讯文献(丁香园)和慢病辅助等。然而,最跨界的"互联网+医疗"创新还当属伴随基因组测序、生物信息和大数据等技术交叉应用而发展起来的精准医疗。精准医疗更重视"患者"的深度特征和"药"的高度精准性,是在对患者和药物深度认识的基

础上完成的更个体化的诊断和治疗。英特尔至强处理器与至强融核处理器以其高效、稳定的并行计算能力和数据处理能力,正成为精准医疗、基因组学等新兴生命科学领域进行数据分析和测试的强大工具。

第四,"互联网+物流",搭建公路物流信息平台。国务院《"互联网+"行动计划》提出,力争在2016年底,我国电子商务交易额达到22万亿元,这无疑会给物流和运输行业带来巨大的发展空间,而如何利用好"互联网+"关系重大。"互联网+"改变的不仅是物流的"动",更重要的在于如何"少动"甚至"不动",这背后是流通体系潜移默化的转型升级。如由于缺少覆盖全国的物流信息平台,货运司机在将货物送达目的地后,往往需要空驶一二百公里到邻近的物流园寻找新的货源。而在物流园区中,数千乃至数万司机与货主,仍然以黑板加粉笔作为信息沟通的主要手段。英特尔、YunOS、货车帮通过跨界协作,为物流行业的信息化发展带来了新思路。一方面,由 YunOS、英特尔和富士康合力推出的定制平板为货车司机提供了更为快捷、方便的移动货运管理体验。另一方面,通过英特尔、YunOS 和货车帮的跨界协作,货车帮搭建起了公路物流领域的信息化平台,为开启中国公路物流的高效时代奠定了基础。

第五,"互联网+零售",打造场景化购物体验。2015年,O2O概念从极热走到了极冷。零售行业也快速体验了"互联网+"一半是魔鬼、一半是天使的特性。伴随着一些拒绝触网的大卖场的黯然歇业,那些实现"线上电商+线下实体"融合协同的零售企业,则获得了广阔商机。如今,不仅传统零售卖场转型为可以和互联网互动的店铺,很多网购店也引入了线下体验、线上购买的模式。然而,全渠道营销的"互联网+零售"的重构才刚刚开始。未来的零售,将是涵盖流量和用户、社交化口碑传播、大数据运营、场景化购物体验四个维度的资源整合和技术创新。转型后的智能商店将是一个完全由网络连接的环境,从商店的仓储管理、物流运送、柜台收银、货物查询显示屏、展示货架、商品试穿、试用面板、消费者购物车到消费者的智能手机,均相互连接。通过智能商店,消费者能够随时查询所需商品的资讯,包括存货、价格,也能通过智能手机从网上下载优惠券。而企业能够通过整个联网系统分析消费者偏好,即时进行销售策略或优惠活动的调整,据此发送不同的产品资讯至消费者随身携带的上网装置中,进行广告效果的追踪,从而制定更加有效的营销策略。而支撑这种智能转型的解决方案和产品,在"第八届商业信息化行业大会"已初露端倪。例如,基于英特尔感知计算的智能鞋履方案，能自动检测客户脚的形状和尺寸，并能虚拟试穿不同种类的鞋子，未来可考虑和支付功能的集成，实现O2O智能鞋履销售方案。另外，英特尔还联合Centerm展示了全球第一款基于最新凌动处理器的Android/Windows智能POS方案，该方案能在不修改硬件设计的前提下，根据客户需要灵活安装Android系统或Windows系统，节省零售商的硬件维护和库存管理，并具有更平滑的触控体验和用户展示界面。

"互联网+"几乎在重塑着每一个行业，创新的应用也还有很多。如"互联网+"制造领域的C2M个性化定制，互联网金融领域的余额宝、微信红包、众筹、P2P等。未来，随着云到端技术应用的不断加深，以及"互联网+"向能源、制造等我们生活中更纵深领域的发展，更多具有行业应用价值，并造福于民的新应用模式将会出现和成熟。

第二节　融合：不融合无共享

从产业发展的外部来看，互联网与零售、金融、教育、医疗、汽车、农业等传统产业的跨界融合正在加速，产业边界日渐模糊。一方面，传统产业积极向互联网迈进，传统企业纷纷与互联网公司合作，向互联网领域转型；另一方面，互联网企业加速向传统产业进军，如阿里巴巴、百度、腾讯等纷纷进入金融、教育、文化、医疗、汽车等行业，互联网教育、互联网娱乐、互联网医疗等正呈现快速发展之势。随着物联网、云计算、大数据、移动互联网的发展，互联网与传统经济、传统产业的融合更加深化。不仅如此，互联网技术之间的融合也在加速。移动互联网前所未有的传播速度，云计算超强的存储和计算能力，大数据强大的挖掘能力，均向生产、生活领域深度渗透，成为我国经济转型升级的新引擎。

一、融合："互联网+"的本质

说到"互联网+"，很多人会想到之前也很热的一个词"互联网2.0"。这二者之间有什么关系？"互联网+"是"互联网2.0"的另一种表达方式，还是互联网技术的又一次升级？我们知道，互联网2.0，即Web 2.0，是相对于Web 1.0的新时代，是一次网络应用模式的升级，用户不再仅仅是互联网的读者，同时也是互联网内容的创造者。博客、各种社交网络等，就是 Web 2.0 时代的代表产物。从李克强总理的报告中我们发现，"互联网+"和互联网 2.0 没有直接关系，不是互联网技术的升级。因此，可以明确地说，"互联网+"不等于互联网 2.0。

"互联网+"不是单纯地构建互联网平台，也不是对传统行业的颠覆和替代，而是传统行业和互联网的深度融合，是传统行业利用互联网，降低信息不对称，用开放的思维重构商业模式和生产模式，是对传统行业的升级和改造。例如，"传统的交通行业+互联网"诞生了滴滴打车，通过这种融合有效提高了车辆的利用率，促进了节能减排，也改变和方便了人们的出行。又如，"传统医疗行业+互联网"，为人们的求医问药节省了大量宝贵时间。目前，北京近 150 家医院支持网上挂号和医疗信息共享，"京医通"推出微信服务号，支持 30 家医院实现微信全流程就诊及微信支付，让更多患者享受快捷便利的就医体验。

"教育+互联网"、"民生+互联网"、"餐饮+互联网"……随着"互联网+"行动计划的逐步落地，越来越多的传统行业会借助这一平台，更多地改变人们的生活。从这个意义上来说，"互联网+"的本质是：传统行业通过与互联网的融合，实现产业的升级换代、企业的创新发展。

2013 年 6 月，出现了传统金融行业最大的"搅局者"——余额宝，其诞生半年时间，就拥有了 8100 万客户，规模超过 5000 亿元，彻彻底底地革了传统金融业的命。因此，2014 年各大商业银行对余额宝发起了疯狂的"围剿"和"绞杀"，打响了一场没有硝烟的"战争"，也引起了政府监管部门和行业的思考。互联网和传统行业是"你死我活"的对立关系吗？是你输我赢的"零和游戏"吗？2014 年 12 月，银监会批准设立前海微众银行，主要是为大众、小微企业和创业企业提供存款、理财投资、贷款、支付等业务服务。该行具有自身特色的科技平台，目前既无营业网点，也无营业柜台，完全通过互联网、大数据等技术开展金融业务。

从微众银行的业务和运营模式可以看出，首先，互联网银行的本质和传统银行一样，没有脱离传统银行业的存、贷、支业务。其次，互联网银行相比传统银行，利用人脸识别、大数据信用评级等技术，无须财产担保即可发放贷款，创新了传统银行业务和运营模式。再次，互联网银行是传统银行业务的补充和延伸，利用先进的信息技术和海量数据，发挥了"个存小贷"的特色，构建了更全面的风险管理机制，更好地服务于被传统银行忽视的小微企业和个人。最后，互联网银行不但没有取代传统银行，而且可以促进传统银行创新、改造自身经营模式和风控体系，提高自身的盈利水平。

传统行业和互联网不是你死我活的"零和游戏"，而是互相依存的"双赢"关系。在2013年11月众安保险开业仪式上，马化腾提出："互联网加一个传统行业，意味着什么呢？其实是代表了一种能力，或者是一种外在资源和环境对这个行业的一种提升。"所以说，"互联网+"的提出，对传统行业既是挑战，也是机遇，有助于对传统行业多年来固有的商业模式进行升级和改造。互联网和传统行业就是"虚拟和现实"的关系，互联网代表的是虚拟网络世界，是"PC+网络"；传统行业代表的是现实的厂房、设备和门店，是"钢筋+混凝土"。两者相互依存，相互融合，传统行业得益于互联网（虚拟世界）的创新发展模式，互联网上的虚拟活动依赖于传统行业（现实世界）的实体。互联网虚拟经济的产生和发展都必须以传统行业的实体为物质条件，必须依赖于真实存在的社会，否则，它就成了既不着天也不着地的空中楼阁。

众所周知，互联网可以给传统行业带来新的生产力，创造出新的价值和盈利模式。传统行业如何去拥抱互联网呢？各行各业都在尝试，都在探索。

对于传统行业，特别是一些老字号的企业，应该主动思考如何借助互联网实现转型和创新发展，要开放自己，融入互联网的浪潮，抓住企业发展的大好良机，利用互联网去创新营销渠道和模式，打造新时代的百年老店。例如，传统的商业企业拥有大量实体店面，是最主要的销售和客服渠道。但是在互联网时代，这些店面的定位、作用和价值都将发生翻天覆地的变化。按照"线上线下一体化"（O2O）模式，未来这些店面将变成客户视觉、触觉和味觉的实际体验店，通过这些店面可以实现实物体验、线上销售、现场提货和物流配送的"四位一体"。对于互联网企业，要利用自己的行业技术优势，利用互联网平台这个载体，为传统行业提供线上产品展示、销售的渠道，创造条件、主动引领传统行业进行融合。互联网企业还要充分利用和挖掘传统行业的实体优势，满足客户真实体验和实际感受的需求，取信于客户，真正建立稳固的客户群体，拓展自身的发展空间。

传统行业和互联网如何融合呢？要做到："事前深思熟虑，事中周密部署，事后科学评估"，两者不是简单地相加，而是强调和突出"融合"。可以从以下几个方面着手：首先，在战略层面上，引入互联网思维，深入研究各传统行业与互

联网的契合点，分析哪些业务更适合借助互联网开展，使互联网变成传统行业业务的一种延展和补充。其次，在传播层面上，更多地借助网络营销，通过网络媒体、微博、微信、各种通信工具等进行宣传，弥补电视、报纸、公关等传统媒体反馈慢、成本高、盲目单向宣传的不足。再次，在渠道层面上，通过"线上线下一体化"的模式，借助互联网平台进行产品推广、销售，在线上提供丰富的产品、比价、互动、评价，与线下实体门店实际体验和面对面咨询沟通相结合。最后，在业务层面，以客户为中心，借助于海量的客户网上数据，了解客户需求，深入分析客户行为，为客户推荐感兴趣的产品，或为客户量身定制适合的业务，同时降低交易成本。

综上所述，我们可以得出以下结论：一是"互联网+"绝不是互联网技术的更新换代，它必须以实体经济为核心，通过互联网平台重构生产模式、商业模式和盈利模式，实现创新发展；二是"互联网+"已经成为必然的趋势，传统行业必须与互联网相加、相融合，才能顺应和融入产业革命升级的滚滚大潮；三是传统行业要想实现与互联网的融合，重要的是要引入互联网战略思维，找到"互联网+"行动契合点，实现线上传播、交易、分析和线下实体体验的有效融合。

二、互联网时代，融合无处不在

互联网跨界融合创新浪潮正席卷经济社会的各行各业，推动互联网与传统行业的横向整合与纵向重塑，以跨界融合为显著特征的"互联网+"时代已经到来。共享经济、互联网金融、工业互联网、农业物联网等新模式、新业态成为转变发展方式、促进产业升级的重要动力，新常态下的"互联网+"期盼全新的跨界融合。

1. "互联网+"新融合将全面爆发

互联网与传统行业呈现出全方位融合：从融合广度看，由服务业延伸到工业、农业；从融合深度看，由改善信息传输、提供推广平台深化为重塑服务模式、变革生产方式。

第一，共享经济成为优化个人消费服务的新模式。共享经济不仅高效匹配前端需求和后端资源，充分提升闲置资源利用效率，更代表一种消费模式的转变，即商品为所有人共享，无须购买产权，只需购买使用权。美国 Uber 是共享经济模式的典型企业，已在全球 30 多个国家的 250 多个城市开展专车、出租车、拼车等共享服务,企业估值高达400亿美元。国内以滴滴打车、快的打车为代表的共享经济也呈现井喷式发展,共享经济模式逐步向房屋短租、家政服务、美容服务等消费性服务领域拓展。

第二,工业互联网成为促进工业转型升级的新动力。新一代信息技术与先进制造技术的融合,正在全球范围内驱动以美国先进制造/工业互联网、德国工业4.0为典型代表的新一轮产业变革。美国通用电气推出工业互联网智能机器操作系统,并联合IBM、思科、AT&T、英特尔等百余家领先企业组建工业互联网产业联盟,意图采用类似谷歌安卓系统整合移动智能终端上下游产业链的方式,打造以智能机器操作系统为核心的工业互联网生态体系。德国工业4.0则意在打造一个将资源、信息和人互联的信息物理系统(CPS),利用CPS系统控制和优化所有工艺流程,不仅实现同一条生产线上自动生产出不同特性的产品,而且保证尽可能降低缺陷率和能耗,提高节能增效的潜力。

第三,互联网金融、众包研发成为重塑企业生产服务的新业态。互联网大数据技术、协同创新思维在金融、生产设计等生产性服务领域的应用,推动互联网金融、众包研发等新兴业态的蓬勃发展。阿里巴巴旗下"蚂蚁小贷"利用数据挖掘、机器学习等新技术,提供高效率、低成本的融资服务和征信评估,为小微企业、网商个人创业者累计放贷超过2000亿元,帮助100多万家小微企业解决融资难问题。众包研发平台融合广泛资源和集体智慧,降低了企业研发设计成本,提升了企业综合创新能力。宝洁公司众包研发创新的比例已超过50%,相比于公司内部9000多名研发人员,众包研发的人数已超过150万。

第四,农业互联网成为转变农业发展方式的新引擎。互联网与农业的跨界融合促进了农业生产智能化、农产品经营网络化,将大幅提高劳动生产率和资源利用率,推动农业现代化进程。物联网在农业生产中开始深度应用,通过部署在农业生产各环节的各种传感节点,实现了智能感知和信息采集,并将数据整合进行智能分析决策,实现了农业生产的精准化种植。如黑龙江试点水稻智能程控催芽生产线,使水稻出芽率提高10%以上,亩产量增加近10%,每年增收节支2亿元以上。电子商务在农产品流通中的深度应用,将促进农产品更高效地向消费者流通。如阿里巴巴平台农产品销售额从2010年的37亿元,发展到2014年底突破800亿元,年复合增长率高达115%。

第五,虚拟大学、线上医院成为提升公共服务的新亮点。互联网与公共服务的跨界融合在加快推进基本公共服务均等化的同时，可以创新出更加高效的公共服务提供方式，更好地保障和改善民生。美国 University Now 是虚拟大学的典型代表，它为网络学习、检验合格的学生提供学位证书，实现网络化的学历教育。该模式使人们能够以低负担获得高质量教育，将成为传统教育模式的有益补充。以量化自我运动、大数据健康管理平台为代表的健康信息感知应用和以确诊癌症的 IBM Watson 机器人为代表的医疗信息处理技术正在快速发展，结合远程医疗、医患互动等医疗信息传输应用，将实现"感知、传输、处理"的互联网医疗闭环。

2. 中国"互联网+"期待融合新模式落地

互联网跨界融合创新浪潮正席卷经济社会的各行各业，推动互联网与传统行业的横向整合与纵向重塑，以跨界融合为显著特征的"互联网+"时代已经到来。共享经济、互联网金融、工业互联网、农业物联网等新模式、新业态成为转变发展方式、促进产业升级的重要动力，新常态下的"互联网+"期盼全新的跨界融合。

第一，破除障碍，推进互联网跨界深度融合。一是放宽市场准入，推动传统制度改革。例如，逐步有序扩大汽车租赁经营范围，推动医生多点执业政策落地和网络学历教育市场开放。二是完善发展环境，促进跨界融合应用健康发展。加强社会信用体系建设，推进跨部门、跨行业信用信息的共建共享，提供诚实守信的经济社会环境。三是健全监管机制，规范市场秩序。健全跨界融合应用闭环管理机制，强化部门间协同配合，实现快速响应、联动处置，形成融合市场的管理合力。

第二，加强研发，打好互联网跨界融合创新的技术基础。一方面，加大关键技术研发投入。强化云计算、大数据、工业互联网等新技术的前瞻性研究，着力突破新型传感器、工控芯片、智能机器操作系统等关键软硬件技术。另一方面，持续加强网络基础设施演进升级。继续推进光纤宽带、4G 网络的部署升级，建立宽带普遍服务长效机制，推动云计算数据中心集约化发展，为互联网流量承载和应用发展提供保障。

第三，提升能力，保障互联网跨界融合的网络信息安全。一是提升全面融合态势下的网络和信息安全技术能力。加快网络安全关键技术研发，形成全程全网的网络安全态势感知、监测预警、应急响应和快速恢复能力。二是加强关键基础设施安全防护。深入推进网络基础设施、重要领域信息系统的安全防护工作，健全工业设备采购和安全审查机制。三是加大数据保护和用户信息保护力度。加强网络数据全生命周期的安全保护，特别是将工业数据保护作为工作重点。

三、融合的价值取向：互联共享

互联网是发展变革的驱动力，必须重视互联网的强大颠覆势能。"互联网+"推动互联网与各产业的融合发展，有助于提升实体经济的创新力和生产力，实现新兴产业的蓬勃发展，促进大众创业、万众创新。

第一，互联网大数据就是资产。"互联网+"就是让互联网广泛拥抱实体经济，渗透实体经济的方方面面，成为社会生产力。如果要让互联网这种先进的生产力成为一种价值创造的东西，它就必须成为社会生产力三大要素（劳动者、劳动对象、劳动工具）中的劳动工具。互联网发展经历了桌面互联网、移动互联网、"互联网+"三个阶段，互联网将由消费互联网发展到产业互联网，从个人应用发展到产业应用，从价值的转移发展为价值的创造。目前，"互联网+"有六大发展趋势，分别是网络的价值化、数据的资产化、一切互联化、网络安全的核心化、生态重构化以及虚实结合。现在流行一句话：找风口，风口就是在争入口，最大的入口在电信运营商那里，找入口就是大数据，运营商的管道中记录了人们和各种应用的重要信息指纹。"互联网大数据就是资产"，在美国 P2P 的金融贷款服务中，一个企业办理融资手续可能需要花一个小时，但一半以上的时间是搜集基于大数据的企业纳税情况、客户投诉情况、还贷情况等。吕廷杰直言，"互联网+"下的传统产业面临巨大调整，价值重构是未来整个"互联网+"时代要着手解决的重要问题。

第二，深度融合于经济社会各领域。在"互联网+"时代的产业革命中，所有产业的发展思维和路径都在被重构。"互联网+"在创造机遇的同时，也带来了不少挑战，我们要不断用新思维来刷新头脑，把握规律趋势、寻找突破口。

"互联网+"的出路在于互联网和传统产业的跨界融合。其本质是将互联网的创新成果深度融合于经济社会各领域之中，提高实体经济的创新力，从而达到经济社会的思维转变、技术转变、格局转变。实施"互联网+"要以解决实际问题为导向，着眼于促进经济转型发展和改善民生。

"互联网+"的出发点和落脚点，在于解决国民经济和社会发展中存在的一系列实际问题，让互联网从玩具转为工具，实现基础设施、政务、民生、产业、安全、教育等与互联网的连接和充分融合,变革生产方式,创造新型消费,不断满足民生需求。

如何寻找突破口呢?"互联网+"是一个长期、复杂的系统工程,不可一味求大求全,幻想一步到位、一蹴而就。对于大多数地区而言,在做好顶层设计的同时,着力点应更多放在范围集中、主题明确的领域,通过小镇、街道等城市基础组织的"互联网+"典型应用,促进经济发展活力和居民生活品质的提升。

"互联网+"是颠覆,还是升级?要看产业的本身,如果产业本身是在线的,"互联网+"就是让产业进行升级;如果产业是线下的,那么"互联网+"带来的就是颠覆。烧钱不烧钱并不重要,只要能为客户提供所需要的、有价值的东西,那就是好项目。

"互联网+"的重点是用智慧升级产业,用价值黏住用户,用智慧驱动服务。有没有找到用户真正的需求,有没有满足他们的需求,只要做对一件事情就可以,即打开"互联网+"的大门。

第三,价值挖掘,共享经济。价值的挖掘才是科技的创新,才是服务真正的动力。有统计表明,一辆小轿车每天平均的闲置时间是23小时,一把电钻在它整个使用年限之内被使用的平均时间大概是13分钟。如果有了相对应的信息平台,可以实现实时的资源交换,就能在很大程度上解决这个问题。而互联网的最大价值就在于解决信息不对称的难题,这也是在全球范围内共享经济模式大行其道的原因。如通过O2O的运营模式,Airbnb的租房、Uber的出租车业都发生了巨大的改变。在共享经济的平台进入之前,租房、出租车行业的"游戏规则"延续了百年,供需之间的矛盾一直存在,消费者的"痛点"难以解决,但随着Airbnb、Uber的进入,原本的消费者也可以随时变成供给者,买卖双方的身份变得模糊,直接颠覆了传统商业的"游戏规则"。

作为一种互联网下的"新经济"、"新商业"形态,共享经济诞生的时间虽然不长,但价值巨大、影响深远。一方面,共享经济本身具有天然的互联网基因,对于技术的要求非常之高,能够促进移动互联网、物联网等技术的发展和普及;另一方面,共享经济不是"虚拟经济",而是一种信息和资源的交换平台,是用互联网思维改造升级传统行业的利器。

正因如此,作为共享经济的鼻祖,美国两家企业Uber、Airbnb以及中国的滴滴、快的,最近两年均呈现了爆发式增长,快速成为互联网行业的翘楚,目前这三家企业市值都超过了200亿美元，并引发了共享经济模式在各行业中的创业潮，如在房屋租赁、交通出行、家政、酒店、餐饮等领域，国内外都诞生了非常多的基于共享经济的创新公司。

而对于未来，共享经济的想象空间巨大。以新能源电动汽车为例，纯电动汽车普及的一大阻力是充电桩，私人搭建充电桩对个人而言成本偏高，社会资源搭建充电桩又不"经济"，因此有人提出建议，建设纯电动汽车充电桩分享平台。用户可以将自己家里闲置的充电桩分享给大家，并收取一定费用，这或许就是未来新能源汽车和共享经济的完美结合。

总而言之，共享经济的精髓在于"匹配、分发、共享"，即利用技术手段实现科学匹配、精准分发、最终实现优质资源的共享，用最小的成本解决用户乃至社会的痛点问题。如互联网模式下的顺风车，节约了道路资源和能源消耗，极大地降低了消费者的用车成本，对于平台、使用者、出让者、社会都是多赢的结局，而一旦普及，第三方的保险、服务机构也将获益，这也是"共享经济"受到追捧的原因。

【共享经济专栏1】

神州专车：做汽车领域的苹果

一、公司概况

神州专车是国内领先的租车连锁企业神州租车联合第三方公司优车科技推出的互联网出行品牌。2015年1月28日，神州专车在全国60个城市同步上线，利用移动互联网及大数据技术为客户提供"随时随地，专人专车"的全新专车体验。神州专车采用"专业车辆，专业司机"的B2C运营模式，车辆均为来自神州租车的正规租赁车辆，并和专业的驾驶员服务公司合作，再加上百万安全保障，为每位乘客提供安全、舒适、便捷、贴心的出行体验。神州专车定位于中高端群体，主打中高端商务用车服务市场。易观国际的最新数据显示，神州专车国内高端客户数位列行业榜首，与传统的出租车有本质区别，两者相互补充并为用户提供更加多元化的出行方式。

2015年6月，神州专车邀请吴秀波、海清出任代言人，重磅推出"五星安全计划"，从司机保障、健康保障、技术保障、隐私保障和先赔保障

五大方面保障乘车人的安全，全面推动专车市场的安全标准升级。权威市场调研公司易观国际的数据显示，成立仅半年的神州专车以10.7%的专车服务活跃用户覆盖率稳居国内专车市场前三甲，用户留存率达66.7%，高居行业首位，备受中高端客户青睐。2015年7月和9月，神州专车完成了A、B两轮共8亿美元融资，创造了国内互联网公司前两轮融资额的最高纪录。

二、神州专车：做汽车领域的苹果

2016年4月12日，神州专车主体运营公司神州优车向新三板递交挂牌申请，上市前神州优车完成最后一轮36.8亿元融资，估值287亿元，如果上市完成，神州专车将成为"中国专车第一股"。在创办之初，神州专车董事长陆正耀就表示，"神州专车要成为专车领域的苹果，做真正的专车"。陆正耀这一描述很形象地把神州与滴滴进行了区别，在人们的普遍印象里，滴滴包括了专车、快车、出租车等不同层次、不同品类的服务，而神州则主打中高端用户，提供安全和标准化服务。

目前，神州专车的发展势头也大有苹果在智能手机领域的三分天下之势，易观智库最新数据显示，神州专车年收入在12000元以上的占1/3，客户留存率达67.5%，在所有专车平台中最高。不仅如此，罗兰贝格的数据也显示，神州专车在中高端专车市场发展最快，并且在扣除快车、拼车外的中高端专车市场，神州专车已经以40%的市场份额和滴滴形成分庭抗礼之势，并远高于Uber。当然，在高端用户的占有上，神州专车与苹果还有很多默契之处，如神州专车APP用户群中，苹果iPhone用户也是最多的，占到了70%。

在神州专车看来，专车是出租车的升级，不是出租车的替代，神州专车的特点是安全、舒适、标准化，比起出租车，专车的车型和服务更好，价格更高。目前神州专车平常时段的价格是出租车价格的120%，高峰时段的价格是出租车价格的150%。因此，仅仅从定价来看，它在品类上就与原有的出租车市场建立了差异，是基于市场需求诞生的一个新的服务品类。与此同时，市场潜力巨大的另一个表象则是专车的应用场景正呈现多元化拓展的趋势，比较典型的如：出租车升级，即现有出租车服务质量和客户体验的升级需求；公务车改革，政府及国企事业单位实行公车改革后产生的巨大市场需求；替代私人购车，汽车共享理念下，购车意愿下降等带来的私家车转化需求；以及其他出行方式，黑车、租赁车等其他替代需求。

神州专车董事长陆正耀对汽车出行方式有着独到的理解，他对神州专车的提炼是："专车是差异于现有出行方式的升级服务。在公共出行体系里，最下端的应该是什么？公交和地铁。再往中间夹层的应该是拼车，再往上大量的是出租车，再往上是专车，专车应该是差异于这些产品的，是一个产品的升级。"而这个升级，则体现在安全和标准化服务方面。"安全是专车的首要标准。"陆正耀透露神州专车和权威部门及第三方征信机构合作，审查应聘司机，结果发现有近10%的司机都有犯罪记录，于是被神州专车挡在门外。不仅如此，神州专车在车上装载了OBD系统，司机系没系安全带，总部是知道的；司机一脚刹车踩得重还是轻，后端是知道的，通过这些会分析出司机的驾驶行为。因此，安全加标准化车辆和服务，构成了专车的内涵。

三、神州专车：B2C车辆共享模式

目前典型的汽车共享模式有四种，在车辆共享和出行共享、B2C和C2C所组成的横纵轴坐标系中，神州专车打造了典型的B2C出行共享模式，而Uber和滴滴则是典型的C2C出行共享模式，神州租车是典型的B2C车辆共享模式，宝驾和PP租车则是典型的C2C车辆共享模式。

相比较C2C模式，B2C模式在大数据领域具有独有优势，这是因为B2C模式可以采集车内数据、环境数据和车队数据，其数据源和数据积累更加丰富，同时B2C模式的数据实时性强并且更加准确，更重要的是，对于正在发展的无人驾驶和智慧交通，唯有B2C模式具备实现的数据基础。

按照神州专车的定位，它将成为基于新一代技术革命的汽车共享和大数据平台，B2C的商业模式恰恰是其打造这一汽车共享和大数据平台的基础。不仅如此，神州专车与神州租车还形成了产业链上最大的协同效应，在内部，车队、司机、客户、数据可以实现实时共享，而在外部，汽车采购、汽车保险和金融、维修保养、车联网和电动车等诸多领域都可以实现协同，由此撬动全产业链的资源。对于神州专车来说，其战略目标就是以B2C模式

> 为切入点,最大化产业协同效应,构建基于新一代技术革命的汽车共享和大数据平台,重塑汽车生态圈,打造中国最大的汽车共享平台。
>
> 资料来源:作者根据多方资料整理而成。

第三节 共享:不共享无生态

共享经济(Sharing Economy)是一个非常新鲜的词汇,这是在互联网技术发展的大背景下诞生的一种全新商业模式,即利用移动互联网、大数据等技术进行资源匹配,整合重构闲置资源,降低消费者的购买成本,并最终打破原有的商业规则。2015年9月,李克强总理在参加夏季达沃斯论坛时曾表示,目前全球共享经济呈快速发展态势,是拉动经济增长的新路子,通过分享、协作方式搞创业创新,门槛更低,成本更少,速度更快,这有利于拓展我国共享经济的新领域,让更多人参与进来。

一、共享经济:专属于互联网时代的经济形式

1978年,美国得克萨斯州立大学社会学教授马科斯·费尔逊和伊利诺伊大学社会学教授琼·斯潘思联合发表了一篇论文《社区结构和协同消费:常规活动的方法》,其中第一次提出了"共享经济"这一概念。近40年后的今天,两位学者当年提出的共享经济这一词汇,所带来的各类应用及社会现象开始大行其道,得到了近乎疯狂的发展。

在互联网时代,共享经济的主要表现形式是:通常由第三方创建出一个以信息技术为基础的平台,社会的所有个体或组织,均可借助平台交换闲置物品、分享知识经验,或者筹措资金。而建设平台的第三方,也开始变得更加多样化——政府、组织、商业机构,甚至个人。

从"互联网+"共享经济的商业模式上来说,闭环非常简单:共享的内容可以是多种类型,搭载支付通道之后,个体间的共享付费可以很快完成,平台方面收取交易过程一定比例的抽成,一气呵成。正是这种简单到彻底的闭环,成就了

现在共享经济的大行其道。目前，在互联网平台结构下共享经济的商业模式包括：

以 Uber、滴滴、Spinlister 等为代表的交通出行共享；

以 Airbnb、WeWork、小猪短租等为代表的空间共享；

以陆金所、LendingClub、人人贷等为代表的金融共享；

以 OpenTable、回家吃饭、觅食等为代表的饮食共享；

以 ClassPass、全城热炼等为代表的医疗健康共享；

以平安 Wi-Fi、SolarCity 等为代表的公共资源共享；

以知乎、小红书等为代表的知识共享；

以猪八戒网、达达、人人快递等为代表的任务共享；

以享借、DimDon 等为代表的物品共享。

千变万化的共享模式，极大地降低了供需双方的成本，大大提升了资源对接和配置的效率，基于财务成本，超乎时间成本。然而，基于互联网的共享模式在得到长足发展的情况下，所带来的新的社会和经济驱动力，也史无前例地冲击着传统的商业模式、社会分配、行业准则，甚至法律规范。

目前，互联网经济发展主要遇到的障碍是数据的共享与互通，以及如何保障数据安全。不同领域的数据要相互打通、融合，才能发挥出更大的价值。而数据安全与隐私保障也是一大亟待解决的问题，不仅需要创新技术来解决安全问题，在隐私保护的标准与法律方面也需要不断完善。

《促进大数据发展行动纲要》提出："加快政府数据开放共享，推动资源整合，提升治理能力。"此举不仅开启了数据共享的大门，也对各行业、各企业间进行数据互通起到了引导示范作用，将有利于打破数据共享互通这一大发展障碍。开放政府掌握的不涉及个人隐私和国家机密、与民生相关的数据，有利于做大大数据产业，并催生出新的业态。但是，实现共享与互通并不是说说那么简单。如阿里巴巴也曾面临公开数据的挑战，阿里巴巴的不同业务产生于不同的阶段，B2B、C2C 等系统也曾经是一个个信息孤岛，后来阿里巴巴大力推动构建数据中间层，给各业务板块的数据公开、共享提供了切实可行的解决方案，才有了如今朝气蓬勃的大数据新业态。尝到数据共享甜头的阿里巴巴，开始在数据领域与政府展开合作。2013 年 4 月，中国药品电子监管网就将后台系统切换到阿里云，切换后其关键业务单据处理的平均延时从 60 分钟降低到 2.7 秒，速度提升了 1333 倍。更重要的是，借助阿里巴巴大数据，药监局可以追踪到中国市场上

每批次药品由谁生产、最后卖给了谁，也可以追溯零售环节任何一盒药品的来源。政府如果发现医疗事故，还可以迅速通过批次了解产量、流通、库存等状况，从而迅速找回问题药品，避免大规模医疗事故。"经济云图"是阿里巴巴向政府主动开放数据、辅助政府进行经济决策的一次尝试。打开"经济云图"页面，一个地区的电子商务交易规模、趋势、买家卖家规模、趋势结构分布等数据一清二楚。借助数据分析功能，政府部门甚至还可以挖掘出区域内的优势产业、热门商品、消费结构变化及消费趋势，通过和相邻地区进行对比，找到自身的优劣势。

【共享经济专栏 2】

爱拼机：对接包机商的 C2B 运营模式

一、公司概况

杭州爱拼机网络科技有限公司（以下简称爱拼机）是由创业人谭策发起成立的移动互联网创业公司，是杭州一家新锐高科技公司。2015 年 5 月成立，在成立初期完成了由天使汇指数基金和杭州天使投资人投资的 350 万元天使轮融资。12 月 iOS 版 APP 上线，爱拼机网站与安卓版 APP 还在内测阶段，不久将会上线。目前，爱拼机主要专注于境外领域，并且随着爱拼机的发展，会逐渐向其他领域延伸。2016 年，完成数千万元 A 轮融资，由耀途资本、观由资本、APC 基金、德商资本、光合创投投资。

爱拼机旗下移动 APP 项目 Apin 致力于秉承"共享经济"精髓，整合闲置航空出行及周边资源，在 Apin 平台以共享的方式出售，向广大人群提供一步到位的航空出行共享服务和共享社交体验。据爱拼机的联合创始人兼 COO 徐意介绍，目前爱拼机大约有 7000 多用户，500 多家供应商，线上线下交易额达到 400 万元。爱拼机的主要盈利来自从供应商处获取的佣金，每完成一笔订单交易，爱拼机将抽取 5% 的佣金。

二、爱拼机：对接包机商的 C2B 运营模式

爱拼机是杭州的一家创业公司，它瞄准的是旅游包机市场，卖点是这类机票更便宜。旅游市场逐年火热，旅游包机链条越来越长。爱拼机 COO 徐意认为，爱拼机打的就是缩短这个链条的主意，做一个互联网平台，整合包

机商资源，省去中间的诸多环节，向消费者提供更廉价的机票。未来还希望实现C2B，通过提前聚合用户需求，聚集一部分精准的包机和拼机需求，来反向定制包机服务。

爱拼机的票来自于包机商。据爱拼机自己的调研，一年下来，包机商有平均40%的直接损耗率，即有40%的票没有卖出去。因此，爱拼机的切入点就是帮助包机商清库存。目前，爱拼机主要对接的是B端，即有客源的旅行社。这些旅行社接入爱拼机的APP后，就形成了对包机商的吸引力。爱拼机现已谈下了近一千家包机商，整个行业的包机商在一万家左右。接下来就是从B端到C端客户的重点推广，为最终的C2B模式铺路。

目前，爱拼机的运营模式主要是C2B，一手是包机商，另一手是用户，但是爱拼机的用户主要来源于线下旅行社，如众信、凯撒等，可以理解为目前爱拼机的模式其实是B2B，但随着线下资源的整合，爱拼机会逐步做到直接与C端用户进行对接，进而形成C2B的运营模式。包机商在前期会与航空公司签订包机切舱的协议，进而将销售权掌控在自己手中，包机商拥有更大的议价空间，并且包机商属于直销模式，不会受到相关航空政策的影响，减少了许多不可预见的问题。爱拼机与其进行对接，形成一个交易平台，使用户可以购买到最低价格的机票。由于包机商经常会出现所包机舱未全部售卖的情况，导致资源浪费，爱拼机正是基于用户和市场的痛点，对闲置资源进行利用，走共享经济的路子。

三、爱拼机：整合包机商的剩余资源为用户提供廉价出境机票

爱拼机针对如今的机票市场，从移动互联网端出发，结合用户出行习惯、就近机场、价格偏好、目的地偏好等多个维度，将拼飞机上升到一个新的高度，智能地将供应商闲散舱位快速拼到目标用户手中，快速产生购买，在优化供应商库存问题的同时，通过大幅度聚合用户降低出行成本。2016年，爱拼机（iOS版本）宣布完成数千万元A轮融资，由耀途资本领投，观由国际资本、APC基金、德商资本、光合创投跟投。

机票的在线渗透率被认为已接近饱和，而新进入红海市场的爱拼机却觅到了其中的一片蓝海，它想让普通用户能预订到比携程、去哪儿、阿里旅行等平台更便宜的机票。这一优势源于其核心模式：爱拼机在供给端对接的是

包机商，包机商们会提前跟航空公司以低价买断大量舱位，再通过批发商、旅行社、票代等多层渠道分销，但通常会有一些剩余的票流入散客市场，爱拼机就想整合这些剩余的机票资源，以单点切入直连用户与包机商。

在爱拼机APP中，B端供应商可以随时发布剩余的舱位信息，也可以是C端用户提交需求，形成类似"团购"的形式，再由B端供应商进行响应出单，爱拼机会向供应商抽取5%的佣金。民航包机切舱是历来存在的现象，因为航空公司要通过包机商向下游批发舱位以保证稳定的运营，而且近年来包机市场有所扩大，据爱拼机的统计，目前这个市场规模大概在2000亿元，而且随着近段时间航空公司开展"提直降代"，票代生存空间被挤压，但提高直销比率或许对包机市场会是一大利好。

据悉，在初期爱拼机会将业务重心落在出境航线上，而这一轮融资的资金，也将用于拓展境外包机商，以及用于C2B反向竞拍的SaaS平台搭建。到目前，爱拼机已经积累了500家供应商，用户数在7000左右，主要来源于B端用户，累计交易量（包括APP端、微信端和线下交易量）已突破400万元。

资料来源：作者根据多方资料整理而成。

二、共享精神：专属于互联网时代的意识形态

互联网革命最伟大的思考者克莱·舍基在其两本书《未来是湿的》、《认知盈余》中探讨了这样几个问题：随着全球用户接触互联网的门槛变得越来越低，互联网用户数量变得更加庞大，它们将形成什么样的社会形态？我们又该如何顺应这种变化？而作为互联网的从业者们，该如何从中寻找自己的机会？

克莱·舍基应该是一个坚定的"分享主义"倡导者。如果说，《未来是湿的》告诉我们世界正在进入一个分享的世界，人人都在享受分享所带来的"红利"，那么《认知盈余》便是在进一步阐述我们得以分享的资源禀赋。

第一，共享是人类尘封已久的天性，互联网是打开潘多拉之盒的钥匙。任何时候，人们都不缺乏分享的欲望，为什么克莱·舍基会把它作为一个重点问题来研究？这得益于互联网所带来的技术革命，用通俗的话来说，就是"天时、地利、人和"。

天时。互联网的高速运算、处理能力，让每个从业者得以高效、快速地完成自己的工作。这意味着，每个人可以享受更多工作之外的时间。

地利。通信成本的下降、带宽的增加，让用户接触互联网的成本变得更加低廉。网络不再是少数精英群体的专利，它像水和电一样，成了生活必需品。

人和。接触成本的降低，不可避免地使得互联网用户呈现爆发式增长，网民和现实生活中的人群，二者的边界变得越来越模糊。正如克莱·舍基所言："网络的传统看法认为它是一个独立的空间，一个有别于现实世界的虚拟空间……而现在，越来越多的人使用电脑和智能手机，虚拟信息空间的整个概念都在退化。"

网络世界越来越接近现实世界，意味着基于这个概念建立起来的互联网商业模式将要重新架构。不管已经出现了多少大公司，人类依然处于互联网时代的黎明时分，微微的晨光还照不亮太远的路。不管一家公司的盈利状况有多么喜人，也随时会面临被甩出发展潮流的风险。发展潮流的漩涡正在席卷我们，网络正在发生演变。过去，我们可以把网络解读为一种精英享用的新兴工具，它向用户提供的是接触传统精英文化的一个更加便捷的通道，也就是说，互联网是内容的传递者而不是生产者。现在则不同，每个人都可以成为内容的生产者，互联网作为一个社会形态的元素，正在为社会源源不断地输出新的内容、制造新的话题。

第二，"认知盈余"引发互联网共享商业模式的"核聚变"。"认知盈余"是新时代网民赋予互联网从业者最大的红利之一。什么是"认知盈余"，克莱·舍基给出的定义很简单，就是受过教育并拥有自由支配时间的人，他们有丰富的知识背景，同时有强烈的分享欲望。可以说，Facebook、Twitter 以及维基百科的成功，都是"认知盈余"的功劳。在中国，微博的兴起，同样有赖于它。

参与分享的网民数量越来越多，力量越来越强大，互联网产业也随之迎来"核聚变"。原来我们所熟知的商业模式，随时可能成为泡影。每一个从业者必须认识到，如果你不能学会主动迎接，不对这种网民自由参与分享的精神保持敬畏之心，你就会被炸得粉碎。

第三，互联网共享平台撑起共享精神的明天。一个新的互联网时代即将到来，这将是一个鼓励分享、平台崛起的时代。靠单一产品赢得用户的时代已经过去，渠道为王的传统思维不再吃香。如何铸造一个供更多合作伙伴共同创造、供用户自由选择的平台，才是互联网新时代从业者需要思考的问题。

这个新时代，不再信奉传统的弱肉强食般的"丛林法则"，它更崇尚的是

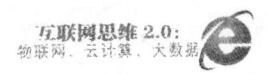

"天空法则"。所谓"天高任鸟飞",所有的人都在同一天空下,但生存的维度并不完全重合,麻雀有麻雀的天空,老鹰也有老鹰的天空。决定能否成功、有多大成功的,是自己发现需求、主动创造分享平台的能力。

在这个平台上,用户将是内容的主导者、分享的提供者。每个用户的知识贡献、内容分享,是这个平台赖以成功、赖以繁荣的重要保障。少数人使用廉价的工具,投入很少的时间和金钱,就能在社会中开拓出足够的集体善意,创造出五年前没人能够想象的资源。任何有意打破这种保障的行为,都将受到市场的惩罚。

三、共享社会:专属于互联网时代的数字文明

说道"共享社会",似乎有点高大上,但它真真切切地契合着社会主义社会的本质要求。《国民经济和社会发展第十三个五年规划纲要(草案)》提出,加强社会治理基础制度建设,构建全民共建共享的社会治理格局,提高社会治理能力和水平,实现社会充满活力、安定和谐。

互联网已成为这个时代社会运行的基础设施,网络信息传播向着各个区域、各个领域、各个群体扩张渗透;多媒体信息的和谐集成形成强大的传播能量;丰富的信息数据库成为各种信息服务的基础支撑;信息接受者和使用者同时加入了信息的传播与创造;信息产业的生产线正在向着广阔的外部产业延展,从而推动着信息生产总体模式的变革;物质世界正在因人类赋予的信息表述能力而参与人和人之间的信息交换……这些人类信息传播史上未曾出现过的现象已成趋势,信息生产的总量与日俱增,信息交流的障碍日渐突破,信息使用的效率日益提高,人类个体生命的需求潜能和创造潜能正在被日益深刻地挖掘出来。

1. 信息共享:互联网让整个社会更加平等

网络已经成为人类共创信息与共享信息的平台,人类在长期历史间创造并承袭着的信息传播模式,正在网络信息技术的推动下发生本质性改变。互联网正在将信息传播的能量从网络延伸到网络之外的更为广阔的社会生活领域,对社会生活的各个方面产生影响与改变。人们在体验着网络信息传播所主导的各种服务,感受着互联网提供的丰富的工具性功能的同时,能够看到,互联网信息技术比人类历史上的任何科学发明都更加广泛、更加深入地影响着社会生活的各个领域、各个层面、各个环节、各个时段,从而改变着人们的思维方式和行为方式,改变着社会的存在方式与运行方式。各个地区、各个层级、各个类别的专业媒体和组

织机构纷纷在互联网上建造了自己的信息传播与信息服务平台，形成了一个功能丰富、结构多元、布局广泛、规模庞大的信息传播集群，这一信息传播集群正在释放着日益强大的信息传播能量。

随着 Blog、Tag、SNS、RSS、Wiki、Twitter、Microblogging 等 Web 2.0 网络信息传播模式的普及应用，信息的接收者从被动接收信息到主动创作信息，从单一获取信息到全面利用信息，从信息索取的孤立个体变为信息交流的聚合群体，网络信息总量急剧扩张，网络信息在更大范围得到更加便利的共享。网络信息技术正在推进信息传播的技术手段、功能结构和形态模式的界限改变及由此引发的社会进步与变革，让信息不对称越来越小，让人与人的关系越来越扁平。

2. 互联网不仅是伟大的技术革命者，也是社会变革的推动者

Web 1.0 时代：这一时代主要的信息提供模式仍然是以机构为主体的公共传播。我们感受的是信息总量的急剧增长，信息获取的及时、全面、精准和便利，大型门户网站和网际搜索引擎在满足我们综合性信息需求的同时，帮助我们在整个互联网的信息海洋中实施导航、检索、诠释和分析。每个人与世界范围的信息联系起来，人类极大地扩张了自己的观察视野。

Web 2.0 时代：这一时代信息的提供模式从形态上看是以视频信息为主的多元媒体形态的融合，从信息传播的渠道上看是以移动网络为主的宽带网络的应用，从信息传播目标上看是以满足人的多元社会需求而进行的个人与个人之间、个人与群体之间、群体与群体之间的信息交流，从网络信息结构的演进功能上看是网络社会结构的形成。Web 2.0 时代，我们感受的是人与人之间信息交流时空界限的突破，个人信息传播能量的扩张，个人与群体之间通过网络建立起各种关联，网络社会的属性清晰显现，网络世界与人类社会之间的能量交互变得更为顺畅、更为直接、更为强大。

Web 3.0 时代：这一时代将是物体全面互联、客体准确表达、人类精确感知、信息智慧解读的时代。这个时代将生成一个物质世界与人类社会全方位连接的信息交互网络，我们感受的是由此生成的超大尺度、无限扩张、层级丰富、和谐运行的复杂网络系统，呈现在我们面前的将是现实世界与数字世界聚融的全新的文明景观。在这个或许可以被称为 Web 3.0 的时代，人类将赋予物质世界自我表述、自我展现的机能，在与客观世界的直接信息交互的基础上，获得更高级别的与物质世界和谐共生的智慧。

今天的网络信息技术正在推进着人类社会与客观世界全程信息交互系统的建设。在这个系统中，不仅个人与个人之间、个人与群体之间、群体与群体之间、文化与文化之间新的信息模式和社会结构形式正在形成，而且过去看似完全被动的物质客体也将因人的智慧而得到主动表达的智慧机能，这一技术的应用趋势推进着人与客观世界的全程信息交流，推动着人类社会运行效率的提高，推进着人类社会与大千世界的和谐共生。

3. 数字文明：人类互联网文明的新形态

今天的网络数字技术正在以满足人的信息需求为核心目标，以扩张个人的信息交流能力和强化社会的信息关联能力为主要途径，全面调整互联网的信息创造机制、信息获取机制、信息整合机制和信息使用机制。互联网平台所承载的信息采集技术、信息导航技术、信息整合技术、信息诠释技术、信息控制技术正在不断突破着人们获取信息、传播信息、分析信息和使用信息的时空限制，正在把信息创造与信息使用的自由越来越多地给予每一个人、每一个群体、每一个民族、每一个国度，把每一个人、每一个群体、每一个民族、每一个国度与人类的文明世界连接起来，从而促进不同群体、不同文化之间的了解，推进整个人类文明能量之间的沟通。网络数字技术推进着信息传播的两个发展趋向：

第一，个体信息能量的深度挖掘。微博信息传播模式开启了信息传播的核裂变时代。在一个手机短信的传播载体之上，已经构建起个人的信息集散平台、个人的公共对话平台、个人的社会关系平台。RSS、博客、有文字记录功能和多媒体交互功能的即时通信平台、标示地理定位信息的数码相机、有线与无线的各种信息传播渠道、包括iPAD在内的千姿百态的个人信息终端，所有这些技术都使得个人信息的获取、创造、传播和使用获得了日益强大的技术支持。网络数字技术在满足个体信息需求的同时，正在深入挖掘着每一个生命个体的信息创造与信息传播的能量。

第二，网际信息能量的规模集成。以维基为代表的网络信息工程建造的技术原则与技术模式，正在日益全面地聚集着网际信息的能量，推进着互联网信息的整合与整个网际范围的信息协作。互联网信息的全程联通、全程采集、全程分析、全程使用已经成为网络信息传播的趋势；基于个体生命信息创造的整个网际的信息协作已经成为今天宏大网络信息工程的主流建造方式。

当我们体验着互联网提供的各种工具性功能的同时，我们看到互联网信息传播技术第一次让人类在现实文明形态之外拥有了另一个数字文明形态，这个数字文明形态不只是对现实文明形态的复制、存储和备份，而是有着它自身的运行特点、规律和能量，两个文明形态之间日益融合，进行着复杂的能量交互。

【共享经济专栏3】

分答：共享你的大脑

2015年3月，果壳网推出了新产品"在行"——一个主打经验交谈的O2O平台。

创始人姬十三说："故事起源于两年前。我跑去清华学生宿舍住了两天，和化工系男生卧谈。这是中国最优秀的一帮学生，问题来了，大多数学生不确定离开学校后的未来是什么，去外企？创业？还是考公务员？这群青年的困惑不在于怎么学，而是不确定学什么，学了以后能干什么。"

互联网带来了信息爆炸，面对复杂的个性化问题，初学者犹如站在东京涩谷路口，不知该把时间砸向何处。"在行"试着促成一次次见面交谈：不管是求学谋职还是创业创新、旅行装修，任何大小的颗粒度问题，都有人为你出谋划策，给予私人订制的选择建议。这是对传统"人情求助式交谈"的重新改造，互利互惠，彼此成全。

但"在行"的推进并不如想象般顺利，O2O的模式除了线上，还有线下，无形的时间成本的付出使得"在行"只在小范围内被人知晓，直到"在行"推出付费语音问答APP"分答"。

于是"在行"的模式变了，变成了O2O+C2C，它主要做的事情就是分享知识，分享经验，进而分享大脑。

"分答"的平台上入驻了许多名人、大咖，你可以用一定的费用让这些名人大咖来回答你的问题，如创业中遇到的问题如何解决等。

"分答"的一夜爆红要感谢王思聪。2016年6月的第一个周末，王思聪现身知识分享社区"分答"接受网友提问，每个问题标价3000元。在不到半个小时的时间里，王思聪回答了32个问题，其收入截至6月5日已经飙升至20万元。从投资理念到择偶条件甚至大尺度的生活隐私，王思聪的回答相当坦率，不仅圈粉无数，还顺带让"分答"成为一款现象级产品。

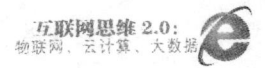

分享自己的知识和经验，就可以轻松挣钱？这让"分答"在短短一周时间里人气暴涨，除了王思聪、章子怡，还有张泉灵、蒋方舟、马伯庸、六神磊磊等众多名人大咖相继开通了"分答"，虽然这些名人的回答在其特定的领域更有针对性和服务性，但问题的单价却亲民得多。

"分答"的另一功能是：你睡了，你的问题还在为你赚钱。分答的"偷听"功能实现了让提问方和回答方都可以持续不断地赚钱。偷听者花1元就可以听到答案，提问者和回答者因为有人"偷听"也能继续平分这部分收入，而"分答"则要从提问方和回答方的所有收入中提取10%作为服务费。

而这所有的一切，则是建立在知识共享之上。

到2016年6月，分答成立一周年，用户超百万，有近万名行家，在九座城市开通，且以稳定频率保持高曝光，被央视《朝闻天下》、《新闻直播间》和《新闻联播》这种似乎离互联网很远的媒体三次重点报道。

一、知识共享——共享经济的高阶产物

在O2O+C2C领域，被共享经济之风率先拂过，逐渐嵌入到城市生活流程之中的是诸如生活服务等标准化的"人力"共享，但大概从2015年开始，互联网在社会资源配置中的优化作用开始惠及人类最欲求无限的器官——大脑，专业知识技能的共享在中国渐次开花。在某种意义上，分享"大脑"——以具体的人为信息载体，利用认知盈余为他人提供个性化知识技能服务，让整个社会的专业人士成为每个人的私人智库，可谓现阶段共享经济的高阶产物，这也暗合了技术发展将每个人的每项活动都变成一种合作的大势所趋。因此，"分答"的出现是偶然，更是必然。

在"分答"走红之前，知乎已于2016年5月16日开通实时问答功能"知乎Live"。近日，创新工场CEO李开复在知乎Live分享创业经验，门票价格为499元一张，一共开放了200个名额。正式分享期间，李开复回答了近30个问题，最终获得了10万元收益。当天原定一个小时的分享，也因为参与者热情高涨，最终从晚上9点一直持续到近10点半才结束。

付费阅读更是先行一步，自媒体们则是直接受益人。腾讯称，"千乘计划"自媒体平台实施一个月来总阅读量超过1.5亿，输出文章超过10万篇，已经开始兑现500万元的现金奖励。

微博数据显示，2015年前11个月，微博上垂直领域专业作者已经达到230万，覆盖47个行业，其中月均阅读量超过10万的作者在微博获得收入超过2亿元。微信公众号文章底部的"打赏"功能也已经越来越受到作者欢迎。

尝试会员收费的罗辑思维在B轮融资后获得了13.2亿元的高估值。创始人罗振宇表示："不是内容值钱了，因为内容太多了，是人变值钱了。"

二、付费问答也是一种消费升级

"知乎开始帮助用户变现，并不意味着之前站内的问答产品逻辑存在bug，或者这一形式会对知乎的根基有影响。这不是一个非黑即白的事情。"知乎创始人、CEO周源表示。此前五年，知乎在没有物质激励的情况下，大量用户仍然长期愿意在知乎分享彼此的知识、经验与见解。这些用户并不是完全靠兴趣，不是没有收益，只不过这个收益没有那么直接和具象化。"他们收获高质量的人脉，结识有共同兴趣、从事相同职业的朋友，接到Case，找到合伙人、工作等。他们在回答时对自己答案的梳理，也是消化知识、自我成长的一个过程。"周源表示，这是一个消费升级的时代，人们需要有价值的信息和内容来完成消费决策。

"知乎Live和分答是知乎、果壳对于内容盈利的探索。"易观新媒体分析师马世聪表示，知识变现的第一受益人虽然看起来是王思聪、李开复这样的名人，但其实也是平台在资本的要求下对盈利性的必然追求。

能盈利的社区平台对投资者而言也更有价值。"把知乎引入进来非常有意义。我们必须在社交群里产生内容。"搜狗CEO王小川表示，搜狗投资知乎后，日均搜索请求达5000万，搜索频次增长了80%。

然而，能靠知识赚到钱的"马太效应"却越发明显。在分答上，能够靠回答问题一夜暴富的人不是明星就是网红，相比之下，普通人的赚钱速度就慢得多。运营成熟的自媒体更是如此。根据新榜数据，2016年3月，微信排名前500的公众号阅读数总和高达67.4亿，平均日流量约2.2亿。而微信官方此前公布的微信公众平台日流量大约在30亿，公众号数量超过1500万个。

但无论如何，分答的出现将会让共享经济更具价值和内涵。

资料来源：作者根据多方资料整理而成。

第四节 生态：不生态无发展

互联网发展到一定程度就趋于成型阶段，此时线下线上结合得更加紧密，人们对互联网的依赖程度加深，我们的生活开始与互联网几乎完全融合。互联网会起到一个类似生态圈的作用。物流系统、信息发布系统、支付系统、互动系统等共同构成了一个虚拟的生态圈。无论缺少哪个系统，这个生态圈都会失去平衡，从而崩溃。

互联网生态圈是用互联网来完善企业的生态。企业内所有与互联网有关的元素都属于互联网生态圈。具体包括企业 PC 互联网网站、手机智能网站、移动 APP、微信平台、OA 办公系统、终端智能交互机、后台大数据以及在线互联网培训。这些模块构成了一个完整的、良性的、有效的企业互联网生态圈。

与企业传统的互联网结构相比，互联网生态圈能够一站式解决企业所有的互联网问题，可以减少企业大部分的沟通成本和时间成本。通过整体的解决方案，帮助中国的中小企业实现转型升级与产业结构的调整。

一、以人为本：互联网生态圈的核心

"以人为本"的理念喊了若干年，互联网经济时代的全面来临，已经让它从一个政治口号、一种管理理念、一种价值取向，变成了真刀真枪的竞争手段和生存利器。可以预见，在移动互联网的汹涌大潮下，谁能将"顾客就是上帝"的理念真正贯穿于设计、生产、销售、终端服务的全过程，以更廉价的方式、更快的速度、更好的产品与服务来满足市场，谁就能成为这个商业新时代的弄潮儿，在前进道路上劈波斩浪，笑傲江湖。

第一，互联网经济时代，商业向人性回归。众所周知，互联网的基本形态是网状结构，而非层级结构，它没有中心节点，因而也就不存在所谓的绝对权威。互联网在物理层面的技术结构特征，决定了其内在精神必然是追求平等，进而形成互联网的基本原则，由此衍生出互联网经济开放、透明、民主的基本属性，最终集中体现为"人性化"。从这个意义上来说，互联网经济是真正以人为本的经济，互联网让商业真正回归人性。正如某些业内专家所言，互联网思维之于商业

变革的意义，堪比欧洲的文艺复兴。

第二，互联网经济时代，消费者真正拥有了主动权。在"人人手握麦克风"的互联网时代，传统工业社会中用户与厂商的信息不对称状态彻底消除，消费者掌握了更多产品、价格、品牌等方面的信息，并通过移动互联网实现方便快捷的共享。用户对于产品和服务的不满意不再局限于个人及其周边的小圈子，"消费者赋权"开始显示威力，并倒逼企业提升品质。生产者和消费者的权力发生颠覆性逆转，厂商霸权的时代一去不复返，消费者主权时代真正来临。

第三，互联网经济时代，个人能量实现大聚合。淘宝"双十一"购物狂欢节的消费数额从 2009 年的 0.52 亿元到 2014 年的 571 亿元，时隔五年，交易额增长 1000 多倍，阿里巴巴董事局主席马云说，"要感谢中国妇女"。马云的这句调侃，道出了互联网经济的一个重要特征——聚合效应。也就是说，哪怕是消费能力再不起眼的草根人士，通过互联网聚合起来的消费能力也是十分惊人的。在互联网聚合效应的作用下，再小众的产品也能找到消费群体。正所谓"得民心者得天下"，企业只有真正下功夫满足消费者越来越个性化的存在感、参与感、成就感和归属感，获得更多消费者认可，才能创造属于自己的"疯狂与神话"。

【共享经济专栏 4】

途家：分享经济的成功样本

创业两年半之后，途家终于站在了风口上。2014 年第一季度，途家新上线的公寓数量竟然是 2013 年同期的 10 倍。这在很大程度上得益于途家与在线旅行巨头携程的战略合作。随着携程旅行网途家频道正式上线，游客在登录携程网安排自己出行计划的时候又多了一个选择——途家提供的公寓。

当然，更重要的原因则是"分享经济"的苹果成熟了，而途家已早早等在苹果树下。所谓"分享经济"，指的是人们将闲置的金钱物品、多余的时间、拥有的技能拿出来与其他人分享，让更多的人使用。与传统的"占有经济"相比，"分享经济"更节约资源，更环保，也能够促进人与人之间关系的和谐。

目前，美国比较流行的"分享经济"公司有 Uber（分享租车服务平台）、Airbnb（房屋分享服务平台）、TaskRabbit（社会化"跑腿"服务）、Zaarly（综合 P2P 集市）等。外国游客通过 Airbnb，可以很容易租到一套公寓，体验美国普通家庭的生活；想出门可以通过 Uber 叫车，甚至能够要求司机捎一顿早餐。

在中国，"分享经济"也正在兴起，如易到用车、滴滴打车、快的打车、途家等公司也开始获得了越来越多中国用户的认可。

途家也是一种典型的"分享经济"模式：在风景优美的旅游区，业主买了套公寓，一年只住上一两个月，其他时间就交给途家租出去，还能够获得不菲的房租收入。而那些希望全家一起旅游或者公司小团队一起做 Team Building 的人，也终于找到了一个很好的落脚地。

目前，途家的主要客户还是家庭游客和公司小团队；不过，一些更年轻的人群也正在成为途家的客户。前一段时间，途家 CEO 罗军去青岛检查工作时，发现每到周末就有几个学生模样的女孩子一起入驻途家的公寓。他找到途家斯维登的经理询问，才知道这几个女孩子都是大学生，由于学校住宿条件较差，她们就周末到途家的公寓聚会，大家在一起交流一下，洗洗衣服，利用公寓里的高清电视唱唱卡拉 OK，周一再住回自己的学校。

在这个案例里，甚至旅行的意义也发生了很大的改变：很多人出门不再只是为了看风景、到此一游，而是为了和自己熟悉的人进一步交流感情，分享快乐。

罗军觉得，途家必须抓住"分享经济"到来的这轮大潮。不过，与美国同行 Homeway、Airbnb 相比，途家的商业模式有了更多的中国特色。罗军和他的团队经过两年多的摸索，才形成了一套成熟的、可以复制的商业模式。相对于美国同行，途家的商业模式要复杂得多，也要"重"得多。

在用户层面，途家定位于给新崛起的中产阶级提供更多样化的旅行服务；在业主层面，途家通过与地方政府、房地产开发商合作的方式获得更多的房源；在服务层面，途家通过下属的途家斯维登，同时为用户和业主提供管家式服务。而途家的美国同行只需要完成线上的信息整理、发布和交易即可，很少涉足线下的酒店管理等环节。当然，这也是因为美国的线下业务已经非常成熟，只需要对接相关的物业公司即可。

通过在海南等地的反复试验，途家将自己的这套商业模式磨合成了一套齿轮咬合得异常精密的钟表，然后将其复制到全国各大城市和旅游景点，从而带来了爆炸性增长。如今的罗军一直忙着通过各种合作方式，进一步完善途家的生态系统。

在用户方面，途家专门成立了商业产品部，开始与下游的旅游产品对接，为他们提供一个打包的自助旅行解决方案。例如，途家准备推出"1000元苏锡常随便住"的产品，为那些喜欢长三角旅游的用户提供这个区域丰富的公寓资源。"我们自己不会去做公寓之外的东西，但是我们会跟携程、易到用车、国航这些公司对接，一起来做大生态系统。"罗军表示。

途家还准备推出业主交换业务，任何在途家上出租房子的业主，都可以在途家上选择其他业主的房子短期居住，双方结算房租的差价即可。

在2013年，途家进展最顺利的领域之一，就是上游房源的获取。除了继续与国内几大房地产开发公司合作，由它们提供房源之外，途家还打开了地方政府这个非常广阔的房源渠道。2013年，意识超前的山东省政府找到了途家，把全省旅游景点附近的房源都拿出来与途家合作，结果收到了很好的效果。如今，已经有多达24个省市的地方政府与途家达成合作协议，这也使得途家的新房源源不断。北至漠河，南到三亚，西至香格里拉，东到烟台，途家的公寓已经遍布中国各地。"再过三五年，途家也许将有着中国最多的房源。当然，我们自己并不持有，而是用来给大家提供更好的居住服务。"罗军笑着说道。途家还准备在北京等地提供高端别墅服务，这里的每栋别墅由于房间实在太大，途家斯维登的服务员必须佩戴可穿戴设备才能及时响应住户的服务要求。

如今，这股分享经济的风已经吹起来了，据《华尔街日报》援引知情人士消息称，途家在美国的对标企业、旅游租房网站Airbnb也正在筹划C轮融资。这轮融资将由TPG领投，预计金额高达4亿~5亿美元，估值超过100亿美元。

目前，Airbnb已经在中国建立代表处，还与国内旅游攻略网站穷游网达成了合作。不过，对于这一点罗军却并不担心，因为途家已经走出了一条不同的道路，正是因为这条路更加侧重线下的资源整合，也更加难以复制。"如果中国的水果还没有熟，老外开水果超市能成功吗？中国人的事情，还要中国人自己做。"

资料来源：作者根据多方资料整理而成。

二、从产业链到生态圈：产业互联网化的路径

产业升级的传统路径是通过技术创新实现产品迭代或者延长产业链，并最终形成产业集群；而在互联网时代，除了纵向的延伸，产业间的横向融合也成为常态。相关产业形成一个互利共赢的生态圈，这个生态圈衍生的新产业、创造的新模式也必然成为传统产业的转型新亮点。"大智移云"时代，如何紧跟时代的发展，借力东风再让企业更上一层楼呢？传统产业可以从"互联网+"的时代中转变实施"+互联网"发展战略，从为客户提供单一的功能性产品与服务向提供综合性解决方案转变，真正做到业界标新立异的"+互联网"生态圈战略。

第一，应用互联网思维，增强传统产业市场话语权。互联网已经渗透到每个产业的毛细血管之内，以"用户至上、体验为王、高效便捷、突破时空"为特征的"互联网思维"可以为传统产业带来颠覆性的创新，如雷军借助互联网营销而成就小米手机的辉煌。优势传统产业也要逐步引入"大数据"、"移动互联网"、"电商渠道"等新思维、新模式，提升企业研发、生产控制、市场营销、供应链管理、人力资源管理等环节的自动化和智能化水平，优化生产流程，创新商业模式，以此提高生产精度和销售的广度，实现供应链的全球一体化，将产业链与价值链整合为全球价值网络。如开展大数据消费习惯分析、开设网上商城、微博微信营销、智能供应链管理、互联网金融等，使互联网成为促使自身变强的利器。

第二，产业链占位已成过去。近十年来，中国经济以及中国市场本身的潜力日渐显现，加上互联网的飞速发展，企业发展模式中出现了一些新的内容，如阿里巴巴、百度、联想等企业的发展吸引了人们的眼球。中国企业的下一步发展，在于认清产业链的变化趋势。目前，世界产业链调整进入加速过程，独家占位只能赢在一时。产业链占位不是不重要，而是已经远远不够，如果用一个新的词汇来代替的话，那就是企业要经营好自己的生态圈。

在传统产业链中，哪家企业在某一环节占据了绝对优势位置，就具有了话语权，如英特尔、微软等，上下游之间是博弈和谈判的关系，这是妨碍产业链整体利益的重大问题。但世界产业链一直在变迁，从作坊生产到大工业生产，再到大规模定制，直到个性化定制，带来了产业的巨大变迁。而随着互联网时代的到来和第三世界国家经济实力积累的质变，这一变化开始加速，领先企业在行业中排名的变化以更快的速度被改写，如通用失去汽车冠军头衔、IBM 丢掉 PC 领域就是这种变化趋势的结果。

第三，通过虚拟化拓展核心竞争力的主体。核心竞争力的本质是企业在短期及长期性资源优化配置中，使企业的资源配置于创造最大化价值的环节的能力，因此企业的价值链管理至关重要。企业价值链并不是孤立存在的，而是存在于由供应商价值链、企业价值链、渠道价值链和买方价值链共同构成的价值链系统中。在无法通过占位形成长期优势的情况下，企业要关注的就是建立自己的生态系统，关注系统内每一个主体的和谐共存，从而关注系统的长期生存与发展，并日渐强大。

外包是虚拟企业最常见的模式，如最大的飞机制造公司波音公司，其零配件完全依靠两万多家供应商；耐克公司是全球最大的运动鞋公司，但本身不生产一双鞋；等等。业务外包的虚拟化合作方式，不仅使得企业不同产品的生产成本趋于较低、效率提高，而且可以推动企业不断顺应市场需求转变的态势，降低风险，从而营造出企业高度弹性化运行的竞争优势。外包并不等于市场采购，对外包伙伴的管理是虚拟经营区别于传统外购的关键，也是扩大企业范围的关键。只有通过长期外包伙伴的选择、评价、支持，以及长期业务的合作，才能把外包伙伴变成自己生态圈的一部分。

第四，从产业集群中寻找生态圈。虚拟企业是对以泰罗制、福特制为标志的传统企业模式的巨大创新，其所具有的高度的柔性和快速反应能力满足了人们对产品品种与规格、花色式样等的多样化和个性化要求。虚拟企业是多职能动态组合的价值链，整个虚拟企业的基本组成部分包括企业的上游各方如供应商和下游各方如销售商和顾客以及合作企业等，形成一个完整的链条，从而使企业的产品开发、生产、销售、服务等整体功能价值范围增大，实现价值的最优配置。

企业虚拟化经营的成功与否，关键在于是否形成产业集群效应。迈克尔·波特教授1990年提出了产业集群概念，当时主要是指集中于一定区域内特定产业的众多具有分工合作关系的企业群组。这种组织形式的优势使它比单体企业更有效，而且能够消除市场失灵的影响，获得更高的效率与利益。但这一概念过于强调其地域性，如中国各大省份、各大城市纷纷在自身经济规划中提出以优惠政策谋求建立相关产业集群，许多企业也乐于扎堆，大树底下好乘凉。随着21世纪互联网的飞速发展，我们可以看到，产业集群在短短20年已经在相当大的程度上摆脱了地理位置的局限，谁能想到，美国纽约一家保险公司的订单处理能够穿

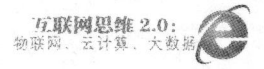

越大洋,由中国保定的一个 200 人的数据公司在承担呢?

【共享经济专栏 5】

车点点:汽车后生态圈的第一缕曙光

车点点是一款专门为车主用户打造的移动 APP 产品,致力于提供专业的汽车服务,为车主用户提供违章查询、洗车美容、维修保养、道路救援、车务代办等服务。众所周知,汽车互联网中死掉的企业相当多,但是车点点不同,在 2016 年的战略发布会上,车点点宣布实现盈利,给汽车互联网带来了一线生机,也为汽车后市场的生态带来了第一缕曙光。

一、汽车后市场的黄金机遇

2015 年,汽车配件市场规模达到 5700 亿元;汽车用品规模达到 6000 亿元;汽车保险规模达到 5516 亿元;二手车交易额达到 5400 亿元;汽车改装市场规模达到 1000 亿元;汽车租赁市场规模达到 380 亿元;汽车工业总产值达到 6.5 万亿元。2016 年李克强总理提出"我们要进行品质革命",国家现在在提倡工匠精神。同时,国发办在 2016 年发布的文件中也明确提出,汽车业是我国重要的战略性、支柱性产业。因此,目前是汽车后市场的黄金机遇期,市场广大。

二、车商帮:助力生态成员互联网化,共同发展

众多汽车商户都是车点点生态中的一员,特别是对于市场高度分散、规模大小不一的汽车后市场线下商户,只有推动其互联网化和创新发展,车点点生态圈的实力和适应力才能得到提高。如何利用互联网来升级自己的商业模式,更高效地做生意,仍然是一个不小的难题。运营难、营销难、管理难困扰着广大的线下商家,运营互联网也更非线下实体商家所长。

针对以上问题,车点点为商户量身打造了"车商帮"互联网解决方案,并在 2016 年发布会上宣布正式上线。该方案主要由培训体系、供应商体系、互联网门店管理系统三大模块组成。

其中,"车商帮"门店管理系统具备会员管理、自动核销、财务管理、多种支付方案、工单分配等功能,且拥有基础功能永久免费、服务能力强、产品升级快速等多项优势。并以数据、技术为依托,解决目前汽车服务门店

利润低、自营能力差、成本上升、经营效率低的问题，使商家从车点点庞大的用户体系中沉淀自己的会员，进行精准的二次营销。通过智能化营销服务，彻底打破传统的以优惠洗车为主的单维度营销方式，通过车点点的O2O一站式服务能力+车商帮互联网解决方案的组合拳模式，提供更好的用户体验，创造更强的商业模式。

此外，为了帮助商户创业、发展、提升服务质量，并推进车点点生态的发展，车点点宣布推出合作商户亿元扶持计划，主要用于对线下商户的经营支持、运营激励、技术培训，首期的投入为1亿元。除了为商户提供交易平台外，车点点还将从技术、培训、工具、货源、资金层面为合作商户提供支持，帮助它们在经营管理、提升技术、改善服务质量上更好地进行突破，逃离价格战的战场，聚拢忠诚用户，降低店面成本，提高自身竞争力，赢取更多的利润与效率。

三、维稳求新：维持共有生态链，打造共赢生态圈

车点点早在上线之初，就已展开了生态圈的布局，不仅与三大运营商、数十家银行、保险公司构建了紧密的合作关系，同时也与百余家大型汽后厂商、汽车服务连锁机构进行深度合作。

未来车点点将继续轻资产运作，坚持共赢战略，为汽车服务门店积极开拓更多新的商业模式，重塑车后服务产业链，逐步加快构建服务生态，共享经济价值。同时，以更加开放的心态，引入更多的优质生态角色，并致力于与合作伙伴形成一个完整、互利、共享的生态圈，共同为商户提供最全面的解决方案，产生持续的价值，让线下商业回归初心。

资料来源：作者根据多方资料整理而成。

三、互联网生态圈：共享经济的 DNA

互联网时代，商业模式创新就是让企业变成生态圈。需要"两个平台，一个团队"：投资驱动平台，用户付薪平台，创业团队。投资驱动平台就是要培养创客，形成小微主，再建立平台主，以模块化供应商、一流研发资源、投资者等各个利益攸关方等方式来推动。仅在2014年，海尔就孵化了100多个创微平台和项目，海尔创业生态圈中也出现了雷神游戏笔记本以及获得外部投资意向的私人影院。用户付薪平台就是要让创客的薪酬由用户说了算，要求创客不只是要找到自己的用户，还要通过持续的交互创造引爆的路径，最终让创客成为一个个"自组织"，不行的就淘汰。

1. 构建电商生态圈

回顾过去十年中国电商发展的历程，最大成果就是明确提出了电商3.0的理念，即电商生态圈理念。在电子商务3.0阶段，建立全行业共同推进、良性发展的电子商务生态圈是重中之重，基本特征主要有：

第一，全渠道模式。随着工业互联网、大数据、云计算等技术和应用的成熟，消费者可以根据自己的喜好到实体店进行产品体验，然后在电子商务平台或借助移动终端进行购买。同时，实体店在一定程度上承担消费者沟通、提货或送货以及退换货等工作。虚拟店成为"生产兼消费者"模式的实现平台，也是互联网营销和大数据挖掘的平台。

第二，垂直模式。电子商务3.0是一把手工程，不仅牵涉企业信息化理念的转变，而且牵涉业绩考核方式的转变，还牵涉供应链体系、企业组织机构的转变以及企业与其上下游合作伙伴之间的良性互动。这就需要企业一把手统筹线上线下渠道，整合企业内外部资源，既要将电子商务视为营销的主渠道，又要认识到电子商务发展的不确定性，从而构建起一个基于云计算、大数据、移动互联网和工业互联网的新型商业模式。

第三，需求优先模式。若想驾驭电子商务3.0，企业就必须改变传统的竞争优势和竞争战略观念，树立以客户为本的理念，跨越现有顾客、品牌、产品种类、行业以及部门之间的界限，构建新型的业务体系，发挥群体智慧，形成反向创新、信任营销的新机制。

对于迫切需要转型电商的传统企业来说，实现战略的转变比掌握相关的转型战术更为重要。全渠道模式、社会化营销是电商3.0阶段的重要特征。电商3.0的主要目标是构建一个互利共赢的电商生态圈。

实现向电子商务3.0的过渡主要有六大路径：从线上线下两大渠道到全渠道模式的转型，从客户关系管理向供应链关系管理的转型，从公众企业向社会化企业的转型，从竞争优势战略向客户优势战略的转型，从"商业帝国"到电子商务生态圈的转型，从范围经济到大数据经济的转型。遵循上述路径，传统企业向电商转型可以先从局部或某几个点形成突破，然后再拓展到行业乃至整个商业领域。总之，电商转型的时机选择非常重要。

传统企业在向电商转型的过程中，通常会遇到以下困难：企业自身的信息化程度较低，缺乏对电子商务业务的驾驭能力；传统企业自身的运营模式不适应电子商务的需求；企业缺乏人才和相关实践经验；企业无法有效利用数据资源；电子商务环节中的不可控因素制约着业务发展，并很可能对客户满意度造成不良影响等。为克服上述障碍，企业在转型电商的过程中，可以根据自身的实际状况与能力，选择自力更生，或借助外力。电商生态圈首先是一个平台，它强调的是整个平台的运行顺畅以及平台上各方利益的平衡。在这个生态圈中，企业与企业、行业与行业之间是一种相互依存、协同发展、共同创新的关系。只有不断提高整个行业的透明度，保证整个行业生态系统的利益均衡，才能保证电商生态圈的良性、健康发展。

2. 共享经济绝对能成未来主流

共享经济绝对会成为一个主流，现在只是刚拉开了序幕。共享经济的成立有两个前提：一是目前几乎每个行业都面临产能过剩问题，中国从一个所谓的短缺经济已经走到一个供应过剩的经济。这个前提本身，就给共享经济提供了物质基础。二是现代人已经在认知上有了双倍盈余，盈余需要分享出去，需要在社会之间进行传导与互助。这样来看，整个共享经济在整个 GDP 中、在社会整个分布中占有更大比例。但并非所有行业、所有业态都适用于共享经济模式。在此基础上适用于共享经济的互联网商业模式有三个标准：

第一，是否能重构体验的颠覆。这种颠覆并非对原有业务的体验进行改良或放大，而是革命性地产生变化，不是比原有体验好 10% 或者 50%，而是比原有体验好 5 倍、10 倍。

第二，是否能重构商业价值。整个共享经济的大前提，是建立在碎片化时间以及闲置资产的基础上。共享经济模式是否能够真正释放碎片化时间的价值，是否真正能够释放闲置资产的价值是关键。如滴滴打车、Uber 都很好地利用了这一点。

第三，是否能重构连接。是否能在连接方式以及连接成本、连接本身这三个纬度上彻底重构。

3. 汽车业的最大变革，传统车商已无机会

一如滴滴、快的打车重塑移动出行商业生态一样，特斯拉电动车也通过产品

创新、卓越的用户体验,与面向高端人群的销售策略,迅速在汽车界打响了品牌知名度。尽管特斯拉在中国发展接连受阻,且财务营收难以在2020年之前看到企稳迹象。但在2014年拉开的电动车行业大戏中,胜者仍然是以特斯拉、苹果、谷歌,或是中国的乐视、小米为代表的外部选手,而传统车企则无机会进入这个赛道。

从整个汽车行业的演进来看,其在过去一百年是缓慢的。但是大幕被以特斯拉为代表的电动车掀开后,未来五年之内整个汽车行业所面临的变革将超过过去50年的总和,大量的中国企业,尤其是民企将会跟进。传统车企面临这批创新者,仍然难以丢弃过去的历史包袱。传统车企过去在发展演进过程中所形成的产能以及核心能力,是让它们过去得以成功的因素,但往往会变成它们走向新的市场方向的最大障碍。

4. 传统企业应用互联网思维千方百计突围

互联网大潮向传统企业正面扑来时,没有任何传统企业能够在这个过程中置身事外。2014年以来最火的流行词之一,莫过于"互联网思维"。以黄太吉煎饼、西少爷肉夹馍为代表的传统企业,套用"互联网思维"很快声名鹊起,但也很快暴露出了产品的软肋与商业管理上的窘境。对传统企业来说,互联网思维犹如一管迷幻剂,好奇又看不懂,想尝试又很谨慎。经过长期的案例跟踪与研究,传统企业应该抓住两点机遇:

第一,互联网大潮带来的窗口和机遇,没有给传统企业设置任何天花板。本书所指的传统企业是在线下有非常深的根基与积累的企业,在线下有十年或者几十年的布局,同时有极大决心和动力拥抱互联网思维与共享经济。这一类传统企业在比例上来说并不多。

第二,在线上互联网公司向线下走,线下传统企业往线上走的两类群体中,线下企业的机会更大。线上企业向线下走,会遇到线下传统企业花了十年甚至几十年积累的能量,它们不可能在短期冲破这个阻碍。而传统企业一旦有决心与路径,向线上走思路会很清晰。

目前,大部分传统企业或者在观望,或者很焦虑,大家没有任何动作。或者说它们只是看到互联网思维和共享经济的变化,但不会轻易去改变。如果传统企业仍沿袭过去的路径和方法论,那么它们在互联网大潮里并无太多机会。

【章末案例】

住百家：共享经济第一股

一、公司概况

深圳市住百家发展股份有限公司（以下简称住百家）是一家专为25~30岁的年轻自由行旅客提供海外精品短租住宿服务及自由行配套吃住行游购娱等特色产品和服务的在线旅游运营商，在国内在线海外短租细分领域竞争优势明显。住百家成立于2012年3月，以用户体验为首要发展要素，致力于为中国用户提供优质海外短租服务，并提供以"住"为核心的相关旅行服务，如接送机、当地租车、旅行管家、地接、海外保镖等预订服务。2016年4月22日，住百家所属的深圳市住百家发展股份有限公司正式挂牌新三板。至此，住百家成为新三板共享经济第一股、在线海外短租B2C行业龙头（股票代码：837077）。

自创立以来，住百家不断挖掘共享经济的价值内核，用符合中国人出游的认知与习惯，提升和丰富产品体验，其发展模式和服务口碑不仅得到广大旅游者的高度认可，也得到资本市场的屡屡青睐，更在自身的发展进程中提交了一份亮眼的成绩单：2015年度营业收入45693690元，营业收入同比2014年度增长68倍，其中主营业务海外短租收入占比达79%。2015年度同比2014年度用户数量增长了近80倍，复购率近58%，用户满意度高达95%。凭借着这份出色的成绩单，住百家将继续以绝对优势领跑境外短租市场。

二、住百家：共享经济第一股

住百家创立于2012年3月，目前是一个面向国内旅客的海外短租品牌，已覆盖全球654个城市，精选数百万套房源，成为中国最大的可预定海外短租入口。通过共享经济模式，住百家打造了分享世界的理念，为中国出境自由行群体提供高品质的短租预订、7×24小时中文在线客服和当地服务。目前，住百家已成为共享经济领域登陆资本市场的全球第一股。住百家创始人张亨德是马云创办的湖畔大学的第二期学员，也是马云的学生。2012年，张亨德收购了退出中国的短租平台Wimdu（爱日租），创立新公司住百家。住百家刚一成立，就站在了共享经济的大风口上。住百家主营业务有海外短租服务、预订酒店服务、预订机票服务及周边产品服务。目前,住百家的主营业务主要聚焦于中国人的出境游服务,出境游同样是一个大风口。根据国家旅游局的统计,2015年,中国出境游达1.2亿人次,出境人次和消费均列世界第一。其中自由行出境人次达到8000万,平均消费11624元,同比增长24.1%,而2014年的增速为20%。其中,21~30岁的年轻人占比超过60%,这类用户中大部分不是价格敏感性用户,而是性价比敏感性用户,他们正是住百家想要服务的核心人群。成立不过三四年的住百家,恰好踩在了共享经济和中国人出境游的两大风口之上,卡位精准,而营收和业务量也赢得了暴涨。

住百家的用户定位为中高端追求高品质生活的年轻社群用户,通过大量的明星、达人、大佬帮忙宣传、站台,以海外自由行的短租预订为切入点,配合用户需求,提供高品质出境旅行及生活定制服务,以获取收益。因此,住百家的用户主要是城市精英或年轻小资,主打精选品质和高安全性,提供机票预订、地接、旅游推荐等相关增值服务。

根据新三板证券研究报告,住百家已经形成五大竞争优势,即特色房源+立体营销+针对性服务+高契合团队+差异化战略,并形成了极具特色的商业模式。

第一,特色优质房源。基于海外房东圈口碑传播、线下活动及主动搜寻拓展房源,通过线上面试+海外Country Manager实地考察严格质控,形成了覆盖海外热门旅游城市的百万套高品质房源,短期房源包括民宿、别墅、公寓、特色居所及树屋、城堡、庄园、私人海岛等高端稀缺资源,服务满意度高达95%,重复购买率超过58%。

第二,立体营销体系。包括明星大佬帮忙宣传、站台,明星投资人吸引粉丝入住;特有的"社会化社群营销+分享经济"商业模式实现旅游场景社交化;传统互联网推广+针对性高净值客户销售团队。

第三,针对中国用户习惯量身打造配套服务。表现在:①C2B2C模式,平台作为中间转租方参与交易,避免客户与海外房东的语言沟通障碍;②全程支持,深入介入。提供协助预订、协助管理行程、7×24小时多语言全程服务、紧急支援及地接、导游、管家、当地特色旅行、生活产品等定制服务,深入介入。

第四,高度契合的管理及运营团队。管理团队在国内最早参与互联网短租平台,运营团队不少为前 BAT 运营高管,且多有海外留学背景,对海外自由行短租、互联网运营及国内消费文化理解深刻。

第五,差异化竞争战略。①定位海外房源,充分利用在线短租海外市场这一成熟市场,避免与国内短租直接竞争;②严格产品控制及全程深度支持,弥补现有短租平台不足。

三、住百家:商业模式本地化改良

相比较 Airbnb,住百家创始人张亨德对住百家的商业模式进行了本地化改良,主要表现为如下四点:

第一,商业模式。Airbnb 雇用了 2000 多位自由摄像师,为屋主提供拍摄服务,通过照片美化房屋,这种营销方式效果相当显著,迅速给 Airbnb 带来了大量订单,但是 Airbnb 对房屋实际质量(装修、卫生、服务)的真实情况却缺乏审核和筛选。房东和房客的经历让张亨德发现,Airbnb 上的好评有各种猫腻,通过评价体系来市场化地筛选房源和房东,存在重大缺陷,住百家对这些痛点和槽点进行了升级改良。

第二,房源。住百家通过线上数据分析比对、电话和视频面试、线下实地考察等模式,对房屋进行筛选。通过三层筛选机制,住百家过滤了很多装修差、不干净、房东服务差、对中国游客有偏见的房源。目前,住百家的房源达到了数百万套。

第三,用户。与 Airbnb 服务全球房东和全球房客不一样,住百家把服务聚焦于中国出境自由行客户,因此,住百家的用户是 Airbnb 的子集,当用户一确定,住百家就可以针对用户提供更为精准、友好、专业的服务,如住百家提供24小时中文客服、虚拟前台、旅行管家等服务,消除海外游的语言障碍、不确定性,提高安全感。而 Airbnb 几乎没有任何售后跟踪及保障服务,邮件咨询经常几天等不到回复。

第四,体验。使用 Airbnb 就好比在菜市场买菜,好的、坏的都有,买到好的需要运气;相比较,住百家更像一个精品超市,所有的菜都经过筛选,都是有品质的。

资料来源:作者根据多方资料整理而成。

参 考 文 献

[1] 王旭亮. 人人都要懂的互联网思维 [M]. 北京：人民邮电出版社，2015.

[2] 杜骏飞. 互联网思维 [M]. 南京：江苏人民出版社，2015.

[3] 李善友. 产品型社群：互联网思维的本质 [M]. 北京：机械工业出版社，2015.

[4] 卢彦. 互联网思维 2.0 [M]. 北京：机械工业出版社，2015.

[5] 马悦. 互联网思维下的口碑营销 [M]. 北京：中国财政经济出版社，2015.

[6] 虚拟化与云计算小组. 云计算实践之道：战略蓝图与技术架构 [M]. 北京：电子工业出版社，2011.

[7] 安杰. 一本书读懂 24 种互联网思维 [M]. 北京：台海出版社，2015.

[8] 王竹立. 碎片与重构：互联网思维重塑大教育. 北京：电子工业出版社，2015.

[9] 韦布，阿德勒. 用互联网思维工作 [M]. 北京：中信出版社，2014.

[10] 蕾切尔·博茨曼，路·罗杰斯. 共享经济时代：互联网思维下的协同消费商业模式 [M]. 上海：上海交通大学出版社，2015.

[11] 熊友君. 移动互联网思维：商业创新与重构 [M]. 北京：机械工业出版社，2015.

[12] 侯姗姗. 周鸿祎谈互联网思维 [M]. 北京：中国法制出版社，2015.

[13] 陈凯文. 打靶营销：基于互联网思维的营销竞争模式 [M]. 北京：中华

工商联合出版社，2015.

[14] 杨铎. 裂变：造就互联网思维下的产品、思想、行为的传播奇迹 [M]. 北京：机械工业出版社，2015.

[15] 杰伦·拉尼尔. 互联网冲击 [M]. 北京：中信出版社，2014.

[16] 栾玲. 谁拥有未来：小米互联网思维 PK 传统行业思维 [M]. 北京：人民邮电出版社，2016.

[17] 段云峰，秦晓飞. 大数据的互联网思维 [M]. 北京：电子工业出版社，2015.

[18] 林汶奎. 马云的互联网思维 [M]. 长沙：湖南科技出版社，2015.

[19] 孙文武. 出位：如何用互联网思维破除瓶颈 [M]. 北京：中央编译出版社，2015.

[20] 陈亮途. 全名营销：如何用互联网思维做好口碑传播 [M]. 北京：中信出版社，2015.

[21] 陈光锋. 互联网思维——商业颠覆与重构 [M]. 北京：机械工业出版社，2014.

[22] 赵大伟. 互联网思维独孤九剑 [M]. 北京：机械工业出版社，2014.

[23] 钟殿舟. 互联网思维 [M]. 北京：企业管理出版社，2014.

[24] 黄海涛. 互联网思维赢利模式 [M]. 北京：人民邮电出版社，2014.

[25] 项建标等. 互联网思维到底是什么：移动浪潮下的新商业逻辑 [M]. 北京：电子工业出版社，2014.

[26] 比尔顿. 翻转世界：互联网思维与新技术如何改变未来 [M]. 杭州：浙江人民出版社，2014.

[27] 戴夫·格雷等. 互联网思维的企业 [M]. 北京：人民邮电出版社，2014.

[28] 王力. 移动互联网思维 [M]. 北京：清华大学出版社，2015.

[29] IBM 商业价值研究院. IBM 商业价值报告：大数据、云计算价值转化 [M]. 北京：东方出版社，2015.

[30] 姚宏宇. 云计算：大数据时代的系统工程 [M]. 北京：电子工业出版社，2016.

[31] 布兰登·格雷格. 性能之巅：洞悉系统、企业与云计算 [M]. 北京：电子工业出版社，2015.

［32］王良明.云计算通俗讲义［M］.北京：电子工业出版社，2015.9

［33］陆平.云计算基础架构及关键应用［M］.北京：机械工业出版社，2016.

［34］詹德隆.商业智能与云计算［M］.北京：人民邮电出版社，2015.

［35］徐立冰.腾云——云计算和大数据时代网络技术揭秘［M］.北京：人民邮电出版社，2013.

［36］朱晓荣等.物联网与泛在通信技术［M］.北京：人民邮电出版社，2010.

［37］余来文等.云计算商业模式［M］.福州：福建人民出版社，2013.

［38］周著.7种清晰的商业模式［M］.北京：机械工业出版社，2011.

［39］中国电子学会云计算专家委员会.云计算技术发展报告［M］.北京：科学出版社，2011.

［40］［瑞士］亚历山大·奥斯特瓦德，伊夫·皮尼厄.商业模式新生代［M］.北京：机械工业出版社，2011.

［41］蔺华.大师访谈：云计算推动商业与技术变革［M］.北京：电子工业出版社，2011.

［42］雷万云.云计算：技术、平台及应用案例［M］.北京：清华大学出版社，2011.

［43］王鹏等.云计算：中国未来的IT战略［M］.北京：人民邮电出版社，2010.

［44］涂子沛.大数据：正在到来的数据革命（3.0升级版）［M］.桂林：广西师范大学出版社，2015.

［45］屈泽中.大数据时代小数据分析［M］.北京：电子工业出版社，2015.

［46］菲尔·西蒙.大数据可视化：重构智慧社会［M］.北京：人民邮电出版社，2015.

［47］维克托·迈尔—舍恩伯格，肯尼思·库克耶.与大数据同行——学习和教育的未来［M］.上海：华东师范大学出版社，2015.

［48］阿莱克斯·彭特兰.智慧社会［M］.杭州：浙江人民出版社，2015.

［49］车品觉.决战大数据（升级版）：大数据的关键思考［M］.杭州：浙江人民出版社，2016.

［50］周涛.为数据而生：大数据创新实践［M］.北京：北京联合出版公司，2016.

[51] 汤森. 智慧城市：大数据、互联网时代的城市未来 [M]. 北京：中信出版社，2015.

[52] 新玉言. 大数据：政府治理新时代 [M]. 北京：台海出版社，2016.

[53] 李杰，倪军，王安正. 从大数据到智能制造 [M]. 上海：上海交通大学出版社，2016.

[54] 埃拉德·约姆—托夫. 医疗大数据：大数据如何改变医疗 [M]. 北京：机械工业出版社，2016.

[55] 布莱特·金. 大数据银行：创新者、颠覆者、企业家们正在重塑银行业 [M]. 北京：机械工业出版社，2016.

[56] 李杰. 工业大数据：工业 4.0 时代的工业转型与价值创造 [M]. 北京：机械工业出版社，2015.

[57] 曾杰. 一本书读懂大数据营销 [M]. 北京：中国华侨出版社，2016.

[58] 巴特·贝森斯. 大数据分析：数据科学应用场景与实践精髓 [M]. 北京：人民邮电出版社，2016.

[59] 郎为民. 大话大数据 [M]. 北京：人民邮电出版社，2014.

[60] 项有建. 冲出数字化：物联网引爆新一轮技术革命 [M]. 北京：机械工业出版社，2010。

[61] 胡向东. 物联网研究与发展综述 [J]. 数字通信，2010（2）.

[62] 郭晓科. 大数据 [M]. 北京：清华大学出版社，2013.

[63] 郭昕等. 大数据的力量 [M]. 北京：机械工业出版社，2013.

[64] 塞缪尔·格林加德. 物联网：实现经济指数级增长利器 [M]. 北京：中信出版社，2016.

[65] 麦克依文，卡西麦利. 物联网设计：从原型到产品 [M]. 北京：人民邮电出版社，2015.

[66] 陈国嘉. 移动物联网：商业模式+案例分析+应用实战 [M]. 北京：人民邮电出版社，2016.

[67] 物联网智库. 物联网：未来已有 [M]. 北京：机械工业出版社，2015.

[68] 弗朗西斯·达科斯塔. 重构物联网的未来：探索智联万物新模式 [M]. 北京：中国人民大学出版社，2016.

[69] 毛明毅. 智能家庭物联网系统 [M]. 北京：机械工业出版社，2015.

[70] 王喜富, 陈肖然. 智慧社区: 物联网时代的未来家园 [M]. 北京: 电子工业出版社, 2015.

[71] 田丰, 张骏. 互联网 3.0: 云脑物联网创造 DT 新世界 [M]. 北京: 社会科学文献出版社, 2015.

[72] 陈根. 智能穿戴: 物联网时代的下一个风口 [M]. 北京: 化学工业出版社, 2016.

[73] 国际电信联盟. 互联网报告 [R]. 物联网 ITU 报告, 2005.

[74] 周洪波. 物联网: 技术、应用、标准和商业模式 [M]. 北京: 电子工业出版社, 2010.

[75] 吴功宜. 智慧的物联网: 感知中国和世界的技术 [M]. 北京: 机械工业出版社, 2010.

[76] 王志良. 物联网——现在与未来 [M]. 北京: 机械工业出版社, 2010.

[77] 张云霞. 物联网商业模式探讨 [J]. 电信科学, 2010 (4).

[78] 杨正洪. 智慧城市——大数据、物联网和云计算之应用 [M]. 北京: 清华大学出版社, 2011.

[79] 刘云浩. 物联网导论 [M]. 北京: 科学出版社, 2013.

[80] 李虹. 物联网与云计算: 助力战略性新兴产业的推进 [M]. 北京: 人民邮电出版社, 2011.

[81] 黄桂田等. 中国物联网发展报告 (2012~2013) [M]. 北京: 社会科学文献出版社, 2013.

[82] 范鹏飞等. 基于运营商视角的物联网商业模式 [J]. 通信企业管理, 2010 (12).

[83] 阿里研究院. 互联网: 从 IT 到 DT [M]. 北京: 机械工业出版社, 2015.

[84] 李易. 互联网+: 中国步入互联网红利时代 [M]. 北京: 电子工业出版社, 2015.

[85] 李亿豪. 互联网+: 创新 2.0 下互联网经济发展新形态 [M]. 北京: 中国财富出版社, 2015.

[86] 马化腾等. 互联网+: 国家战略行动路线图 [M]. 北京: 中信出版社, 2015.

[87] 王吉斌. 互联网+: 传统企业的自我颠覆、组织重构、管理进化与互联

网转型［M］.北京：机械工业出版社，2015.

［88］曾鸣等.读懂互联网+［M］.北京：中信出版社，2015.

［89］陈灿.互联网+：跨界与融合［M］.北京：机械工业出版社，2015.

［90］刘润.互联网+（小米案例版）［M］.北京：北京联合出版公司，2015.

［91］腾讯科技频道.跨界2：十大行业互联网+转型红利［M］.北京：机械工业出版社，2015.

［92］张飞舟.物联网技术导论［M］.北京：电子工业出版社，2010.

［93］杨刚等.物联网理论与技术［M］.北京：科学出版社，2010.

［94］田景熙.物联网概论［M］.南京：东南大学出版社，2010.

［95］毕开春.国外物联网透视［M］.北京：电子工业出版社，2012.

［96］魏长宽.物联网：后互联网时代的信息革命［M］.北京：中国经济出版社，2011.

［97］张为民.物联网与云计算［M］.北京：电子工业出版社，2012.

［98］宗平等.物联网概论［M］.北京：电子工业出版社，2012.

［99］洪涛等.物联网经济学［M］.北京：中国铁道出版社，2011.

［100］Anand Rajaraman.大数据：互联网大规模数据挖掘与分布式处理［M］.北京：人民邮电出版社，2012.

［101］麦德奇.大数据营销：定位客户［M］.北京：机械工业出版社，2013.

［102］大卫·芬雷布.大数据云图：如何在大数据时代寻找下一个大机遇［M］.杭州：浙江人民出版社，2013.

［103］比约·劳布卿等.大数据变革：让客户数据驱动利润奔跑［M］.北京：机械工业出版社，2014.

［104］余来文.创业型企业商业模式的构成要素研究［M］.当代财经，2011（12）.

［105］陈明，余来文.商业模式：创业的视角［M］.厦门：厦门大学出版社，2011.

［106］徐耀.中国互联网商业模式之殇［J］.企业管理，2011（1）.

［107］夏婷婷，余来文.神州泰岳云计算商业模式转型分析［J］.物联网世界，2012（12）.

［108］李抒音.抢占信息化核心技术制高点——航天信息的自主创新之路

[J].中国科技产业,2011(6).

[109] 余来文,陈吉乐,温著彬,封智勇.大数据商业模式[M].北京:经济管理出版社,2014.

[110] 尹一捷.IT新势力显山露水[N].计算机世界,2008-12-29.

[111] 亚历克斯·斯特凡尼.共享经济商业模式:重新定义商业的未来[M].北京:中国人民大学出版社,2016.

[112] 曹磊等.Uber:开启"共享经济"时代[M].北京:机械工业出版社,2015.

[113] 倪云华.共享经济新趋势[M].北京:机械工业出版社,2016.

[114] 孟鹰,余来文,封智勇.商业模式创新:云计算企业的视角[M].北京:经济管理出版社,2014.

[115] 刘丽丽.航天信息——多元化触角伸向物联网[N].计算机世界,2010-11-15.

[116] 陈晓霞,徐国虎.大数据业务的商业模式探讨[J].电子商务,2013(6).

[117] 叶甜春.物联网与大数据[J].中国公共安全,2013(20).

[118] 姜书汉.航天信息ERP——企业管理好帮手[J].物联网技术,2013(2).

[119] 郭玥.航天信息物联网领航创新应用背后——肩负产业责任回报社会民生[J].信息系统工程,2011(12).

[120] 任广见.基于"大数据"的商业模式创新及启示[M].现代商贸工业,2013(20).

[121] 蔡斯.共享经济:重构未来商业新模式[J].杭州:浙江人民出版社,2015.

[122] 刘国华,吴博.共享经济2.0:个人、商业与社会的颠覆性变革[M].北京:企业管理出版社,2015.

[123] 埃尔文·E.罗斯.共享经济:市场设计及其应用[M].北京:机械工业出版社,2015.

[124] 蔡余杰,黄禄金.共享经济:让Uber和Airbnb热爆全球的新经济模式[M].北京:企业管理出版社,2015.

[125] 余来文等. 企业商业模式：互联网思维的颠覆与重塑 [M]. 北京：经济管理出版社，2014.

[126] 余来文，封智勇，林晓伟. 互联网思维 [M]. 北京：经济管理出版社，2014.

[127] 余来文，封智勇，孟鹰，温著彬. 物联网商业模式 [M]. 北京：经济管理出版社，2014.

[128] 有关中科曙光、网宿科技、汉威电子、达华智能等上市公司的资料均来自公开发表的年报、相关报道和公司网站资料；非上市公司如小米、华为等资料均来自公开发表的相关报道、公司网站资料，以及来自百度、腾讯、凤凰网、和讯网、物联网世界等互联网上的公开资料。